融媒体新闻这样做

中国新闻奖媒体融合奖项获奖作品解析

曾祥敏 /主 编
吴炜华 /副主编

中国记协新媒体专业委员会 /编

人民日报出版社
·北京·

图书在版编目（CIP）数据

融媒体新闻这样做：中国新闻奖媒体融合奖项获奖作品解析 / 中国记协新媒体专业委员会编. -- 北京：人民日报出版社，2022.7

ISBN 978-7-5115-7360-5

Ⅰ. ①融… Ⅱ. ①中… Ⅲ. ①新闻学—传播学—研究—中国 Ⅳ. ①G219.2

中国版本图书馆CIP数据核字(2022)第082597号

书　　名：融媒体新闻这样做：中国新闻奖媒体融合奖项获奖作品解析
RONGMEITI XINWEN ZHEYANG ZUO:ZHONGGUO XINWEN JIANG MEITI RONGHE JIANGXIANG HUOJIANG ZUOPIN JIEXI
作　　者：中国记协新媒体专业委员会　编

出 版 人：刘华新
策 划 人：欧阳辉
责任编辑：刘　悦
封面设计：三鼎甲

出版发行：人民日报出版社
社　　址：北京金台西路2号
邮政编码：100733
发行热线：（010）65369509　65369527　65369846　65369528
邮购热线：（010）65369530　65363527
编辑热线：（010）65363105
网　　址：www.peopledailypress.com
经　　销：新华书店
印　　刷：北京盛通印刷股份有限公司
法律顾问：北京科宇律师事务所 010-83622312

开　　本：710mm × 1000mm　1/16
字　　数：352千字
印　　张：26
版次印次：2022年8月第1版　　2023年8月第3次印刷

书　　号：ISBN 978-7-5115-7360-5
定　　价：68.00元

编委会

前　言

以融合时代精品撬动创新发展

中国记协新媒体专业委员会

媒体融合发展是以习近平同志为核心的党中央适应新时代舆论格局和传媒生态而作出的战略性部署和前瞻性规划，是马克思主义新闻观的重要实践。2014年，中央全面深化改革领导小组第四次会议审议通过《关于推动传统媒体和新兴媒体融合发展的指导意见》。2019年1月25日，中共中央政治局在人民日报社就全媒体时代和媒体融合发展举行第十二次集体学习。中共中央总书记习近平主持学习并发表重要讲话，站在党和国家事业发展全局的高度，深刻剖析和阐述了媒体融合的方向、目标和任务，为深入推进媒体融合发展提供了根本遵循与强大动力。2020年9月，中共中央办公厅、国务院办公厅印发了《关于加快推进媒体深度融合发展的意见》，从重要意义、目标任务、工作原则三个方面明确了媒体深度融合发展的总体要求。

中国记协作为党和政府密切联系新闻界的桥梁纽带，肩负着助推媒体融合发展的责任使命。中国记协新媒体专业委员会自2018年成立以来，以习近平新时代中国特色社会主义思想为指引，深入贯彻中央《关于加快推进媒体深度融合发展的意见》，推动全媒体时代媒体深度融合，在强化政治引领、推动行业自律、加强联络服务、打造工作平台等方面，做了大量切实有效的工作。第28届中国新闻奖中首次设立媒体融合奖项，是顺应传统媒体和新兴媒体融合发展趋势，巩固宣传思想文化阵地、壮大主流思想舆论的重要举措，有利于贯彻落实中央关于推动媒体融合发展的决策部署，发挥新媒体传播优势，提高新闻舆论传播力、引导力、影响力、公信力。在此，中国记协新媒体专业委员会以内容创新创优为重点，对历届中国新闻奖媒体融合奖项获奖作品进行深入研究，通过对作品创作者访谈、内容解析、专家分析等方式，重点分析优秀获奖作品的创作经验和规律，将具有时代性、代表性和先进性、探索性的融合新闻作品结集成册。

媒体融合，已然成为书写中国新时代新闻话语变迁、技术革新、观念迭代和传播策略演进的关键词。一方面，它印刻着以习近平同志为核心的党中央对百年未有之大变局下我国媒体转型创新的指引；另一方面，它标识着独特的中国新闻实践观、技术观和传播观，是中国实践、中国经验和中国理论在新闻传播领域的具体映射。

媒体融合，是新闻内容生产、形态、模式与实践范式创新性重塑，更是镌刻改革发展的印记，与时代同向同行。2020年春节前夕，《独家视频|游客："彭麻麻呢？"》记录习近平总书记在云南腾冲和顺古镇与游客亲切对话，23秒的短视频发布当天点击量就达到23亿次，全网阅读量累计37亿次。《【独家V观】习近平看望"快递小哥"》《公仆之路》等印刻着习近平总书记治国理政足迹的融合精品，都产生了重大影响。从《十八洞村龙金彪的Vlog|脱贫之后》的个人感受，到《一张照片背后的这七年》的宏观描摹；从《"中国一分钟"系列微视频》的绚丽开场，到《新中国密码：15665，611612 ！》的听觉视觉通感创新表达；从《鼓岭！鼓岭！》新闻沙画的感动瞬间，到《父亲·我们·时代》创意互动的精巧构思；从《天渠：遵义老村支书黄大发36年引水修渠记》深刻经典的新闻漫画设计，到《膜

子书记》跳跃网感的动感叙事；从《“数说70年”数据新闻可视化系列短视频》的数据之美，到《听·见小康》的融合创新之道，四年来的媒体融创精品无不抒写着中国发展的重要时刻与辉煌瞬间，也体现着媒体深度融合发展的力与美。

惟创新者进，惟创新者强，惟创新者胜。各级新闻媒体积极推进媒体融合向纵深发展，中国新闻工作者在报道语态、新闻形式、技术呈现和传播矩阵的建设上不断创新。我们得以亲见，新闻短视频、多屏互动、直播连线、慢直播、动漫融合和跨屏叙事等具有开拓性的新闻叙事语态与报道形式。移动优先、视听新媒体、内容为王等观念深入人心，成为业界共识；早期的“搬运挪移”“硬核相加”向“新闻融合”“文化相融”跃升，全媒体传播体系加速形成，新闻宣传力、舆论引导力、文化传播力和国际影响力正在不断提升。本书所选取的案例，是中国新闻奖媒体融合奖项优中选优的精品；希望通过对精品的经验总结、规律梳理和学理解读思考，为业界提供可借鉴的参考。

媒体融合赋予中国新闻实践以强大的创新驱动力和时代影响力，也为中国新时代的新闻传播教育与研究构建全新的知识图谱与学理场域。本书是对这一宏伟新闻景观变迁的记录，希望对业界、学界，以及新闻工作者和传媒学子提供帮助，为我国媒体深度融合发展尽绵薄之力。

目　录

CONTENTS

第一章

媒体融合奖项获奖作品评析[1]

① 作者系中国传媒大学媒体融合奖项研究课题组。

第一节　融合精品开新局

——第28届中国新闻奖媒体融合奖项评析

经中央有关部门批准，第28届中国新闻奖增设媒体融合奖项共50个名额。为此，中国记协制定了《中国新闻奖媒体融合奖项评选办法》，根据媒体融合发展的新趋势、新特点，分为短视频新闻、移动直播、新媒体创意互动、新媒体品牌栏目、新媒体报道界面、融合创新6个项目组织评选。评委们本着评出方向、形成导向、引领发展的原则，立好范本标杆，好中选优，优中选精，评出了49个重量级、现象级、代表性、标志性的媒体融合作品。评选出的一批彰显新媒体时代记者职业精神和职业素养的全媒体现场报道、一批代表媒体融合新进展新水平的创新创意成果，充分体现出我国媒体融合发展的方向、探索的进路。

总体而言，本届媒体融合奖项获奖作品呈现了内容导向正确、创新多元探索、专业引领、规则探索等特点，同时涌现出一些新命题、新思考。

一、内容导向正确

作为中国新闻奖的重要组成部分，媒体融合奖项获奖作品同样应当围绕中心、服务大局，密切关注党和国家的重大事件、活动，同时紧密观照社会民生。这次评选出的作品展现了主流媒体依托新技术、新理念服务于国家、社会发展和人民生活水平的提升。作品主题鲜明、有思想性、有高度，体现了主流媒体的正向价值引导。

（一）与新闻舆论工作重点同频共振

本届获奖作品充分关注2017年新闻舆论工作重点、亮点，覆盖习近平总书记重要活动、党的十九大、全国两会、建军90周年等重大主题新闻宣传，以及全面深化改革、全面从严治党、"一带一路"倡议等重大报道任务。题材具有代表性，以融媒体的方式多角度、多形态地呈现国家和社会发展的新成果、新风貌和新气象。短视频新闻一等奖作品《公仆之路》，讲述习近平同志从黄土地到中南海，初心不变、始终如一、为民服务的公仆历程。创意互动一等奖作品《"点赞十九大，中国强起来"互动报道产品》紧扣党的十九大议程和关键节点，邀请党的十九大代表和百余名各行业知名人士为党的十九大录制祝福音频，引领诵读党的十九大报告。创意互动一等奖作品《"军装照"H5》聚焦建军90周年，吸引各年龄、区域、行业的用户积极晒出自己的"军装照"，展现了用户对党和国家、人民军队的拥护和爱戴。融合创新一等奖作品《"央广主播的朋友圈"系列H5报道》围绕全国两会议题展开宣传。短视频新闻二等奖作品《老外看中国：英国小哥细数两会关键词》通过中国日报英国籍记者方丹，回顾过去几十年来全国两会的热词，简明扼要地梳理中国社会经济发展的脉络，最后展现习近平总书记在十二届全国人大一次会议上关于"中国梦"和"人民"的论述，阐明"人民是历史的创造者"这一论点。

获奖作品同时关注重大科技突破、世纪工程、典型人物等2017年的重要主题和事件。移动直播一等奖作品《"天舟一号"发射任务VR全景直播》记录了我国第一艘货运飞船"天舟一号"的发射过程，展现了我国空间站货物运输系统的发展。获奖作品《超燃！俯瞰超级工程"川藏第一桥"159米隧道锚世界第一》《我为港珠澳大桥完成了"深海穿针"》等都集中反映了我国近年来的科技发展和建设成就。新媒体报道界面一等奖作品《天渠：遵义老村支书黄大发36年引水修渠记》生动讲述老支书黄大发带领村民历经36年，修出一条万米水渠。从小伙到花甲老人，黄大发青春耗尽，只为天渠造福村民，脱贫致富。

（二）同社会民生息息相关

本届获奖的融媒体作品不仅聚焦重大选题，而且关注社会民生重点、热点、难点问题。短视频新闻一等奖作品《柳州融水突围记|广西日报记者“失联”数十小时，在穿越40处塌方后发回灾区最新画面!》报道广西柳州融水杆洞乡突发2次山洪，全乡群众被困多日，成为通信、水、电中断的“孤岛”。记者第一时间赶赴灾区一线，记录了当地乡镇干部和百姓组织营救、自救的事件。短视频新闻二等奖作品《网红店假排队调查》关注当前社会的热点问题——排长龙的网红店现象，记者以顾客、黄牛、网红店主等身份进行实地暗访，探究问题的本质。移动直播二等奖作品《浙江一小时·急救|记者跟拍直升机到山区接病人》关注浙江空中急救网络，记者亲身体验一位患者的急救案例，展现了浙江省为民打造的“一小时医疗圈”，体现浙江医疗卫生事业的发展水平。新媒体品牌栏目二等奖作品“现场新闻”紧跟新闻事件，观察社会、解疑释惑，其代表作品《37小时，骑摩托车穿越粤桂，农民工老苏到家了》《动车时代，体验穿行在大凉山顶的扶贫慢火车》等用新媒体技术和应用鲜活呈现当代中国社会变迁。

二、创新多元探索

本届参选媒体融合奖项的作品充分体现近年来新媒体的发展趋势，从内容这个窗口具体体现主流媒体在生产体制、采编机制、传播渠道、用户服务等各方面的创新发展。获奖作品利用新技术创新报道理念和方法，体现出了融合、垂直、沉浸、社交、场景等新媒体发展的众多特征，具有充分的代表性和引领性。

（一）技术探索与融合

技术赋能成为新媒体发展的利器，新技术催生新内容，新技术促进新连接——人与人的连接、人与物的连接。短视频、移动直播、无人机、虚拟现实(VR)、增强现实（AR）、混合现实（MR）、H5、人工智能、三维特效、数据可视化等最新技术应用大规模地呈现在作品中。获奖作品充分利用新技术，创新表达、增强交互、加强沉浸。《“央广主播的朋友圈”系列H5报道》和《H5 | 铁血铸军魂》极大拓展了H5的技术应用范围：前者融合了H5的技术平台、传统视频抠像技术、微信虚拟朋友圈形态，以朋友圈的方式呈现全国两会信息；后者以H5技术形成一镜到底的互动呈现，把文字、图片、视频、音频包裹在H5之中，可视化信息顺畅、信息层次丰富，体现了较强的交互性、沉浸性和体验的友好性。《公仆之路》利用当前流行的三维动画、场景动画等可视化技术，对老照片进行拆图、抠像等处理，把虚拟和现实场景无缝衔接，信息呈现一气呵成，是近年来利用新技术创新时政和主题报道的代表作品。《“天舟一号”发射任务VR全景直播》《“钢铁侠”VR直播：全国政协十二届五次会议新闻发布会》充分利用虚拟现实技术变革现场直播形态，增强用户的沉浸式体验。

需要指出的是，在技术变革的当下，因为技术的包容性，技术本身不断突破边界，形成融合创新，而非单一技术独打天下。这也促使报道者不断突破思维定式，尝试各种技术融合创新的可能。获奖作品《天渠：遵义老村支书黄大发36年引水修渠记》《“央广主播的朋友圈”系列H5报道》《H5 | 铁血铸军魂》以及参选作品《无人机航拍：换个姿势看两会》等，都体现了这一趋势。

（二）创意突破与丰富

这是一个突破边界、重组要素的时代，从内容角度而言，媒体融合作品表现出对传统叙事、表达、呈现、传播的突破，这一方面基于技术提供的可能，另一方面也在于媒体人根据用户的体验和观感而对技术的深度挖掘。一切的创意表达都建立在技术基础之上，一切的创意表达也都是为信息的呈现和体验的友好性服务，本届媒体融合奖项获奖作品充分体现了这一特点。

新媒体报道界面一等奖作品《天渠：遵义老村支书黄大发36年引水修渠记》，采用H5连续下拉的方式，以万米水渠为叙事线索，不仅把水渠的修建经历穿插其中，更体现出村支书黄大发从20多岁毛头小伙到60岁花甲老人的人生奉献。作品界面设计大气磅礴，“天渠”二字具有视觉冲击力，“一道万米水渠，跨36年建成，过三个村子，绕三重大山，穿三处绝壁，越三道险崖”极为精练地概括出天渠建造的曲折与艰难。事件当事人的讲述音频穿插于下拉式连环画之中，表现出修渠群体的精神与意志。横向划动的照片集中展现出水渠修造的历史过程，极具现场感，航拍和360全景充分展现出天渠的艰险，视频则直观呈现出当地村民围绕“天渠”的工作与生活。村支书黄大发的精辟用语以字幕引语的方式点缀其中。整篇作品叙事完整、整体性强、界面设计精巧，内容与形式很好地结合在一起。

在交互创意上，新媒体创意互动一等奖作品《“点赞十九大，中国强起来”互动报道产品》运用跨界思维，突破媒介介质，结合线上与线下互动，社交感极强。线上以轻快、移动化的系列音频为主打形态，建构简洁互动界面——名人音频+点赞按钮，设计极简互动方式——点赞+转发，同时发挥正面公众人物的影响力，通过跟着“爱豆”一起点赞党的十九大、听“爱豆”读党的十九大报告的形式促进参与和分享。用户还可自主上传祝福音频、诵读党的十九大报告，信息明确、操作简单的线上轻应用激发用户参与感和社交感，形成党的十九大主题的社群场景。线下与共享单车合作，扫码用车即播放党的十九大音频；与中国邮政联合推出个性化电子明信片和加盖人民大会堂邮戳的“党的十九大首日封”实体明信片，将互动融入生活，增强用户的贴近感、仪式感、参与感和沉浸感。

在可视化视觉呈现上，人像抠图、一镜到底、虚拟动画与实景结合等要素重组的创意表达，为视听语言丰富、表现力强的短视频锦上添花。短视频新闻二等奖作品《老外看中国：英国小哥细数两会关键词》，采用人像抠图和虚拟动画技术，将英国小哥方丹的形象缩小后置于办公桌上，通过与办公用品、虚拟人手的萌态互动和一镜到底的动画制作，带用户回顾改革开放40年来全国两会热词，简洁明快地梳理了中国社会经济发展的脉络，为时政新闻的国际化融合传播、讲好中国故事提供了良好的思路和范本。短视频新闻二等奖作品《一句话，让山水美如诗》整合绘画、书法、诗歌等中华传统文化元素，采用水墨画的晕染手法转场，无缝衔接动画与航拍实景，视觉呈现凸显中华美学，用创意表达紧扣美丽中国的核心主题。

三、专业引领

获奖作品体现了主流媒体践行马克思主义新闻观，在内容主题、价值导向、融合创新、严整规范等各方面引领专业发展之先。本届媒体融合奖项获奖作品充分体现了主流媒体“放下身段”、转变语态的积极尝试，但这种尝试是建立在媒体专业基础之上的。就传播主题而言，突出新闻舆论工作宣传的重点，关注与人民生活密切相关的话题、事件，凸显了媒体对传播主导权和社会话语权的掌控；从传播效果而言，舆论导向正确、责任意识彰显、使命感突出成为媒体融合奖项获奖作品的气质，引领风气之先，是中国媒体融合作品的“领头羊”和风向标。

（一）主题鲜明、价值观凸显、专业性强

技术赋能让新闻作品拥有更多想象空间，媒体融合正在重新定义新闻生产，但技术之上，内容始终为王，正所谓融到深处，回归内容、鲜明主题和专业报道是主流媒体精准掌握话语权、发挥舆论引导力的关键之一。这体现为内容的独家性、价值的重要性、角度立意的贴近性、形式的专业性和传播的普适性。

《柳州融水突围记丨广西日报记者“失联”数十小时，在穿越40处塌方后发回灾区最新画面！》贴近大众最关心的问题、最迫切需要的信息，生动呈现基层党员干部将人民群众生命安全放在第一位，勇于跑在灾情第一线的独家现场，传递了人民至上的鲜明主题。

随着媒体融合发展中内容生产各环节的破解和重构，新闻的呈现形式越发多元，主流媒体的专业性体现在内容、呈现形式、用户友好度等诸多方面。新媒体创意互动一等奖作品《“军装照”H5》围绕庆祝建军90周年这一宏大主题，采用人脸识别、融合成像等技术，通过H5交互页面，帮助网友个性化生成自己的虚拟“军装照”。《“军装照”H5》将宏大主题与每个人联系在一起，照片生成页面主题明确，操作简单，将用户参与感、分享欲发挥出来，在社交平台上形成拥军爱军热潮，成为刷新传播纪录的现象级作品。

（二）突出责任意识，强化公信力与引导力

强化使命感，彰显责任意识，坚持原则立场，挖掘原创作品的多元形态，强化优质内容的输出，为大众提供更丰富的精神食粮，这是主流媒体肩负的社会责任。本届中国新闻奖媒体融合奖项获奖作品彰显了主流媒体的责任意识，体现了公信力、引导力。

新媒体品牌栏目一等奖获奖栏目“侠客岛”，内容以2000字左右的时

政解读文章为主，坚持大事不隔天、观点正能量、话语接地气，不仅在第一时间解读朱日和阅兵、“一带一路”高峰论坛、特朗普访华、萨德入韩等重大国内外时政热点，而且积极正面地引导舆论，帮助用户正确认识突发事件和舆论热点。“侠客岛”在纪念香港基本法实施20周年座谈会召开当天，发表《【解局】中央定调香港：任何情况下都不允许以“高度自治”为名对抗中央的权力》一文，探析香港特别行政区的历史和制度，解读新提法，直面“港独”问题，站定原则，态度鲜明，彰显使命感和责任意识，获得了极高的用户认可度。该栏目定位准确、内容优质、文风新颖。2017年，“侠客岛”的文章被境外媒体转引2815篇，成为主流媒体打造品牌栏目的优秀实践范本。

四、规则探索

本届媒体融合奖项是中国新闻奖首次设置的。为此，在新闻管理、业界、学界、行业协会等各方充分讨论、征求意见的基础上，中国记协制定了《中国新闻奖媒体融合奖项评选办法》，对评奖宗旨、评选项目及基本要求都作出详细规定，为媒体融合奖项获奖作品的产生奠定了基础。

（一）标准引领

本届设定的短视频新闻、移动直播、新媒体创意互动、新媒体品牌栏目、新媒体报道界面、融合创新等六个项目，基本涵盖了新媒体创新发展的各个方面，为媒体创新内容、形式、手段提供了基本依据，建立起媒体融合作品的初步标准和基本规范。本届媒体融合奖项获奖作品既有代表性，又各具特色，反映了媒体融合发展的新成果、新进展，有利于引导媒体转型发展，以新理念、新平台、新方式传播信息，引导舆论。

（二）规则调适

任何一个新事物都有在实践中逐渐完善的过程，媒体融合奖项在评选项目设定、标准、要求等方面也有逐步调适、渐进完善的过程。一方面，新闻传播传统的标准被打破，界限逐渐模糊；另一方面，新媒体技术日新月异，作品形态丰富，许多形式和样态都在发展之中。因此，评选的规则和要求也需要根据新媒体实践作出相应调整。这也是管理者、业界、学界对新媒体发展认识逐渐深入的过程，当然，在这个过程中，在规则制定上要做到既坚守又不保守，既把握正确舆论导向，坚守专业能力，又解放思想，认识融合发展规律。同时，在规则上不能拘泥于具体类别和形态而失之于过细，也不能过于宽泛而失之于无规，这都需要在发展中把握大融合、大趋势，既能代表媒体发展的最新成果，又能引领创新融合的方向。

五、参评作品问题探讨

（一）新闻性需加强

总体而言，本届媒体融合奖项参选作品在新闻性、现场性方面还有待提升，特别是在短视频新闻和移动直播项目中，主题性、成就性、仪式性的展示居多，真正具有新闻性、及时性、现场感的作品占比并不高。尤其是突发新闻、现场新闻等新闻主力军尚未成为参选作品的主要构成，最后的获奖作品也反映出这一问题。这一方面反映了我们媒体融合现实发展的一个侧面，在重大主题、重要活动、典型宣传上往往能形成集中规模的创新作品，但在常规新闻报道中还需要加大创新、创优的力度；另一方面也反映了报送者对媒体融合奖项评选标准和要求的一些认识误区，需要我们积极利用获奖作品引导申报。

（二）内涵需提升

参选作品中体现技术创新的作品多，但把技术、内容、形态有机结合起来，体现融合发展的高水平作品还不够。有的作品只是展现了技术开发的可能性，而在新闻价值挖掘、主题提炼、内容叙事的连贯性、体验的友好性等方面有所缺失，这就导致作品的统一性和整体性有所欠缺。有的作品过于强调单一的技术运用，缺乏融合思维，难以形成综合效应。有的作品和报道方式甚至只是单纯的技术噱头，博人眼球而没有真正在内容和形态上形成创新。因此，作品的价值引领、主题凝练、人物挖掘和故事讲述方面缺乏吸引力。

新技术催生新内容，但新技术是为人服务、为内容服务的，越是在技术赋能的新媒体时代，越不能落入技术决定论的误区，也不能让技术成为"一招鲜"的手段，而使作品成为炫技苍白的躯壳，难以形成持续的影响力。

（三）摒弃简单效仿

在参选作品中，也存在简单模仿之势，这也间接反映了当前媒体融合发展中作品创新创优的问题。当一种手法、方式和形态成为爆款之后，跟风之作接踵而至。类似于短视频《公仆之路》图片三维可视化、现场同期声与动画虚拟场景等手法，有作品照猫画虎反类犬。而《"央广主播的朋友圈"系列H5报道》虚拟朋友圈传递信息的形式，也有作品完全效仿，但在专业性和技术性上差强人意。从中，我们虽然看到主流媒体和爆款作品的示范效应，但也暴露了技术更迭中，媒体的独立创新意识不强，未能独立探索技术开发的可能性和创意的丰富性，盲从跟风，从而违背了创新的本意。

六、结语

本届中国新闻奖媒体融合奖项获奖作品代表了新闻界响应中央号召、积极推进媒体融合发展战略的最新成果，体现了新闻界服务中心大局、推动决策部署的宣传效果，反映了媒体融合发展的新成果、新进展，与当前以中央媒体为龙头、省级媒体为骨干的媒体融合发展格局较为相称，有利于引导媒体创新内容、形式、手段，反映群众呼声、引导舆论热点、讲好中国故事，推动广大新闻工作者掌握多媒体传播技术、提高全媒体采编能力。媒体融合奖项评选开局顺利，为以后的评奖奠定了良好基础。

第二节　稳中求变　深度探索

——第29届中国新闻奖媒体融合奖项评析

2019年是中国媒体融合战略推进具有重要意义的一年。1月25日，十九届中共中央政治局就全媒体时代和媒体融合发展举行第十二次集体学习，习近平总书记发表重要讲话，着眼于党和国家事业发展全局，深刻分析了新形势下全媒体传播的重大理论和现实问题，系统阐述了媒体融合的方向、目标和任务。2019年是我国媒体融合发展的第六年，也是中国新闻奖设立媒体融合奖项的第二年。在“全程媒体、全息媒体、全员媒体、全效媒体”的发展背景下，评委们从110件进入最终评选的作品中评选出49件具有代表性、标志性、创新性的精品力作。其中，特别奖作品1件，一等奖作品10件，二等奖作品14件，三等奖作品24件。在49件获奖作品中，分别为短视频新闻12件、移动直播4件、新媒体品牌栏目8件、新媒体报道界面6件、新媒体创意互动7件、融合创新12件。

媒体融合奖项评选进行到本届，各方对内容融合的认识越来越深入，奖项评选在服务国家战略、引导行业发展、树立精品标杆、探索创新方向等方面继续深入发挥导向引领作用。总体来看，不同于第28届中国新闻奖媒体融合奖项，本届媒体融合奖项作品在技术创新上渐趋稳定，短视频、H5、移动直播、VR、AR等许多新技术都已经出现，融合、可视、交互、移动、垂直、场景等作品体验持续扩展，而在主题凝练、价值提升、内容深度开掘与创意交互体验上也有进一步探索。许多作品在深入基层扎实采访报道的基础上，融入新技术新手段，不仅体现了主流媒体记者在脚力、眼力、脑力、笔力上的锤炼，也诠释了“四力”在融合创新上的实践。

一、主题立意的多向度操作

作为中国新闻界最高奖，也作为主流媒体融合发展的最新成果展示，本届媒体融合奖项入选作品充分反映了主流媒体2018年利用新媒体手段围绕中心、服务大局的报道工作。本届获奖作品积极宣传党的主张，深入反映群众呼声，紧密围绕2018年新闻舆论工作重点，覆盖党和国家领导人重要活动、改革开放40周年、全国两会、脱贫攻坚、港珠澳大桥重大工程、生态保护、“一带一路”倡议等重大主题，精心策划，找准角度，深入挖掘故事，拓展报道背景，创新技术和表现形态。尤其值得一提的是，作品在关注重大主题的同时，在脱贫攻坚工程、乡村振兴战略、突发灾害事件等方面聚焦平凡人物，呈现出主题立意的多向度结合。总体而言，反映在以下两个方面。

（一）时政主题“软”做，民生话题“巧”做

新媒体时代是以用户为中心、内容高度匹配用户价值的时代；新媒体时代也是圈层鲜明、个性消费的时代；但新媒体时代更应是主流价值彰显、舆论引导与公益服务的时代。媒体融合奖项在鼓励主流媒体把新技术、新理念、新手段服务于国家发展、社会进步和人民生活水平提升，倡导正向价值引导、纠正不良发展上责无旁贷。尤其是要把高大上的主题做得上达天下接地、入脑入心，这是近年来融合创新的重要命题。

1. 时政主题“软”做

“软”做意指时政报道中凝练主题出发点，切中动态高潮点，找准人物故事点，寻求情感共鸣点，从而创新时政报道，并适应移动传播的现实环境。首先，重大题材契合碎片化、可视化、移动化的趋势，化大为小，化整为零，但又保持完整统一的气质。央视系列短视频“习近平的故事”、光明日报“光明的故事”无不如此。其中短视频新闻一等奖作品《鼓岭！鼓岭！》讲述了时任福州市委书记习近平亲自促成的一段中美民间交往的故事，真实细腻地表现了习近平同志细致入微的人文关怀以及美国老人加德纳发自肺腑的异乡“乡愁”。短视频新闻二等奖作品《光明的故事》以全国精神文明建设表彰大会上习近平总书记为“中国核潜艇之父”黄旭华让座为故事起点，叙述了同为道德模范的眼科医生姚玉峰使93岁高龄的黄旭华眼睛复明的故事，两人结下“光明缘”。两个作品都以故事为载体、以情感为核心、以人物为主角，高度凝练主题。

“软”做也指把重大主题化为日常化、生活化的事物，进入“寻常百姓家”。新媒体创意互动一等奖作品《父亲·我们·时代》聚焦改革开放40年，以油画“父亲”的画框聚焦40年改革开放的节点，以父辈的眼神为魂魄，“穿越”40年改革奋斗者的历程，以“父子（女）”的同框鼓舞新一代开启新征程。其中的短视频作品以37年前的油画《父亲》开篇，把画框这一元素贯穿全片，从父辈的眼神穿越，回望40年来一幕幕“点睛”时刻，契合短视频传播中极致手法和一以贯之的元素运用这一规律。首尾“父亲”形象呼应，显示出人民注视“父亲”，“父亲”也在注视着人民，见证春苗破土、春风化雨，目送中国人迈向新的历程。在中心人物选择上，邀请第一代改革者严宏昌、胡福明、马胜利、姜维等人的子女讲述父辈故事，在“聊父亲”的同时，勾勒出改革开放40年的奋斗图卷。结尾处，“老羚羊舍命为小羚羊打开一条生命通道”的故事点出共产党人的历史担当。

“软”做还指以可视化的方式直观呈现复杂信息，化繁为简，满足指尖移动交互。比如，新媒体报道界面二等奖作品《震撼！一张长图带你领略港珠澳大桥》，以记者现场报道信息为基础，以“实景长图”为可视化手段，直观呈现长达55公里的港珠澳大桥的全貌与细节，长图深藏独家信息，将枯燥的数据和新闻背后的复杂逻辑转化为直观易懂的图片。

2. 民生话题“巧”做

获奖作品把与人民息息相关的民生问题与时代背景相勾连，把平凡人的不平凡事讲得精彩。

“巧”做指把小人物做出大情怀，将平凡人的闪光点与社会大主题和时代大背景相连接，以对小人物的关照折射国家和社会的发展。短视频新闻一等奖《臊子书记》讲述天津大学青年教师宋鹏到甘肃沙湾镇大寨村创新扶贫的故事，他积极挖掘当地特色，以沙湾臊子为抓手，利用“互联网+扶贫”带领村民打造全链条式电商产业，因地制宜走出一条“带不走的幸福路”，以点带面呈现出精准扶贫的大主题，折射出扶贫干部在全面打赢脱贫攻坚战道路上不懈奋斗的大情怀。

“巧”做也指把小人物做得大出彩，充分发挥融合创新手段，生动呈现普通人物闪光的故事和细节。《臊子书记》作品以策划拍摄为主，抓拍、动画为辅，融纪实与创意于一体，集中呈现年轻书记的智慧、勤勉与决心，突出展示贫困地区人民自立自强、奋发进取的精神。短视频新闻二等奖作品《上桥！今天和“溜索”说再见》，契合凉山最后一条溜索改桥项目贯通、民族地区正式结束溜索时代的大背景，以对坪镇一位在金沙江畔生活的乡村教师邹金萍自述的方式，讲述她最后一次走“老路”过江的故事，并穿插前后的细节对比。人物的设计呈现真实，场景聚焦，表现自然。在媒体融合发展、自媒体发酵的今天，如何整合相关资源，从而获取第一现场的信息，是衡量一个媒体的创新与开放的重要指标。

（二）突发报道“深”做，舆论监督“实”做

本届媒体融合奖项作品在围绕党和国家的重大事件、活动精心策划并创新报道的同时，也关注新闻突发事件，快速及时传播信息，揭示真相，并加强舆论监督报道，抨击时弊。

1. 突发报道“深”做

本届获奖的一些新闻突发性报道，力求“深”做，在信息挖掘、深度拓展、整体真实上下功夫，从而避免碎片化语境下支离破碎、信息泛滥的问题，对于澄清谬误、引领主流舆论方向起到了正向指引作用。

尤其是相对于上届评选，移动直播参选作品在新闻快速反应意识上有了较大提升。移动直播一等奖作品《直击7·5泰国普吉游船倾覆事故现场 救援仍在进行》针对与我国尤其是浙江有密切利害关系的重大突发事件，迅速整合团队和技术力量，通过图文、视频等多样态的直播形式，及时、全面、高效传播信息。参选作品《美英法空袭叙利亚 央视记者现场直播》突出新媒体移动直播快速反应的特点，更以伴随的方式完成三小时的直播，随时针对网友留言进行解答和互动，体现用户参与性与同场感。移动直播三等奖《受暴雨影响陕西汉中略阳五龙洞成孤岛 直升机急运物资》是地方媒体第一时间报道突发灾害性事件的作品，该作品以手机直播的方式，对灾情、抢救措施、应急物资保障等群众关心的问题都做了详细及时的报道。

2. 舆论监督“实”做

本届媒体融合奖项积极鼓励舆论监督报道，倡导监督报道利用新媒体抓“实”真问题，做“实”证据链，遏恶扬善，推动社会良性发展。

融合创新一等奖作品《ofo迷途》通过11个共享单车主要竞争城市的大范围系统调查，了解ofo资金链危机，以H5作品形态、动画、视频、可视化数据图以及文字深度报道的融合形式，最终呈现ofo的运营状况，警

示投资和供应链风险，为共享经济行业和创业公司提供镜鉴。

在短视频新闻二等奖《重磅！北京同仁堂蜂蜜：过期品送入原料库还涉嫌更改生产日期》中，记者深入调查位于江苏盐城滨海的北京同仁堂蜂业委托生产商将大量过期蜂蜜回收进原料库的事实，以充分证据揭露某些企业蒙混过关及知名企业的管理漏洞，为知名品牌的健康发展敲响警钟，并建设性地推动问题得到解决。

二、中央媒体引领，地方迎头追赶

本届媒体融合奖项，中央媒体继续发力，推出了一系列标杆性融媒体作品。更值得关注的是，与第28届中国新闻奖媒体融合奖项不同，本届媒体融合奖项一大亮点是，在中央媒体的引领下，省地市级媒体迎头赶上，呈现出多头并进的趋势，这在一定程度上反映出媒体融合区域下沉与整体推进的效果，不仅体现了融合发展多年来的成效，也反映出媒体融合奖项的引领示范作用。

（一）中央媒体标杆性创新

本届媒体融合奖项，中央媒体尤其是人民日报、新华社、中央广播电视总台继续领跑媒体融合发展，在主题价值、理念视野、报道规模、技术引领以及作品规范等方面都树立了标杆，成就刷屏与爆款之作。

1. 理念指引

获奖作品在生产创新理念上能够指引业界发展，特别奖作品人民日报的《“中国一分钟”系列微视频》创造性地以“一分钟”为切口，将宏大叙事按时间刻度进行微缩，建构改革开放40年成就的全景。所谓“一沙一世界，一花一天国，君掌盛无边，刹那含永劫”，一分钟承载无限，系列微视频极具辩证思维和新媒体传播理念，非常巧妙地把新媒体的“小”与

“大”、瞬间与永恒、碎片与整体、大数据背景与细节呈现对立统一地表现出来。该系列微视频线上阅读播放量超过24亿次，线下覆盖用户数超过2.5亿；人民日报微信公众号所有推文阅读量均为“10万+”；微博话题阅读量超9.4亿次，参与讨论达46.9万条，占据微博热搜榜首位，成为2018年的爆款之作，由此带动许多地方媒体效仿。

2. 技术引领

技术赋能是融合创新发展的基础，本届获奖作品在技术延展的同时，也呈现了智能技术的发展。融合创新二等奖作品《“媒体大脑”想陪你聊聊“两高”这五年》是依托国内第一个媒体智能平台“媒体大脑”生产出的视频。在2018年全国两会报道中，新华社结合十三届全国人大一次会议议程，全面使用智能采集、语音合成、人脸识别、版权监测、用户画像等技术功能形成数据可视化新闻。该作品开创了国内人工智能生产视频的先河，引领了智能生产、智能分发的智能媒体发展趋势，具有极强的示范意义和引领作用，在国内外都具有较强的影响力。

3. 创意引领

创意是利用新媒体技术对已有元素的重新组合，创意成为新媒体作品创新的主要增长点，原创是媒体融合奖项着力鼓励的方向。新媒体创意互动一等奖作品《幸福照相馆》，以“团圆”为主题，以“多人脸融合”技术为基础，以“全家福”照片为互动形式，致敬改革开放40年。用户上传自己和家人的照片，一键操作，就可以打破时空束缚，生成一张不同年代的全家福，把改革开放的时代大潮体现在40年的家庭变迁中，把家庭变迁化为简洁的创意，把创意融于高效的交互中，完成个人、家国、时代的融合。

（二）地方媒体迎头赶上

从一等奖和整体获奖数量上看，本届媒体融合奖项反映出地方媒体在中央媒体的融合改革引领下、在区域融媒体中心建设推动下的迎头赶超。

第29届媒体融合奖项的获奖作品地区分布情况，一定程度上反映了在媒体融合大势中，地方媒体在内容融合创新上的奋力追赶。而在获奖作品中，一些具有代表性的地方新型主流媒体的作品也脱颖而出，比如天津津云新媒体集团获得短视频新闻一等奖的作品《臊子书记》、浙江日报报业集团获得移动直播一等奖的作品《直击7·5泰国普吉游船倾覆事故现场 救援仍在进行》、湖北长江云获得融合创新二等奖的作品《百天千万扶贫行动》、上海报业集团澎湃新闻获得融合创新一等奖的作品《海拔四千米之上》、新京报获得新媒体栏目二等奖的作品“新京报快评”等，这些获奖作品集中反映了地方代表性媒体转型改革的成果。

需要指出的是，地方获奖作品不仅在技术与形式上融合创新，更在选题把握和主题凝练上做到上天入地。题材是本地的、主题是中国的，既要具有国家和社会发展的视野，围绕党的路线、方针、政策和中心工作，又能切合本土视角、深耕本地资源，做出有时代特色和本土特点的作品。从这个角度而言，媒体融合作品与传统新闻作品别无二致。

首先，地方主流媒体是社会守望者，它要传播信息，为本乡本土服务。比如，《直击7·5泰国普吉游船倾覆事故现场 救援仍在进行》关注涉及127名中国游客的普吉岛游船倾覆突发事件，其中42名游客为浙江籍，浙江日报报业集团契合本土关注焦点，快速反应，迅速报道，回应关切。《受暴雨影响陕西汉中略阳五龙洞成孤岛 直升机急运物资》是陕西广播电视台用手机端进行的突发灾害性报道，直接服务本地民生。

其次，地方主流媒体也需观照国计民生，以国家政策切入地方行动。融合创新一等奖作品《海拔四千米之上》抓住国家公园体制试点这一党中央确定的全面深化生态文明制度改革的重大战略，以中国首个国家公园体制试点三江源国家公园为切入点，展现人与自然在和谐共生过程中的矛盾、感动、思考和希冀。融合创新二等奖作品《百天千万扶贫行动》关注湖北全省脱贫攻坚大局，以湖北长江云平台县级融媒体中心为执行依托实现全媒体助力脱贫。《朦子书记》是天津津云新媒体集团深入追踪一位天津大学生的驻村扶贫经历而拍摄的微视频，作品把独特的个案故事与脱贫攻坚的重大战略结合起来。此外，短视频新闻二等奖作品《上桥！今天和“溜索”说再见》、移动直播二等奖《益阳南洞庭下塞湖拆围收官战》等都秉承了地方题材配合脱贫攻坚国家战略这一理念。

三、稳中求变的融合创新

与第28届中国新闻奖媒体融合奖项相比，总体上，本届媒体融合奖项获奖作品在技术和形态创新上并没有特别惊艳之作，技术的开发和使用稳中求变，融合创新更多体现在内容表达和技术延展方面。融合、可视、垂直、沉浸、社交、场景等新媒体作品的特征更加明显，媒体融合奖项六个项目边界也不断清晰。

（一）短视频与H5旗鼓相当

适应于移动端传播视频化、视频碎片化、碎片移动化的风口，短视频新闻仍然是主流媒体融合创新的主要作品，也是媒体融合奖项参评作品的主力军。单就短视频新闻这一项目而言，本届入围终评的作品就达到了31件，这还不包括融合创新项目中的短视频作品。相较于第28届中国新闻奖媒体融合奖项，本届短视频新闻的规则略做修订，将“短视频新闻作品不超过10分钟”修订为“短视频新闻作品不超过8分钟”，更适应移动端短小精悍的需求特点。

本届参评作品基于技术创新的方法与手段并没有太多突破，而是对已有技术的不断深挖，在技术适配于内容、适配于人的需求上下功夫。在众多的作品中，移动端H5技术的深入开发仍然是融合创新的主力军，这也是媒体适应“全息媒体”的发展而继续进行的探索。新媒体创意互动一等奖《幸福照相馆》《父亲·我们·时代》，新媒体报道界面一等奖《改革开放40年·长沙有多“长”》，融合创新一等奖《ofo迷途》《海拔四千米之上》均为H5作品。其中《海拔四千米之上》在H5的作品中融入了360全景图片、视频（普通拍摄+航拍+延时拍摄）、定点VR视频、漫游VR视频、互动热点等方式，移动端封面采用了随机打开可变技术，最终实现了多种技术和表现形式的融合。

（二）全媒体线上线下共振

本届媒体融合奖项获奖作品也呈现出线上互动和线下互动的全方位结合，体现出互联网作品的全程全效。融合创新二等奖作品《时光博物馆》系列报道结合线上主题报道与线下创意体验，把伟大时代聚焦于每一个国人的生活与成长、拼搏与奋斗之上，通过北京、上海、深圳等城市五大实体场馆、九大互动创意体验的形式，把时代发展中一个个衣食住行的细小变化与个人记忆串起来，具象化呈现改革开放给人民生活带来的最深切的变化，诠释了“改革红利，与我有关”“中国有我，时光有我”的主题。《父亲·我们·时代》“与时代同框”线上线下互动活动，打通线上线下，在北京、上海、深圳3座城市的4个改革标志性地点，设置红色巨幅相框，推出“与时代同框”互动活动，作品形成全媒体传播效果，让改革开放的故事与奋斗者的激情进入千家万户。

（三）融到深处，回归内容

在本届融合精品中，许多创新作品不仅注重新技术的使用，更强调内容的深度挖掘和技术对内容表现和传播的适配性。所谓“融到深处，回归内容”，内容是根本，媒体融合是一个过程，而最终的目的是让优质内容面向移动端，面向不断分化的用户，从而产生更大影响力。因此，在内容深度、满足人的需求和表现上下功夫是融合创新的本质所在。比如，融合创新一等奖《ofo迷途》针对2018年共享单车在我国迅速发展三年来，行业进入深度调整期这一背景，深度调查“领军企业”ofo资金链断裂的问题，报道调动了11个城市的记者，包括北京、上海、广州、深圳、重庆、杭州、成都、武汉、南京、西安、济南，基本涵盖了共享单车竞争的主要城市。在扎实的实地采访和数据收集的基础上，制作成多媒体作品。“新闻内核够硬，传播手段够软”，《ofo迷途》不仅深入揭示共享单车企业的运营状况，也向投资机构和供应链企业提示了风险，为共享经济行业和创业公司的发展提供镜鉴。《海拔四千米之上》创作团队集直播、视频、文字三类记者累计25人次，分别在澜沧江源园区的昂赛大峡谷、长江源园区的玉珠峰和治多县索加乡、格尔木市的唐古拉山镇，以及黄河源的玛多县、玛沁县、达日县、甘德县等地进行采访、拍摄工作。而《震撼！一张长图带你领略港珠澳大桥》背后更是丰富的数据和独家采访到的细节，《重磅！北京同仁堂蜂蜜：过期品送入原料库还涉嫌更改生产日期》也建立在扎实的调查取证基础之上。新闻灵感来自社会实践，以上这些作品都是记者践行“四力”在媒体融合创新中的集中体现，作品形态创新的内在是内容深度和广度的发力。

四、参评作品的问题探析

媒体融合深入发展，本届中国新闻奖媒体融合奖项也在改革中探索，参评作品也折射出融合创新发展中的一些问题，值得我们分析思索。

（一）创新与创优

媒体融合奖项强调创新，创新未必完美，但好的创新应是追求完美的过程。创新与创优相辅相成，创新不仅是技术或形式上单一要素的突破，而且应该是和内容相结合的整体考量。创优也蕴含着创新的元素，是在创新基础上的综合提升。从这一点而言，许多参评作品还有很大提升空间。在作品制作中，很多作品停留于挖掘技术和形式上的创新，缺乏叙事的完整度和深度，对作品内在价值尤其是新闻价值的挖掘乏善可陈，从而缺乏创新基础上的创优。

比如，参评作品短视频新闻《惊险！大厦玻璃幕墙被台风吹落 记者报道时又遇玻璃从天而降》虽然抓住了受台风“山竹”影响，深圳一栋大厦玻璃外墙被狂风吹落的瞬间，也获得了很高的点击量，但是视频本身在新闻价值的挖掘和意义方面有待进一步提升，没有透过现象进一步挖掘出其本质。因此，在融合创新中，我们需要思考作品“现场与背景”“有意思和有意义”“现象与本质”的结合。此外，还有的参评作品尤其是短视频新闻作品，就是简单的宣传模式和空洞的口号，缺乏创意设计和生动的故事及细节，本身与新闻无缘，也与创优无缘。

（二）新闻性的加强

尽管有了第28届中国新闻奖媒体融合奖项获奖作品《柳州融水突围记丨广西日报记者“失联”数十小时，在穿越40处塌方后发回灾区最新画面！》[①]的引导，本届媒体融合奖项作品在新闻性上仍显不足。参评的短视频新闻仍然以策划性、主题性报道为主，凸显突发性、现场性、即时性的短、实、新的作品仍然不多。进入终评的新闻性作品本身为数不多，而在短视频新闻13件获奖作品中，新闻性作品仅有2件，更有一些参评作品仅仅是专题片的简写版，甚至是形象片或宣传片的气质，这与评奖规则中的“新闻性强、即时性强”“时效性强……新闻价值大……现场感强”等要求都相去甚远。融合作品折射出生产和传播机制的问题，主流媒体融合改革

① 第28届中国新闻奖媒体融合奖项短视频新闻一等奖。

更要从增量进入存量，让主力军进入主战场，媒体融合作品真正能够担当起突发性、现场新闻的发布，这也是媒体融合的应有之义。

（三）加强原创

在媒体融合发展中，边界被打破，要素在重组，纪实与创意相融合，抓取与设计相渗透，许多新闻作品也融入策划和创意的手法，由此带来了创新，但也带来了创意的模仿与复制。从这一点而言，获奖作品更应强调原创，那些完全拷贝、模仿之作则与奖项无缘。在两届媒体融合奖项参评作品中，都有完全模仿他人之作，甚至不乏有影响力的作品，但创意和手法完全借鉴国外的作品，这样的做法不值得提倡。

（四）提升建议

综合考量第28届和第29届中国新闻奖媒体融合奖项获奖作品，可以看出，坚持“先进技术为支撑，内容建设为根本”仍是创作的根本。未来，各级媒体应该加强以下四种思维。

1. 融合思维

有人说，互联网是“母媒介”，是一切媒介的媒介，把过去的媒介形式都融合其中。在融媒体作品中，我们看到了过去的连环画、漫画、插画、版画、沙画等形式的创新运用，如《天渠：遵义老村支书黄大发36年引水修渠记》[①]《改革开放40年·长沙有多“长”》《震撼！一张长图带你领略港珠澳大桥》等；我们看到了动画、无人机航拍、信息与数据可视化、虚拟现实（VR）、增强现实（AR）、混合现实（MR）等技术叠加与融合的创新，如《公仆之路》[②]《无人机航拍换个姿势看报告》[③]《全息交互看报

① 第28届中国新闻奖媒体融合奖项新媒体报道界面一等奖。

② 第28届中国新闻奖媒体融合奖项短视频新闻一等奖。

③ 第28届中国新闻奖媒体融合奖项参评作品。

告》[①]；也看到了文字、图片、视频、音频等各种媒介形式的融合创新，如《ofo迷途》《海拔四千米之上》等。从内容本身而言，媒介边界、技术边界、类型边界、形态边界都在突破、融合、重构。因此，创作者的融合思维是形成创新创优的重要思维形式。反观一些参评作品，过于简单化，单纯套用某种技术，把传统的文字或视频简单进行转换，缺乏整体的设计与创意，缺乏化学效应的融合，只得躯壳而无实质。

2. 精准思维（整体思维）

适应移动端碎片化的消费方式，创作者要具备精准思维，使作品高度凝练、迅速切入主题和高潮，短小精悍，以一当十。以短视频为例，作品很难娓娓道来，更忌讳平铺直叙，但有的参评作品无异于传统的专题片和宣传片，主题模糊，节奏缓慢，特点分散，形态老套。

精准和整体是相辅相成、辩证统一的。创作者需具有整体思维和历史思维，横纵对比，厘清性质，体现整体真实。这也是运用马克思主义立场观点和方法去看待问题，全面而不是片面、系统而不是碎片地去厘清现象，理解问题，从而避免一叶障目。

第一，精准思维更需要创作者对事件的整体深入理解，从而高度凝练出精髓，直击主题，引出亮点，比如《公仆之路》。

第二，精准思维是更细微的整体和系统，作品犹如小楼成一统，需体现事件的整体性、角度的多元化、背景的深度以及价值的提升。比如，《柳州融水突围记丨广西日报记者“失联”数十小时，在穿越40处塌方后发回灾区最新画面!》《网红店假排队调查》[②]《重磅！北京同仁堂蜂蜜：过期品送入原料库还涉嫌更改生产日期》，所谓一寸短一寸险，这无疑是对创作者更大的考验。而要成为中国新闻奖获奖作品，要成为引领的精品标

① 新华网于2019年全国两会期间推出的作品。

② 第28届中国新闻奖媒体融合奖项短视频新闻二等奖。

杆，理当如此。而现有的一些参评作品，要么只关注技术和形态的创新，要么只呈现某个事件的片段，而忽略了事件的整体性、作品的系统性和背景的延展性，这就和互联网上缺乏整体意义的碎片化信息无异。

3. 极致思维

在新媒体语境下，作品如何在短时间内给用户留下深刻印象，极致的叙事和表现手法就成为一种解决方案，即把一种元素或手法用到极致，突出放大，一以贯之，从而形成对主题的强势解读和诠释。比如《父亲·我们·时代》的画框、《公仆之路》的一镜到底、《"中国一分钟"系列微视频》的"一分钟"排比叙事等，无不是在短小的篇幅内强势地突出和放大主题。

4. 社交思维

社交思维蕴含着用户思维和互动思维，以用户为中心，让信息成为聚集用户黏性的载体，把报道发布变为媒体与用户连接的起点，而不是传统上的传播终结。在作品中贯穿社交思维，考虑作品被分享、转发、评论的价值，把用户作为传播的一个个节点和放大器，从而获得广泛影响力，这也是获奖作品能成为爆款和刷屏之作的要诀，比如《"军装照"H5》[①]《"央广主播的朋友圈"系列H5报道》[②]《幸福照相馆》等。

综观两届媒体融合奖项，获奖作品往往处理好了这两组关系。第一，互动与内容的关系。作品不是为了互动而互动，互动是为叙事服务、为讲故事服务，互动是为用户的场景营造服务，而不是增加用户理解信息的负担，比如《天渠：遵义老村支书黄大发36年引水修渠记》。而反观一些作品，只有互动的躯壳而无内在的意义，互动无法带来信息量和体验的愉悦，是无效互动。第二，信息丰富和简洁易得的关系。作品叙事高度简

① 第28届中国新闻奖媒体融合奖项创意互动一等奖。

② 第28届中国新闻奖媒体融合奖项融合创新一等奖。

洁，界面友好，既有信息量和体验的丰富性又有易得性，无论是功能设计还是页面设计都有高度的指向和主线叙事，方便用户获取信息和体验，而不是被繁杂的信息所干扰，比如《海拔四千米之上》《ofo迷途》，等等。

五、结语

第29届中国新闻奖媒体融合奖项获奖作品是主流媒体融合创新集中展示的窗口，反映了主流媒体在内容、渠道、技术、平台、体制、机制等方面的融合改革成果，对于引领媒体融合发展中的创新与创优具有一定的指导意义。本届获奖作品所呈现的稳中求变的态势和内容深度挖掘，反映出媒体融合向深度突破的现实。媒体融合不是目的而是途径和手段，其最终目的是打造新型主流媒体，建设全媒体现代传播体系，为加强社会主义文化建设，壮大主流思想舆论，凝心聚力而服务的。从这个角度而言，中国新闻奖媒体融合奖项的评选也应当不断创新，完善规则，汇集精品力作，为引导推动媒体深度融合而努力。

第三节　新闻导向为体　用户思维为要

——第30届中国新闻奖媒体融合奖项评析

自2014年以来，经过六年的媒体融合建设，我国进入搭建全媒体传播体系的深度发展阶段。2020年9月，中共中央办公厅、国务院办公厅印发《关于加快推进深度融合发展的意见》，其中强调尽快建成一批“新型主流媒体”，构建“主流舆论格局”，建立“全媒体传播体系”。

2020年是中国新闻奖媒体融合奖项设立的第三年，自第28届中国新闻奖首设媒体融合奖项以来，中国记协每年收到来自全国的数百件参评融媒体新闻作品。中国新闻奖是中央批准常设的全国优秀新闻作品最高奖，媒体融合奖项见证了主流媒体在内容建设、技术支撑、管理创新方面的探索和进步。第30届媒体融合奖项49个获奖作品依然反映了我国各层级主流媒体在技术先导、内容创新以及体制机制变革上的融合转型成果。

一、主题报道焕发用户思维

三年的媒体融合奖项获奖作品充分展现了主流媒体坚持正确的政治方向、舆论导向、价值取向，语态与形态更加贴近民生，作品立意更加见天地见人心，媒体的传播力、引导力、影响力和公信力也在稳步提升。本届媒体融合奖项共评选出特别奖作品1件、一等奖作品10件、二等奖作品

15件和三等奖作品23件。获奖作品坚持围绕中心、服务大局，许多作品紧扣“党和国家领导人活动”“新中国成立70周年”“全国两会”“脱贫攻坚”“生态文明建设”“五四运动一百周年”等2019年的重大主题和中心工作创新创优。主流媒体创新理念、内容、形式、方法，产出了一批既有高度又有温度、既有深度又有热度的融媒体作品。

值得一提的是，在重大主题报道方面，本届获奖作品守正创新，用户思维明显增强。获奖作品充分把握新媒体传播规律，更新表达形态和话语方式，增进用户友好、增强用户连接、优化用户体验，使正面报道的质量和水平有了明显提升。获奖作品中不乏对国家发展、社会进步的跨地域、跨历史的总览，也有以技术、人物、活动、物件等多角度、巧立意的鲜活故事。其中，来自中央媒体的作品大多通过核心技术、专业制作、系统运营，提高内容影响力；来自地方媒体的作品，多以本地活动回应国家战略和时代主题，构思精巧，形态活泼。

（一）转变语态形态，增进用户友好

在主题叙事方面，部分获奖作品推动新闻表达话语革新，以更加贴近用户的视角和方式去诠释主题，增强体验友好性、促进传播效果提升。短视频专题报道一等奖作品《十八洞村龙金彪的Vlog丨脱贫之后》聚焦“脱贫之后不返贫”的现实问题，还原了十八洞村村民龙金彪的探索历程。在表现形态上，该作品语态活泼，具有生动的泥土气息，利用Vlog、漫画、手绘等形式增加趣味、增强网感、增进互动。更为重要的是，在脱贫攻坚、决胜小康的大背景下，该作品用平凡人物的经历体验，传播乡村振兴的经验，主题立意有高度、有深度，内容具有启发性，体现出新闻的建设性。既有优质内容，又有活泼形态，该作品取得了较好的传播效果和社会效果。

值得一提的是，相较于前两届，本届媒体融合奖项获奖作品的标题

表述具有更加新媒体化、网感化的特征。例如，《这一夜，我们为她点亮太空！》《独家视频！开国将军10封家书被意外发现，里面写着……》《超燃！新型主力战机亮相庆祝人民空军成立70周年航空开放活动》等标题，熟练使用情感词汇和符号，增进与用户的交流和共情；“快递小哥”“一键美颜”“爬山侠”等词汇，用更加清新活泼、接地气的话语方式，拉近了与用户的距离。

（二）把握传播规律，增强用户连接

在主题报道中，获奖作品更加重视面向用户的传播效果，充分把握新媒体传播规律，激发用户参与国家的重大历史时刻。在“内容+形态+关系+场景”的新媒体语境下，只考虑内容以及如何表达是远远不够的，如何与用户产生连接，把作品与用户价值与场景匹配，这才是新媒体的要义。

本届特别奖作品《新中国密码：15665，611612 ！》可以说是主流媒体遵循新媒体传播规律，通过精心的运维策划，赢取用户注意力的成功探索。在新中国成立70周年之际，该作品设计出一串数字作为新闻标题，巧设悬念，引导用户去作品中寻找“新中国密码”。在标题和文字的巧妙引导下，用户进行点击、观看行为，即用户与作品产生连接，并最终在史诗般的韵律中，重温了中国共产党的初心和使命，升华了家国情感。为了扩大用户参与范围、提高主流媒体影响力，作品还用新媒体运作方式，设计了微博热搜，激发用户参与解读“新中国密码”“为新中国打call”，从而为内容传播注入社交动力。

作品通过平面的五线谱符号、动态的数字符号和流动的声音旋律，以《没有共产党就没有新中国》的旋律串起3D投射图片、历史影像和人物口述，从而把视听各种媒介表达有机融为一体，作品格局宏大、主线明确、人物鲜明、节点典型，真正找到了内容融合的密码。该作品的传播效果显

著，截至2019年10月9日，该作品的海内外总播放量达7.28亿次，推送量17.58亿次，收获点赞4036万。“15665，611612”的歌曲简谱创意，被众多媒体和公众号模仿，成为主流媒体的“刷屏”之作。

（三）沉浸交互叙事，优化用户体验

媒介技术使多维素材整合成为可能，获奖作品越来越呈现出成熟的技术手段，为主题作品构建沉浸交互叙事的意义空间。通过全媒体、立体化、交互式的场景打造，优化了用户体验。融合创新一等奖作品《2019对话1949：时代变了 初心未变》就创新使用了“分屏互动”技术，实现多维时空、虚拟现实的交互。通过时间的“合纵”和空间的“连横”，作品的历史纵深感更加丰富，也延展了用户视野；通过构建历史和当下的对话场景，营造临场感，让用户仿佛身处“平行世界”，切身感受时代发展的大主题。《2019对话1949：时代变了 初心未变》注重移动端的播放，用户可自主选择切换单双屏模式，让不同时代的人物上演一场“平行世界”的“隔空对话”，进而阐释“时代变了，初心未变”的主题。作品通过游戏化的形式、漫画式的形态，强化了用户参与和作品的传播动力。

二、视频技术加持新闻内容生态

从本届媒体融合奖项的报送作品来看，新闻性内容明显增多，以往艺术性、策划类为主的作品逐渐向新闻性作品转变。另外，视听化的特质也越来越明显，视频形态与新闻性作品结合得更为贴切。

（一）规则引领下的融合新闻生产

从近两年的作品观察，技术作为融合作品制作的发力点、形态创新的重要支撑，对融媒体作品的直接创新驱动力逐渐趋于平稳，无人机航拍、

短视频、竖视频、移动直播、AI、AR、H5等技术形态，在新闻作品的应用趋向常态化。在技术红利放缓的情况下，媒体更应当借助传播技术手段、发挥专业特质，强化构思与创意，促进新闻内容与技术形态的深度融合，驶向大有可为、更加广阔的内容创意蓝海。

针对往届的获奖作品呈现出策划性作品居多、新闻性相对不足的情况，本届媒体融合奖项特别注重新闻性、现场感强的作品，尤其是增加短视频现场新闻的比重，以期促进传播技术形态与新闻信息的进一步融合。本届媒体融合奖项设置有两项重要变动。其一，更加注重现场新闻，将短视频奖项划分为“短视频现场新闻”和“短视频专题报道”两个板块，进一步突出了短视频在现场新闻领域的应用。其二，奖项呈现整合趋势，原“新媒体品牌栏目”保留2个获奖名额，纳入“新闻名专栏”评选，报纸、广播电视、网站、新媒体等多种媒体一起参评；将“新媒体报道界面”和“网页设计”合并为“页（界）面设计”项目，既有网络媒体参评，又容纳移动端新闻作品界面参评。

（二）多样态视频助力新闻生态

本届媒体融合奖项获奖作品依然以H5和短视频为主要形态，但综合而言，视频样态更加多元，媒体对利用短视频、移动直播、竖视频增强新闻现场叙事的意识和能力显著增强。

短视频新闻的快反意识、现场意识与专业意识。短视频现场新闻一等奖作品《【独家V观】习近平看望“快递小哥”》就是在习近平总书记临时下车时，央视记者紧急使用备用手机，拍摄记录下的原生态短视频。该作品时效性强，富有生动的现场细节。在2019年春节前夕，通过习近平总书记与“快递小哥”这一当下最具代表性的基层劳动者群体的悉心交流，该新闻作品传达了党和国家领导人“以人民为中心”的理念，对劳动者的尊重和牵挂。这条短视频新闻作品同时展现了新闻工作者的专业素养，对

"时度效"的精准把握，以及全媒体时代对"四力"的恪守践行。《【独家V观】习近平看望"快递小哥"》推出后立刻成为"爆款"，被各大网站头条置顶推送，在央视新闻微信公众号上的阅读量迅速突破10万次，大量网友主动转发，在朋友圈产生刷屏之效，当天全网点击量突破2.9亿次。

突发性新闻中移动直播的"快""准""深"。移动直播二等奖作品《超强台风"利奇马"登陆浙江温岭 浙视频记者夜闯台风眼》《江苏盐城一化工园区内发生爆炸 救援已展开》等都是记者第一时间到达灾害现场，通过视频直播为用户呈现最准确、最近情况的优秀作品。此外，移动直播运用图文、视频交融的瀑布流形态，可以完整记录并呈现第一现场状况。例如移动直播一等奖作品《百色大暴雨引发山洪，公路塌方车辆被冲走！通讯员黄文秀发回现场视频后却不幸遇难……》持续关注"灾情"和"人情"两条主线，更新灾情最新进展，用富含人文关怀的视角增加了新闻作品的深度。

时事主题中竖视频的对话感和共情感。作为视频传播新形态，竖视频在构图上窄化了横向边界、聚焦主体，同时也更加适合移动端传播。融合创新二等奖作品《主播说联播》就利用了竖视频这一叙事特征，增强对话感和交流感，以主流网红解读时事，通过氛围和情绪感染助力共情，提升新闻评论的传播效果。《主播说联播》在推出后迅速成为网红作品，尤其对年轻的分众用户群体具有引导作用。

（三）新闻短视频的多元价值衍生

影像化生存的当下，短视频因简制作、易传播、高参与的特性，成为信息传播的重要载体。从获奖作品来看，新闻短视频在全媒体环境下的多维运用和多重价值效果已经显现。短视频现场新闻一等奖作品《病死猪田间乱丢知道吗……〈问政山东〉现场局长被8连问后语无伦次》将山东广播电视台问政节目的关键段落制作成短视频，通过平台传播引发网友关注，进而助推舆论监督，助力工作落实。山东广播电视台以融媒体中心统筹新闻资源，该获奖作品并非早期的电视新闻的简单拆条，而是打通资源，跨媒介整合，从而获得集约效应的操作。

此外，在传播环保公益和绿色理念方面，短视频现场新闻二等奖作品《全乡村民化身“爬山侠”守护雪山！村民跋涉5000米高山捡垃圾》记录了四川省甘孜藏族自治州康定市贡嘎山乡村民自发捡拾垃圾、保护雪山的过程。通过记者跟踪采访的微视频、微纪录，神圣的雪山，平凡的村民，自发的行动，平实的话语，在皑皑白雪的映衬下，保护生态环境的理念直抵人心。

（四）核心技术助力视频生产效率

虽然技术应用门槛在降低，但智能媒体技术的自主研发却成为媒体刻不容缓的课题。中央媒体依据自身实力和资源优势，攻坚生产和分发的核心技术研发，由此提升全媒体时代的新闻生产效率。在2019年全国两会期间，新华社就推出了全球首个AI合成女主播；中央广播电视总台首次使用“4K+5G+移动直播技术”，实现多场景的直播报道；人民日报首次采用5G终端设备（CPE）和VR全景相机，向观众提供沉浸式观看体验。近年来，5G、4K/8K、VR、AR、云端采集、AI主播等新技术层出不穷，主流媒体不断推进对核心技术的研发和其在传媒领域的应用。

本届获奖作品中，也有中央媒体的新技术作品的身影。短视频专题报道二等奖作品《AI剪辑大阅兵》就是央视新闻“AI剪辑师”的首部作品集。AI引擎在经过了一个多月的机器“训练”后，可以实现自动编辑70余个机位的画面内容。在阅兵场上，AI剪辑的86条短视频涵盖了15个步兵方阵视频，32个机械化方阵视频，39个花车群众巡游视频。从队伍出现到剪辑完成，每条耗时90秒左右，极大地提升了短视频新闻的生产效率。

三、全面辐射与差异发展

经过6年的媒体融合战略转型、2年的县级融媒体中心建设布局，构建全媒体传播体系的目标、原则和思路逐渐明晰，建立从中央到地方的主流舆论引导合力的格局逐渐明朗。2019年，习近平总书记主持中共中央政治局第十二次集体学习并发表重要讲话，指出要形成资源集约、结构合理、差异发展、协同高效的全媒体传播体系。2020年9月，中共中央办公厅、国务院办公厅印发《关于加快推进媒体深度融合发展的意见》，进一步指出要完善中央媒体、省级媒体、市级媒体和县级融媒体中心四级融合发展布局。

总体而言，构建全媒体传播体系，不仅需要新闻生产方式的全新变革，而且需要传播生态、舆论引导格局的全面升级，中央媒体和地方媒体各主体在其中应当各尽其力，从而形成体系化、多级式、多重心的平台阵地。

（一）优质作品下沉，省级媒体彰显创作活力

从获奖作品分布区域来看，优质内容的生产主体继续呈现出向省级下沉、在市县级开花的趋势，形成全面辐射，呼应我国全媒体传播体系的战略布局。地方媒体的优质内容生产能力和竞争力持续提升，呈现出差异化、多元化发展中的内容生产潜力与创新活力。在获奖总数方面，地方媒体与中央媒体的获奖数量接近。在优质内容生产方面，地方媒体后来者居上，精品频出。本届获一等奖的10件作品中，有5件来自地方媒体。特别是省级媒体，壮大了优质内容生产和主流舆论场的建设性力量，展现出全面发展的新鲜活力。市级媒体中，南京广播电视集团旗下的牛咔视频和郑州报业集团旗下的冬呱视频，分别在本届媒体融合奖项获得短视频专题报

道二等奖。此外，还有一批市级媒体在融媒体奖项的初审中成功突围，如哈尔滨日报报业集团、三亚日报社、珠海广播电视台、东莞广播电视台等，虽遗憾未能在最终的角逐中胜出，但预示着市县级媒体在优质内容生产方面的潜力。

在题材方面，中央媒体和地方媒体对国家和地方议题都有所观照。在本届获奖作品中，地方媒体更是以本地特色呼应时代主题，呼应国家大局，不仅在立意高度和深度上有了显著提升，在媒体融合技术和创意上也初见成效。这也反映了信息内容的空间地域性减弱，跨地域的内容生产成为全媒体传播环境下新闻生产的新局面。

（二）品牌作品上扬，历史资源化为新优势

媒体融合奖项作品的生产如今初具规模，早期探索逐步成型，作品工作室团队日渐成熟，新创平台的创新探索初见成效，策划型单品走向较为稳定的作品输出进而形成品牌。综合三年评选情况，人民日报的《“军装照”H5》《“中国一分钟”系列微视频》《“中国24小时”系列微视频》、新华社的《父亲·我们·时代》《新中国密码：15665，611612！》都呈现出工作室和项目制的持续创新优势。而在媒体融合进程中几次重组，不断创新体制机制的上海报业集团，其旗下的新创平台澎湃新闻也多次获得媒体融合奖项。在第28届中国新闻奖媒体融合奖项中，澎湃新闻以突破技术边界的H5作品《天渠：遵义老村支书黄大发36年引水修渠记》，获得新媒体报道界面一等奖，该作品由8人的主创团队负责文字、视频和技术实现。在第29届中国新闻奖媒体融合奖项的评选中，澎湃新闻再次拔得头筹，其《海拔四千米之上》获融合创新一等奖。该作品的制作陆续融入直播、视频、文字三类记者，16位主创人员多次来到三江源国家公园进行采访拍摄，并对大量素材进行遴选、剪辑、设计、制作和程序开发，最终呈现出一个全媒体、多互动的作品。第30届中国新闻奖媒体融合奖项评选中，澎湃新

闻报送的《毒气，余生》获融合创新三等奖，其主创团队进一步扩大至22人。澎湃新闻的案例充分说明，融媒体作品的产出过程由早期的几人实验、小团队运作，转向协同生产、紧密策划，在体制机制上逐步优化，形成作品稳定输出的保障。如今，优质作品的持续生产反哺了品牌形成，模式化运作成为品牌稳定输出的强大驱动力。

在媒体深度融合发展推进期，差异化的战略诉求、独特的价值追求、分众化的消费需求越发左右媒体作品的方向。各级媒体开始有设计、有重点地塑造核心竞争力，促进差异化的内容生产。例如，本届新闻名专栏一等奖栏目“长安街知事”，以“提供靠谱的政事分析、解读注意不到的新闻细节、脑补有趣有料的政治常识、提供走心的时政新闻”为差异化竞争发力点，经过5年的沿革积累，发展为极具特色的时政品牌。此外，光明日报的“光明追思”，中央广播电视总台的“主播说联播”，都是主流媒体在媒体融合大潮中，认清自身定位、发挥特色优势、立足自身优势资源，并成功站稳脚跟的现实案例。

四、媒体融合作品提升建议

（一）把握叙事要点，神形兼备

从参选作品来看，内容与技术形态的深度融合，需要增强新媒体叙事能力。在碎片化的传播语境下，媒体融合作品依然需要有故事连续性和叙事的段落感。

一方面，要充分挖掘故事的主题，建构故事的逻辑链贯穿整个叙事，突出主线、强化主题，使碎片化的叙事连接为一个有机整体；在新媒体端的作品设计上，可以发挥创意，创造可视化、轻量化、趣味化的“交互介质”。例如，创意互动二等奖作品《72个红手印，究竟为了留住谁？》记录了贫困村村民以联名信形式挽留驻村干部的故事。作品以“红手印”为交互介质，从“听声音”到“看事迹”，再到“按手印”，每一叙事单元层层递进、段落感明晰，进而激发参与、升华主题。

另一方面，处理好内容和融合形态的关系。不论是短视频、H5还是图文消息，其作为内容信息的载体，都能够实现诸多作品形态的聚合。如何把多元素的聚合升华为段落与段落间、形态与内容间的融合，是新闻作品需要继续精耕的方向。在海量信息和碎片化时间中，帮助精力有限的用户最大限度地获取信息，可以说是全媒体时代新闻媒体的新“把关人”内涵。把握人需为本、内容为先、简洁高效为用的原则，通过可视化叙事，把握并改进叙事节奏，提升用户的信息获得效率。创意互动一等奖作品《6397公里的守护》H5聚集了图片、视频、音乐等诸多媒介形态，儿童画、人文景观、自然生态等元素和谐地分布在长长的画卷中。作品中的图像、文字、声音皆是信息，甚至移动端界面也还原了地理位置信息，用空间感打造段落感。

（二）打造特色品牌，聚合用户

在三届评选的147件媒体融合奖项获奖作品中，有八成以上作品的发布平台是传统媒体的新媒体端，例如中央媒体、省级媒体的官方客户端、微信公众号等；有十件左右来自新创建的新媒体平台，例如澎湃新闻、封面新闻、芒果TV等；十件左右是原有平台中新创的新媒体作品，如中国日报双语微信、人民日报全国党媒信息公共平台客户端、“下文”App等。

在分众化的用户环境下，打造特色品牌，提高媒体影响力，聚合、下沉用户，是有效的应对方式之一。《孙子兵法》有言：“凡治众如治寡，分数是也；斗众如斗寡，形名是也。”后半句指出了“斗众”时组织架构的重要性，对于媒体作品来说，就是需要形成品牌。为此，媒体应该明确自身定位，抓住甚至创造用户需求，将“单枪匹马”的爆款和精品，拓展为常态化、特色化、优质化的量产内容，更进一步为用户提供价值匹配的作品，从而以内容建设为根本、以先进技术为支撑，打造核心优势，形成核心竞争力。

（三）深耕内容形态，持续创新

从本届获奖作品的分布情况来看，省级媒体的融媒体作品内容创新活力已有所体现。往届的媒体融合奖项获奖作品，尤其是中央媒体的作品，在内容和形式上具有引领示范作用，也容易成为各级媒体简单重复和单纯效仿的"靶子样本"。在差异化多元化的融合发展态势下，在省市级融媒体中心初步搭建完成之后，我们期待省市级媒体摒弃对获奖作品的简单效仿，从现实生活和本地特色中寻找灵感，挖掘潜力、发挥自身优势，创新创优，产出具有全局眼光、地域特色、多元创新的优质精品。

五、结语

新闻见证时代风云，中国新闻奖媒体融合奖项不仅以新闻的形态记录着每年的重大事件，也展现着中国媒体的融合发展在融合理念、技术手段、生产方式、表现形态甚至体制机制等方面创新进步的每个脚印，不仅成为我国各层级媒体创新创优的参照，而且为未来融合精品的创新创优提供了引领和参考。媒体融合奖项的评选进行了三年，守正创新一直是其秉持的方向。在建设全媒体传播体系的大势之下，媒体融合转型的重心应当逐步由单点的、离散的战术创新，转为一体化、全局性的战略创新。具体到作品层面，一体化制作优质作品则需要进一步将融合新闻作品的单点创新升级为整体系统的内容生态建设。

第四节 媒体深度融合发展的纵深进路

——第31届中国新闻奖媒体融合奖项评析

2021年，中国新闻奖媒体融合奖项评选已经走过4年，见证了我国媒体融合由表及里的显著变化，从以技术赋能为优先，转向以内容建设为根本、创新管理为保障的侧重，体现了深度融合发展的指向和规律。

第31届中国新闻奖媒体融合奖项包括短视频现场新闻、短视频专题报道、移动直播、创意互动、融合创新和新闻名专栏6个项目，共计50件获奖作品，其中短视频现场新闻11件，短视频专题报道14件，移动直播2件，创意互动7件，融合创新14件，新闻名专栏2件。综合来看，第31届中国新闻奖媒体融合奖项获奖作品体现了《关于加快推进媒体深度融合发展的意见》（以下简称《意见》）的方向要求。在媒介技术趋向稳定的情况下，新闻行业在融合思路、融合策略、融合效果上积极寻求突破，展现了融合的坚守与创新。

一、融合方向总体分析

进入深度融合阶段，最关键的转变在于思路和方向。媒体融合的本质是人、技术和社会的融合，也是媒体自身发展逻辑和网络社会运行逻辑的融合。在这一共识下，第31届中国新闻奖媒体融合奖项获奖作品体现出以下趋势。

（一）差异化定位传媒角色，明确服务和把关功能

作为媒体融合的顶层设计，媒体的角色定位体现融合发展的逻辑，决定资源分配和体制机制改革的方向，也直接影响融合新闻作品的形式和质量①。根据《意见》要求，要构建中央、省、市、县四级融合发展布局的全媒体传播体系，即中央媒体要建设新型主流媒体"航母"和"旗舰"；省级媒体要重点建设技术平台和区域性传播平台；市级媒体要因地制宜，打造发挥自身特色的综合服务传播体；县级融媒体中心则要定位基层社会服务和治理的神经末梢。因此，各级媒体既要坚守传媒机构的共性职能，又要差异化把握自身的角色定位。

纵观历届评选，中央媒体和地方媒体的产出能力相对接近和稳定。本届获奖作品中，中央广播电视总台的《独家视频｜游客："彭麻麻呢？"》②立足独家资源和平台在发布当日获得23亿次点击量；川观新闻的《独家航拍！直击水龙与火龙艰苦拉锯》③充分发挥地方媒体接近现场的优势，最大限度、最快速度回应了社会关切。这说明，差异化定位立足特色化优势，各级媒体也在融合探索中逐渐挖掘并充分利用这一点。

在差异中还要把握共性，这个共性是围绕中心，服务大局，既服务党的中心工作、国家社会发展战略，也满足公众和社会在信息基础上的各方面需求，充分体现主流媒体的公共价值和专业职能。这一职能不仅符合把握正确舆论导向的要求，也适应做好对外传播的迫切需求。本届获奖作品中，人民日报客户端作品《生死金银潭》④连续跟拍金银潭医院的医患日常，不仅在国内获得影响力，也获得境外媒体多语言推送，改变了部分外

① 喻国明. 推进媒体深度融合需要解决的三个关键问题[J].教育传媒研究, 2021(01):12-14.

② 第31届中国新闻奖媒体融合奖项短视频现场新闻一等奖。

③ 第31届中国新闻奖媒体融合奖项短视频现场新闻一等奖。

④ 第31届中国新闻奖媒体融合奖项短视频专题报道特别奖。

国网友的偏见；中国新闻网作品《【微视界】武汉志工：年三十瞒着家人出门 服务首日腿抖一天》[①]关注武汉志愿者群体，播出后CNN主动联系中新社寻求素材，同时进入国内与国外两类主流媒体的视野；上游新闻的专栏“帮帮”[②]设置“曝光台”“帮你问”“找答人”“玩社群”“城事通”等民生服务板块，通过融媒体手段，搭建政民互动新桥梁，创新开拓了党媒与用户之间的新连接，形成了强大的社会舆论场；福建尤溪县融媒体中心作品《【致敬最美逆行者】短视频〈武汉记“疫”〉》[③]讲述当地护士程贤芳支援武汉期间的感人故事，面向基层群众建设主流舆论阵地，展现出县域融媒体中心媒体融合实践的成果。

要实现社会治理的社会化、法治化、智能化、专业化，离不开媒体的把关与引导职能。随着自媒体账号涌现、用户在社交账号随时随地发布新闻，假新闻和谣言充斥网络页面，网络环境日益混杂。身处“人人都是记者”的互联网时代，媒体最无可替代的功能就是把关与引导，发挥新闻专业素养和采编流程的严谨性，发布最准确、最全面、最权威的信息。在本届获奖作品中，现场新闻深入一线真实记录事件发展，做到了信息平衡。动静客户端的《地震瞬间，她们抱出26个新生儿：要把孩子的安全置于我们之上！》[④]通过视频、图片及现场采访等多种要素组合，完整地还原了事件的全过程，创意策划整合利用丰富素材，体现了编辑水准。《同心——与来自香港的他们谈谈心》[⑤]立足光明日报的思想文化特色，采访了常年来往内地和香港的三代香港知识分子，讲述自己的发展故事、两地间的同胞情谊，以及在香港抗击疫情时所感受到的来自内地的温暖，表达了香港主

① 第31届中国新闻奖媒体融合奖项短视频专题报道二等奖。
② 第31届中国新闻奖媒体融合奖项新闻名专栏一等奖。
③ 第31届中国新闻奖媒体融合奖项短视频专题报道三等奖。
④ 第31届中国新闻奖媒体融合奖项短视频现场新闻二等奖。
⑤ 第31届中国新闻奖媒体融合奖项短视频专题报道三等奖。

流民意。发挥专业能力，做好专业事情，是媒体立足“万物皆媒”的网络社会的根本出路。

（二）突破行业限制，跨平台融合是方向

深度融合必须拓宽眼界，最大限度地进行跨平台融合。我国媒体融合的实践证明，传统媒体仅在形式上完成“关停并转”、建设新媒体中心、组建报业集团和广电集团等工作，并不能实现真正的“大”融合。传媒作为社会整体系统的有机组成部分，需要突破平台限制，进而整合利用更广泛的社会资源，形成合力。这也是网络社会持续发展的必然结果。

在本届获奖作品中，跨平台融合进一步体现在技术合作和渠道合作上。新华社自媒体融合发展以来，一直注重技术引领的作用。移动直播《巅峰见证——2020珠峰高程登顶测量》①，组织技术力量提前介入，安排自主研发的MESH传输系统和两路5G信号共3条通道用于直播，采购并安装多套高清摄像头和新型VR设备，开发定制“珠峰智能采访App”，形成周密的技术保障方案；《来了！中国首部卫星新闻纪录片》②综合运用地面拍摄、航拍测绘、卫星遥感等多种信息采集手段，创新主题报道“空、天、地、人”协同采访模式。同时，新华社与商业平台开展合作，百度、快手、今日头条、腾讯等多家头部媒体将直播推上首页或首屏，爱奇艺、虎牙网站等平台，以及华为、小米等科技公司主动与新华社开展报道合作。跨平台融合不仅是资源整合，更是发展融合，反映了社会各结构间的有效互动。未来，融合发展的触角有望拓展至各行业间，媒体融合将是跨行业的融合。

---

① 第31届中国新闻奖媒体融合奖项移动直播一等奖。

② 第31届中国新闻奖媒体融合奖项融合创新三等奖。

（三）重视优质内容产能，加大体制机制变革

媒体融合是流程、组织、产业全方位的融合，不可避免地要自我革命，进行结构调整和资源重组。在过去的融合实践中，先进技术和全媒体人才培养作为融合先导初显成效，而优质内容产能转型和体制机制改革相对缓慢。上述两点的改善，在本届中国新闻奖的评选标准和获奖单位情况上有所体现。

一方面，中国新闻奖的评选越发重视传播效果和社会效果层面，通过数据检验新闻作品。本届获奖作品的传播量级以百万、千万起计量，浏览量数亿次的作品不在少数。例如，短视频专题报道特别奖作品《生死金银潭》仅人民日报自有平台播放量就超过1亿次；央视新闻23秒的《独家视频｜游客："彭麻麻呢?"》发布当天点击量23亿次，全网阅读量累计37亿次，成为点击量最高的时政视频；短视频专题报道一等奖作品《老外看小康中国》[①]传播量累计破亿，海外社交平台转发量超1000万次；短视频专题报道二等奖作品《〈第一书记〉系列微纪录片》[②]打出"视频+创意海报+亮点动图+标语式题目"的传播组合拳，获得6亿次观看量。

另一方面，体制机制改革进入多元化探索阶段。本届获奖作品的制作单位，除了人民日报、新华社、中央广播电视总台等中央媒体，地方报业集团和广电集团多点开花。例如，重庆日报报业集团的上游新闻客户端、湖南广电的芒果云客户端、上海广播电视台的第一财经客户端、大众报业集团的大众日报客户端、四川日报报业集团的四川观察客户端精品频出，项目制和融媒体中心建设日臻成熟，反映了体制机制改革的阶段性成效。同一模式不一定会产生相同效果，在深度融合阶段，重视体制机制改革最

① 第31届中国新闻奖媒体融合奖项短视频专题报道一等奖。

② 第31届中国新闻奖媒体融合奖项短视频专题报道二等奖。

重要的是坚持普遍性和特殊性相统一，淘汰落后产能，立足特色发展。当然，体制机制的变革根本上还是逻辑和思维的变革，这对传统媒体而言仍然是一个挑战。

（四）技术革新渐趋稳定，技术融合成为重点

近两年来，短视频、移动直播、H5、可视化等新闻呈现方式成为主流，作品的质量和数量保持稳定，5G、虚拟现实（VR）、增强现实（AR）、混合现实（MR）、人工智能、全息投影等技术大规模应用，技术创新带来的新奇感显著降低。当前全媒体矩阵建设基本成型，交互、沉浸和智能，是融媒技术应用的三个关键词。

为达到最佳沉浸体验，实现多样交互，融媒技术的组合拳成为新路径。在本届获奖作品中，新华社在珠峰峰顶完成5G+4K+VR直播，属全球首次；人民日报创意互动作品《今天，发条微信一起点亮武汉》[①]将SVG动图形式引入发微信的形式，实现了内容交互，创新了阅读形式；海博TV推出融合创新作品《独家VR互动视频！身临其境，海陆空全景围观平潭海峡公铁大桥》[②]，用户可以通过H5制作的VR视频互动，从海陆空三种视角，身临其境感受大桥英姿和建设难度，体验感强，趣味性十足；芒果云客户端发布的H5作品《一张照片背后的这七年》[③]在H5技术内融入“照片+文字+视频+音乐”多种形式，把常规技术融合到位，打造流畅体验。此外，人工智能与新闻生产的融合尚在初期，虚拟主播、机器人写作之后，人工智能技术对深度融合的发展仍值得期待。

① 第31届中国新闻奖媒体融合奖项创意互动二等奖。

② 第31届中国新闻奖媒体融合奖项融合创新二等奖。

③ 第31届中国新闻奖媒体融合奖项创意互动一等奖。

二、内容题材分析

新技术只是媒体深度融合的创作手段，坚持内容本位、将技术应用融入内容创作的策划流程才是重点。因此，内容题材的选择和构思是基础。本届媒体融合奖项获奖作品在主题、侧重和思维上有下述突出特点。

（一）主题聚焦，紧贴时代

新闻是历史的底稿，凸显时代和社会的特征，满足人民群众的精神需求。本届获奖作品主题高度聚焦，49件媒体融合奖项获奖作品中，关于抗疫和精准脱贫的作品过半数。重大主题报道的数量一方面反映了媒体的价值取向，另一方面也反映了深度融合的内容落点。

紧贴时代的作品首先占据了内容价值。津云客户端短视频专题报道《【津云微视】无胆英雄张伯礼》①挖掘“人民英雄”张伯礼院士的抗疫事迹，塑造了抗疫期间冲锋在前的典型人物；在新冠肺炎疫情尚不明朗的情况下，《第一财经》短视频现场新闻《上海医疗救治专家组组长：一线岗位全部换上党员，没有讨价还价！》②用张文宏医生“疫情面前一名共产党员应有的作为和样子”的一段话，鼓舞了一线医护工作人员，起到提振士气和坚定决心的作用；交汇点新闻的融合创新作品《听・见小康》③以江苏全面小康建设和对口帮扶工作为依托，融合100多个音视频和图文，凸显“听”和“见”的特色，将百姓对小康生活的真情实感嵌入H5，素材丰富，视听语言特色鲜明；央视财经的融合创新作品《走村直播看脱贫》④，

① 第31届中国新闻奖媒体融合奖项短视频专题报道一等奖。

② 第31届中国新闻奖媒体融合奖项短视频现场新闻二等奖。

③ 第31届中国新闻奖媒体融合奖项融合创新一等奖。

④ 第31届中国新闻奖媒体融合奖项融合创新二等奖。

把直播车开进101个典型脱贫村，直播101场，展现精准脱贫的奋斗故事，并且在电视端、广播端和新媒体端互动传播。

（二）时效优先，回归现场

记者的第一战场在新闻现场，践行“四力”的基本要求在于对新闻点的敏锐捕捉、对现场采访的充分把握和对“时间就是生命”的深刻理解。抓住现场是优秀新闻作品的价值需求，但是新闻性不强历来是媒体融合奖项入选作品的短板，这与一开始重视技术驱动，忽视技术与内容结合不无关系。从本届获奖作品来看，伴随对技术与内容深度融合的重视，新闻性不强的问题在逐渐改善，新闻回到了现场，守住了时效。

在本届获奖作品中，突发现场报道凸显重量。台州广电的《微视频｜彻夜救援 台州无眠》①、工人日报客户端发布的《抗洪Vlog|记者坐拖拉机赶往安徽庐江圩堤抢险现场：数千人会战守堤坝！》②、人民网官方微博发布的《请记住这里，王家坝！》③直击灾情事故现场，第一时间克服困难，向社会同步事件进展。这些报道不仅体现了全媒体人才的建设加强，也展现了采编制度改革后的优越性。此外，现场新闻的价值更需要互联网思维加持，在短时间内抵达用户。问句、感叹句的语态，具有情绪浓度和故事感的标题构造，将网感化发挥到极致；短至23秒、长不过1分半的新闻，直接呈现高潮引起广泛关注，将碎片化融进编辑思路。

① 第31届中国新闻奖媒体融合奖项短视频现场新闻二等奖。

② 第31届中国新闻奖媒体融合奖项短视频现场新闻三等奖。

③ 第31届中国新闻奖媒体融合奖项短视频现场新闻三等奖。

（三）关系思维，以小见大

“个人门户”模式改变了大众传播的机制①，公共内容的传播越来越依靠“人媒”。围绕个人建立连接，需要充分认识社交动力的重要作用。具体来看，这一社交动力可分为两点：与自己切身相关和可作为社交资本。这两点都立足建立作品和用户之间的关系。

本届作品普遍运用从小人物、小切口出发的叙事方式，通过情感和场景建立关系。四川观察客户端作品《说“彝”解字：这间“房”有丝也有粮》②将脱贫攻坚的宏大主题巧妙融入彝族群众的日常生活场景中，将“彝”字解析融入历史资料和当地变迁，切入点设计巧妙；《经济日报》微信公众号作品《“韩寒井柏然都为她加油！一个武汉90后女孩的‘方舱日记’”系列短视频》③关注抗疫中的90后，使普通人的故事和名人效应相叠加，传递鼓舞人心的力量。不仅如此，讲述命运洪流和时代发展下个体的生动故事也是对外传播的有效路径。具有温度的故事能够消除抽象概念的真空感，通过人类共通的价值和情感建立连接，反映实践成果和社会变迁。

三、形态创新分析

如今，媒体融合作品的表达形态已经基本脱离早期的“炫技”，将编创重心放在内容与技术的深度结合上，这也体现了深度发展的趋向。要做好这一结合，不仅需要内容够“硬”，还需要充分理解各技术的优势，实现与内容的精准匹配，做好“加减法”。具体来看，本届作品既有延续，

① 彭兰.新媒体传播：新图景与新机理[J].新闻与写作，2018(07):5-11.

② 第31届中国新闻奖媒体融合奖项短视频专题报道二等奖。

③ 第31届中国新闻奖媒体融合奖项短视频专题报道三等奖。

也有创新。

（一）延续何在

1. 实现“软”着陆：虚与实结合

虚，是指动画、漫画等表现形式；实，是指数据、事实等现实内容。历届获奖作品都有将虚实巧妙结合、主题内容与表现形态精准匹配的融合精品，体现了深度融合的编辑思维。本届作品中，《中国日报》专栏“图图是道”①通过制作精良的长图漫画配合通俗风趣的文案，将高大上的硬核内容做柔；中国日报网作品《老外看小康中国》灵活运用多种手段，现场实拍、动画、人物采访三种形式巧妙穿插，大量运用动画视频辅助叙事，把抽象的理念具象化，生动展示全面小康的宏观理解，创新主旋律纪录片创作手法；宁夏日报创意互动作品《“挖”土豆》②综合运用手绘、音频、视频、H5交互等表达方式，5张手绘长卷将西海固的土豆故事娓娓道来；海报新闻客户端《千里挺进大别山——山东湖北携手战“疫”故事》③采用“速写画作+原创音乐+动态长卷呈现”的模式讲故事。

2. 跨越文字局限：可视化呈现

融媒类型的发展体现了用户和生产双方协商的过程。文字语言的读取往往需要耗费一定时间，且融合空间有限。经过几年的发展，可视化呈现已经成为重头戏。本届作品中，新华社《〈第一书记〉系列微纪录片》，以冲击感强烈的大字体海报辅以加长版往期回顾海报，形成高质感的整体包装风格，快速抓取用户眼球；人民日报微信公众号作品《今天，发条微信一起点亮武汉》采用点击换图形式为武汉加油；新湖南客户端作品《创意海报 | 这些痕迹，刻在你脸上，痛在我心里》，以新闻图片为核心要素，

---

① 第31届中国新闻奖媒体融合奖项新闻名栏目一等奖。

② 第31届中国新闻奖媒体融合奖项创意互动三等奖。

③ 第31届中国新闻奖媒体融合奖项融合创新三等奖。

设计制作创意海报，用最真实的新闻图片讲述最鲜活的战疫故事；上观新闻客户端作品《浦东的故事·他们的故事》①融合了图文、视频、数据图表、动画、三维建模等多种媒体表达手段，展现了丰富的历史和个人信息。

（二）创新守正何在

1. 互动方式创新：线上线下多样联动

H5互动、大小屏跨屏互动、直播评论和抽奖等互动手段在融合新闻作品中已不再新鲜，线上和线下创意联动成为新的融合突破口。在本届作品中，交汇点新闻客户端作品《听·见小康》集纳线上栏目和线下活动成果，线下活动采集了百姓“小康心愿”5644条，拍摄百姓“小康笑脸”6350余张，收集百姓签名超过10500个，这些互动元素都有机融入作品中，形成线上、线下创意闭环；南方都市报App策划的《“最美逆行者”系列融媒报道》于2月17日晚在广州塔、猎德大桥等城市地标率先开启“为最美逆行者亮灯”致敬行动，随后广东其余20个地级市积极响应，抗疫一线医务人员巨幅海报在广东地标建筑1000多块LED屏滚动播放；中国日报客户端的《全球十地跨年直播》②开展线上线下融合报道。当线上和线下联动成为标配时，就意味着各级媒体正全力打造“四全媒体”。

2. 作品结构守正：灵活运用主线意识

好的作品需要好的结构，好的技术需要好的载体。因此，作为内容生产者，作品结构上的创意仍然不可或缺。《老外看小康中国》运用“寓言故事”讲述方式，便于外国受众清晰理解中国理念以及中国特色语汇的独特内涵；山西日报群众新闻客户端《黄河十二时辰》③以十二时辰的构思，巧妙串联起黄河流经各地不同风土人情和自然风貌；无锡观察客户端《从

---

① 第31届中国新闻奖媒体融合奖项融合创新三等奖。

② 第31届中国新闻奖媒体融合奖项创意互动三等奖。

③ 第31届中国新闻奖媒体融合奖项短视频专题报道三等奖。

这面湖奔向那片海》[①]借用大禹治水时用来测量江海水深度的“定海神铁”来喻指三代载人潜水器，用神话传说开场，将科学话题讲得饶有趣味；金华新闻客户端《磐小药西游记》[②]将“中国药材之乡”磐安县用中药材帮助仪陇县产业脱贫的做法，比作治愈贫困的“良药”，一语双关。好的线索就是作品的名片，将线索与内容、技术结合至关重要。

四、典型作品亮点分析

经过四年的发展，媒体融合作品已经在作品类型、表现形态等方面具备一定的稳定性，继续推陈出新需要找准发力点。具体来看，本届作品的亮点体现了用户思维、互联网思维和融合思维的整合。

（一）融在语态

语态变革是新闻作品永恒的命题。随着移动化、碎片化阅读习惯养成，阅读场景不断变化，融合新闻作品探索出主角拟人化、故事剧场化的新语态。典型作品是北京广播电视台BTV新闻微信公众号的创意互动作品《2020脱贫攻坚——阿中邀你助力奔小康》[③]，该作品将脱贫攻坚群体具象化为一个原创卡通人物“阿中”，通过阿中奔跑追梦的形式，在奔跑途中挑战5个不同类型的任务，注重“人格化、趣味性、交互性”。通常情况下，故事剧场化有几种方式：第一，通过动漫、手绘长卷、游戏化设置创造场景；第二，通过保留摇晃的镜头、真实的对白，运用无人机航拍、VR技术还原现实场景；第三，通过精细手法制作视频和互动作品。总之，这种主角拟人化、故事剧场化的新语态，赋予生硬、严肃的话题一种可爱、有

① 第31届中国新闻奖媒体融合奖项融合创新三等奖。

② 第31届中国新闻奖媒体融合奖项融合创新三等奖。

③ 第31届中国新闻奖媒体融合奖项创意互动三等奖。

趣味的形象，将冰冷、繁杂的数字和成果化为立体、具象的故事场景，仿佛把用户带入了一个剧场，沉浸式体验了一场汇报演出。

（二）融在情感

在当下的互联网环境中，情感被置于与信息同等重要的位置。在本届获奖作品中，慢直播呈现陪伴的力量，情感功能促进融合直播。央视频客户端全网独家上线第一路火神山医院建设慢直播《疫情24小时》①，《与疫情赛跑！见证火神山、雷神山医院崛起》系列慢直播持续117天，24小时不间断展现火神山、雷神山两座医院争分夺秒抓紧建设的情况。网友们给画面中的挖掘机、吊装机、水泥罐车、叉车，甚至是照明车都起了昵称，小蓝、大白、大黄、小黄、叉酱等名字在评论区刷屏，成为用户之间的"暗语"。慢直播在疫情期间起到了缓解社会焦虑情绪、释放民众心理压力、凝聚社会共识的重要作用。媒介技术和表现形式上的互动不再只是为了高效传递社会环境信息，还在于满足用户的情感需求。当然，抓住情感痛点要避免滥用情绪，在这一点上，媒体的专业素养和把关作用就显得尤为重要。

（三）融在策划

抓住网络运行逻辑是成功的另一半。本届作品中，策划传播，整合营销成为趋势，策划激发渠道优势。《"最美逆行者"系列融媒报道》②推出多种样态，包括海报《你们摘掉口罩的样子，很美!》、图文报道《千言万语尽在脸上》、H5"疫痕"在线照相馆等，同时伴有策划线下活动。系列报道被人民日报、央视新闻、今日头条等160多个平台广泛转载，线下活

① 第31届中国新闻奖媒体融合奖项创意互动二等奖。

② 第31届中国新闻奖媒体融合奖项融合创新一等奖。

动辐射广东全省，真正体现了策划所激发的多渠道传播优势。策划决定传播成效。包括《“最美逆行者”系列融媒报道》在内的众多获奖作品，点击量都以“亿”为单位计量。这背后离不开从素材收集、技术选择、分发平台，到后续进行立体式追踪报道的全流程工作。全媒体立体传播是整合社会资源、实现一次收集、多次分发的有效探索，更是建设“四全媒体”的重要实践。

五、媒体融合作品问题分析

本届媒体融合奖项获奖作品反映了我国媒体深度融合发展的方向，但在媒体融合奖项已设立四年的大背景下，还应该在作品题材的多元性、服务社会和人民需求的多元性上有所提升。

（一）协调题材代表性与多样性

尽管主题聚焦、新闻性提升，但是媒体融合作品的内容题材稍显单一，同质性较强的问题凸显。新闻媒体应该是代表群众探索社会的触角，监督权力的眼睛，监测环境的瞭望者。在这一职责范围内，当前的融合精品在题材广度和宽度上仍需拓展。

（二）兼顾创意形式和内容深度

短视频新闻、H5作品等显现模式化趋势，这对创意提出更高的要求。在这种情况下，要么等待技术实现突破，要么将现有技术更好融合稀缺内容。因此，数据新闻、调查性报道等有待加大关注。

（三）关注数字鸿沟引发的问题

数字鸿沟问题自互联网诞生之日起就被讨论不休。21世纪，我们应更多考虑老年人和技术陌生用户的需求。这是用户思维和媒体定位的双重要求，也是社会发展兼顾人文关怀的重要一环。针对互联网注重垂直领域这一特点，入选作品并未有效呈现，服务特定群体的创新作品还有待开发。

六、结语

进入媒体深度融合阶段，主流媒体的转型升级面临更大的挑战。融合已经从散点式的技术和作品创新向体制机制平台的一体化创新迈进，但无论怎样，优质的融合新闻精品永远是反映媒体融合改革的窗口，也是引领行业发展的“风向标”。自2018年中国新闻奖媒体融合奖项设置以来，发展成效极为丰富，在万物互联互通的未来，媒体融合势必发生更多新变化，中国新闻奖媒体融合奖项获奖作品也将与时代变革同频共振，与国家发展同向同行。作为媒体人，需要具备全方位的敏锐度，坚守住创新的底线，把握住融合的航向，探索出互动的落点，发挥好新闻的价值。

第二章

短视频新闻

导　言

第28届中国新闻奖媒体融合奖项首次设立短视频新闻项目。短视频新闻是指在移动端发布的短视频新闻作品（含纪录片），其要求为时效性强，新闻价值大，立意深刻；现场感强，音质画面效果好，信息含量丰富；剪辑精心，短小精悍。第28届中国新闻奖评选办法明确规定，短视频新闻作品不超过10分钟。第29届中国新闻奖评选办法调整为，短视频时长不超过8分钟。第30届中国新闻奖评选办法进而将短视频奖项作出更细致的划分，分为“短视频现场新闻”和“短视频专题报道”两类，这样就更加突出短视频在现场新闻领域的应用，同时鼓励专题报道增强主题性和新闻价值。短视频现场新闻是在移动端首发直击新闻现场的视频新闻，时长不超过3分钟，要求时效性强，现场感强，信息量大，传播效果好。短视频专题报道是在移动端首发的视频专题报道（含微纪录片），时长不超过8分钟，要求新闻价值大，主题立意深，呈现方式新，社会反响好。第31届中国新闻奖评选办法的表述又略作调整，短视频专题报道是指移动端首发对新闻事件或人物较深入的视频专题报道，含微纪录片；要求新闻价值大，内容有深度，呈现方式新，社会反响好，时长不超过8分钟。

方法解析

短视频新闻是媒体融合时代适应可视化、碎片化、移动性和社交性传播特点的重要新闻形态，是移动互联网端运用可视化手段迅速报道事实的融合新闻体裁。同消息类新闻是传统媒体的主力军一样，短视频新闻成为媒体融合语境下，新闻报道的主要体裁之一。但是，同传统的电视消息相比，短视频新闻在主题凝练、形态表达、传播渠道等方面存在巨大的不同。一方面，从媒介历史的发展来看，短视频是互联网语境下的创新作品，具有全新的创作规律和传播特点，更重要的是，短视频具有社会交往的属性。另一方面，从媒介进化的历史观而言，短视频无论在叙事技巧上还是在表现形态上都承接了视听传播的原理和方法，其中的创作规律和创新策略具有鲜明的承接性。因此，如何把握短视频发展中的变与不变，仍然是一个重要的命题。

主题呈现：极致凝练+以一当十。主题永远是采访报道和创作首要考虑的指向，围绕主题展开的叙事和表达才会有的放矢，思想凝练，素材集中。主题在短视频中的呈现要适应碎片化语境的“短、燃、极致”。为此，我们应该把握“三个一”创作策略。首先，一个明确而清晰的主题。主题是魂，新闻报道是提炼和聚焦，是角度的明确、主题的凝练。在动态突发性事件题材中，这个魂是角度，要从事件中提炼一个独有的角度放大呈现；在现象求证或回应题材中，这个魂是核心问题，要聚焦求证的核心问题，去求证回应并解答；在主题创意性的短视频中，这个魂是人的思想和观念，要抓住人或物的精髓，体现其核心的价值观或精神层面的诉求。其次，一个极致的手法，极致化使用影像手段和叙事符号，是为了获得以一当十的效果，有助于强势的主题和观点输出。通过放大视听的叙事功能，以视觉和听觉的双重冲击短时间内抓取观众的注意力。在这方面，比较常用的手法是“排比句”模式，即无论是故事还是解说词，以相似的手法或语序排比向前推进，形成不断反复加强的效果，比如《公仆之路》一镜到底的方式。一个极致的手法也指一个恒定的元素，比如新华社短视频《父亲·我们·时代》用著名画家罗中立的油画《父亲》开篇，用“画框”这个物件（元素）把改革开放以来重要的历史节点和人物“框”起来，形成画框里的父辈开拓和画框外的后辈传承，既稳定了叙事，又具有重要的象征意义。最后，一个转折。转折体现的是故事意识。短视频即便篇幅短小，也应做到麻雀虽小，五脏俱全。对于起承转合与篇幅的对应更应该进行合理的设计，对于事件的起因、发展、转折点和结果进行分析，通过前期的拍摄和后期的编辑予以捕捉。

语态转变：差异话语+突圈破壁。立足信息传播新生态，主流媒体展现出契合短视频传播新语境下的新动向，深入年轻人语境，巧立亲民人设，借力传播。从传播的角色上看，被视为“严肃权威式”角色的主流媒体，也纷纷入局短视频生产的新常态，通过塑造多元“接地气”的人设，成为“主流转化”的方向与发展趋势。全媒体的传播语境下，全媒体记者的要求也使主流媒体的记者身份与网络空间的个体身份不断切换，在不同的传播渠道和端口形成有针对性的分众和圈层传播，这在短视频领域也成为重要的指向。

视听表达：贴近叙事+推陈出新。短视频作为新媒体的主要作品，强化短视频的报道训练，有助于强化记者的新媒体思维。短视频创作的长和短、大和小、虚和实、藏和露、断和续的辩证统一也体现在视听表达上。

非线性叙事，短活快实新。短视频因为篇幅短小，不具备完整铺陈叙事的条件，因此在叙事结构上更为片段化和去线性，追求少即是多的新叙事模式。多元视角转换，个体视角凸显。互联网“去中心化”和多元异质个性的特点，也影响了短视频叙事的个体视角和第一人称表达。从叙事视角而言，短视频的制作更多将群体化叙事转向个体叙事，采用片段式的结构，将个人前途与国家命运同频共振，用个体叙事呈现宏大主题。

作品一《公仆之路》

作品信息

所获奖项：第28届中国新闻奖媒体融合奖项短视频新闻一等奖

主创人员：集体（钱蔚、罗琴、魏驱虎、唐晓艳、兰军、张昊、赵炜煜）

发布日期及时间：2017年11月23日0时21分

发布账号（App）：央视影音

作品时长：5分26秒

作品简介

2017年11月23日，央视各平台发布时政微视频《公仆之路》，以一镜到底的方式，带领观众在5分26秒内完成48年的时空漫游，再现了习近平同志从黄土地到中南海，初心不变、始终如一、为民服务的公仆历程。《公仆之路》的创作打磨总共历时半年多，2017年初开始构思策划，3月确立选题，8月形成雏形，10月中旬形成作品，11月下旬正式上线。

主创团队综合多种方案，反复推敲论证，从16集的微纪录片，不断压缩凝练，到5集，再到上下两集，最终决定为一集的微视频。确定创作理念和表现形态后，团队收集了习近平同志几乎所有的视频、音频和文字采访资料，还动用了外围团队的成员进行筛选整理，每个人都有几十页、上百页的采访报道内容，然后根据作品主线进行串联浓缩，最终按照习近平同志任职的时间节点确立了陕北插队、正定起步、治理福建、主政浙沪、领航中国等多个阶段。通过一镜到底和三维投射的表现形式，《公仆之路》实现了内容与创新形式的完美结合，呈现了习近平总书记的人民情怀与公仆本色。

《公仆之路》

作品分析

一、宏大主题　价值引领

（一）主题精准，与时代发展同频共振

时政短视频想要成为爆款，必须做到主题精准，与时代发展同频共振。主流媒体只有与党和人民同呼吸，与时代共进步，唱响主旋律，传播正能量，才能在信息爆炸的互联网时代独占鳌头。作品要抓住人或物的精髓，体现其核心的价值观或精神层面的诉求。

《公仆之路》将“公仆”作为表达的核心命题，以习近平同志的所思、所想、所言、所行贯穿全篇，为“公仆”这个词语做了最佳注解，更为全体党员做出了公仆表率。作品通过习近平同志的话语，清楚而有力地阐释了什么是公仆——公仆是“清清白白做人，干干净净做事，坦坦荡荡为

官”；公仆是“当县委书记一定要跑遍所有的村，当地市委书记一定要跑遍所有的乡镇，当省委书记一定要跑遍所有的县市区”；公仆是“永远把人民对美好生活的向往作为奋斗目标”。

在党的十九大报告中，“人民”被提到了203次，“为中国人民谋幸福，为中华民族谋复兴”更是所有中国共产党党员需要时刻铭记的初心和使命。作品以习近平同志的亲身经历为广大人民公仆树立榜样，告诫全体共产党人“不忘初心、牢记使命，不忘初心、方得始终”。326秒，一言一语都是人民公仆的行动指南。《公仆之路》选择在党的十九大闭幕后的一个月之内推出，凭借鲜明的主题和精准的定位，有效地传播了社会主义核心价值观。

（二）观照历史，微体量蕴含大内涵

时政微视频微言大义，要在有限的篇幅里发挥其感染力和说服力，其短小精悍的体量里一定蕴含着深刻的内涵。面对相对抽象宏大的政治传播主题，微视频想在有限的篇幅里实现传播目标，就需要选取具有代表性的事实①，以小的切口辐射大的主题，以微体量蕴含大内涵。

《公仆之路》把习近平同志48年的历程浓缩为5分26秒的微视频，篇幅短小，但信息量极大。央视网微视频工作室总监、《公仆之路》导演唐晓艳说：“我们推崇一个公式，画面信息÷时长=信息密度。我们认为有了信息密度才会更加可视，才会更加有质量。”作品选取了一张张习近平同志为人民服务的照片，一幅幅历史性的画面，加上同期声中习近平同志真实可感的讲述，成功展现了一个扎根基层、关心人民的公仆形象。作品成功再现了习近平同志陕北插队、正定起步、治理福建、主政浙沪、领航中国的履职经历，岁月的厚重感扑面而来。典型性的内容既展现出了时空的纵

① 李舒,孙小咪.时政微视频：媒体政治传播的新探索[J].电视研究,2017(10):54-56.

深感，又使观众更好地了解习近平同志的信念初心。

《公仆之路》讲述了习近平同志的奋斗足迹，是一个人的故事，更有对历史和时代的观照。从20世纪六七十年代的插队锻炼，到80年代的奋斗拼搏，再到千禧年后的创新发展，一路走来的酸甜苦辣是每一个中国人的共同记忆。作品通过讲述习近平同志的故事，折射出了时代大潮中千千万万普通中国人的奋斗历程。作品通过对时代的观照，将国家命运与个人发展相结合，激发了用户的情感共鸣，增强了作品的感染力。

“微体量大内涵、小切口大主题”的背后，是主创团队从“做加法”到“做减法”的精心打磨。创作团队在央视的音像资料馆查阅了关于习近平同志的所有资料，又在网上找了所有公开刊发的相关报道，囊括了几乎所有关于习近平同志的视频、音频、文字采访资料，不断地“做加法”。然后，团队人员将所有素材按照时间节点进行整理，筛选合适的内容并按照逻辑和语境进行串联，再根据典型性、连贯性、技术标准等多项要求进行取舍，从最全面、最完整的素材中凝练出最精华、最核心的内容，创作人员用严谨专业的工作态度，保证了作品内容的精益求精。

（三）话语平实，实现有温度的传播

时政报道的话语方式创新一直是我国媒体面临的难点和重点，在“走转改”思路的指导下，我国的时政报道逐渐从官媒政论的政治传达转变为带有人文关怀的贴近报道。在新媒体传播环境下，相较于单一刻板、风格严肃的“硬性传达”，“以故事吸引人，用情感打动人”的“软性传播”更容易达成良好的传播效果。以朴素故事替代宏大叙事，以平民视角替代精英话语，才能实现有温度的传播。

《公仆之路》以习近平同志第一人称的同期声贯穿全篇，平易近人的态度以及平实通俗的话语充满了人情味。例如，在讲述习近平同志在梁家河插队的经历时，开篇用“去延安的专列上，我记得很清楚，那是1969年

的1月份”，犹如朋友在讲故事一般娓娓道来，亲口讲述自己的信念初心和所知所获，朴素的话语让人充满亲切感。讲到在福建任职的经历时，他说：“这里人常爱讲一句话，‘爱拼才会赢’，其中蕴含着一种锐意进取的精神。”画面采用福建特色民居的风土人情、习近平同志与人民在一起的画面，与同期声高度契合，通过宏大命题的场景化处理，结合极具沉浸感的动画效果，让人充满代入感。

《公仆之路》将宏大的政治主题转变为平民化的叙事方式，有效拉近了作品与观众之间的距离，是贴合社交媒体传播环境的创新表达。在当下的互联网时代，政治传播需要洞察用户心理需求，转变传播语态，积极适应互联网传播逻辑，实现有温度、有情怀的传播。

二、技术赋能　重构历史叙事

（一）创新叙事，一镜到底的流畅表达

随着技术手段的创新发展，叙事形态创新成为融合作品内容表达创新的重要途径。不论是动漫、动画、民谣、Rap、快闪还是H5，形态上的创新不是为了炫技或创造噱头，而是为了更好地服务内容。《公仆之路》的成功之处正是在于它将一镜到底的表现形态和习近平同志48年如一的思想境界完美结合在一起。

一镜到底是指运用一定技巧将作品一次性拍摄完成，或者是通过后期剪辑让人感觉整部影片是一个镜头的拍摄手法。由于一镜到底要求在一个长镜头内完成所有的叙事，对镜头的连续性要求很高，因此对创作者有一定的束缚和制约作用。但这种形式能够带给观众一种新鲜独特的视听体验，在叙事的连贯性和流畅性，感受的代入感和沉浸感上颇有优势。

《公仆之路》之所以选择一镜到底的表现形式，是因为主创团队深挖主题，提炼出习近平同志48年公仆历程中的“变”与“不变”。“变”的是

周围的环境，48年里，习近平同志工作的地方既有贫穷的村县，也有富裕的省市，工作的岗位从村、县、市、省到中央，每一个层级都历练过，从一个少年逐渐成长为一个大国领袖，周围的环境发生了天翻地覆的变化。但是有一点始终“不变”，那就是他不忘初心、牢记使命的坚定信仰，始终保持崇高的革命理想和旺盛的革命斗志。因此，一镜到底是最好的呈现手段。

一方面，通过连贯的画面和叙事，《公仆之路》让用户产生一种时空穿越的感觉。从梁家河窑洞里的烛火，到人民大会堂的中外记者见面会，一镜到底通过推、拉、摇、移等运动镜头，串联起了多个维度的不同时空，增添了观赏性和可看性，营造出大片即视感。例如，从正定时期的办公桌上的照片，直接转场到福建的自然风貌，从浙江水乡的桥洞转换到在井下视察时的工作环境。另一方面，通过巧妙的场景转换和变化，作品清晰地呈现了习近平同志的人生轨迹。虽涉及多段时期，但风格统一，立意明确，传递了习近平同志朴实、纯洁、高尚的价值追求。用精练的语言和紧凑的结构，实现了表达形式与内容的完美契合。

（二）增强沉浸，三维投射助力穿越时空

融合作品的创新也体现在不同元素、不同表现方式的融合上。近年来，融合作品不断创新，通过AR、VR、Flash动画、三维投射等技术手段，将纪实的段落与动画、图片、动图、数据图表、音乐、文字等内容糅合在一起，各类信息互为补充，共同完成叙事，用虚实结合的方式增强表现力和沉浸感。

《公仆之路》采用三维投射的技术手段，浓缩经典历史性画面，巧妙地以镜头运动的方式实现画面转场，实现场景沉浸、触动人心的目的。三维投射是指通过3D动画技术，将画面分层投射到三维空间中，再现和修复现场环境与空间，使原本平面化的照片有了时空凝固的艺术效果。《公仆

之路》涉及48年的时间跨度，经过特效处理，二维的照片被投射为三维的动画，每一张照片都让人仿佛置身于历史的时空，既承载历史，又饱含情怀。在画面的色彩处理上，凸显沧桑感的色彩增强了时代感。新技术使历史场景在微视频中重新活起来，增强了内容的可视化与沉浸感，实现了时政内容的立体表达。

为了给用户打造真实的沉浸体验，作品还通过精心设置的细节增强沉浸感。

一方面是画面具体内容的匠心处理，《公仆之路》在很多场景中着力刻画了非常多的细节，力图复原当时的历史背景与场景。在陕北插队部分，无论是开场那列1969年1月开往陕北的知青专列，还是在梁家河村他工作生活的窑洞场景，主创人员都参考了当时大量的采访报道与后来的实景照片；在正定的画面部分，桌上摊着的报纸是《正定翻身记》，这是习近平同志的名字第一次刊发在《人民日报》的通讯上，他在田间地头察看棉花生长情况的照片、在正定街头办公的照片等，都尽量还原那个阶段的历史场景；浙江部分，画面中打开的《之江新语》是习近平同志的一部政治理论著作，收录了他担任浙江省委书记期间在《浙江日报》“之江新语”专栏发表的232篇短论；上海部分，中间桌面上有一架飞机，主创人员是想反映他主政上海期间，对国产大飞机研制的重视与调研工作。

另一方面是背景音效的使用，为了将观众带入场景，除了习近平同志的同期声，作品还精心选取了符合画面场景的音效。在讲述陕北插队时期的故事时，开往梁家河的火车的汽笛声先于画面出现，配合火车站的三维动画场景，共同完成叙事；配合福建民居画面响起的自行车铃声，习近平同志和群众在一起时的人群背景音，浙江水乡环境中的水流声……精心设置的细节音效提升人们的观赏体验，在沉浸式的场景中，感知习近平同志一心为民的光辉形象。这些匠心独运的细节处理，共同打造兼具美感和动感的沉浸体验，让习近平同志为人民服务的公仆形象更加可触可及，使受众获取生动的感观印象，从而实现情感上的触动，实现传播目的。

（三）碎片裂变，多平台的传播再分发

在互联网时代，移动化和碎片化已成为媒体传播和人们消费信息的主流，用户消费视频内容场景更加碎片化，短视频超越在线视频成为仅次于即时通信的第二大行业。时政微视频正是主流媒体顺应时代潮流，创新传播形态的新思路和新路径。

《公仆之路》微视频于2017年11月23日在央视网PC端、央视影音客户端、手机央视网、央视网官方微博微信等渠道同步上线，进行多平台的全面分发。人民日报新媒体、新华社新媒体、央视新媒体、中国政府网、共青团中央等官方微博、微信公众号和客户端上进行转发推送，腾讯、新浪、搜狐、网易、凤凰、百度、秒拍、今日头条、一点资讯、爱奇艺等全网头条置顶转发，基本实现了线上各渠道的全面覆盖。同时，用户的积极评论转发使该作品在新浪微博、微信朋友圈等社交平台广泛传播。

《公仆之路》的微信指数从11月22日的0激增为11月23日的342万。数据统计显示，《公仆之路》全网播放约量2.5亿次，在微信公众号、朋友圈累计发布分享超过43万条次，成为党的十九大后第一部爆款时政微视频。优质的内容、创新的形式加上多平台的分发，最终实现了内容的裂变传播。

《公仆之路》的良好传播效果，得益于其运用互联网思维生产内容，也离不开其创新的分发模式。该作品以短小精悍的体量进行分发，在多平台实现全面覆盖，拓展了政治传播的渠道。其碎片化的形态符合用户使用习惯，优质的内容易引发用户共鸣。同时，互联网平台所具有的互动性和社交性使用户可与作品进行交互和互动，改变了以往单向度的传受关系，用户可在观看的同时表达自己的意见和看法。与传统的自上而下的单向传播不同，《公仆之路》聚焦传者与受者之间的共同意义空间。通过引导用

户进行评论、转发等行为，实现裂变传播，完成政治信息与主张的宣传。

三、结语

在移动优先、碎片传播的互联网时代，时政微视频日益成为主流媒体宣传主流价值观，传播时代正能量的重要路径。微视频篇幅虽短，却能传达好故事、好信念；容量虽微，却蕴含大内涵，大情怀；形态虽小，却能化零为整，形成矩阵分发。

《公仆之路》的成功得益于其在内容上的多重创新——高度聚焦的主题，高密度的信息量，有温度的软性传播，以及形式上的完美契合——一镜到底的流畅叙事，三维投射的沉浸体验和碎片裂变的分发模式。随着时代的创新发展，AR、VR、MR、AI等新兴技术的推广普及，未来的时政短视频一定会有更丰富的形态和更炫酷的呈现形式，社交性、交互性、体验感和沉浸感都将得到更好的呈现。但不论形态如何变化，正如《公仆之路》导演唐晓艳所说，未来时政短视频最核心的竞争力还是内容和灵魂。好的故事才能吸引用户，有温度的传播才能打动用户，《公仆之路》的成功就是最生动的例证。

作品二《柳州融水突围记丨广西日报记者“失联”数十小时，在穿越40处塌方后发回灾区最新画面！》

作品信息

所获奖项：第28届中国新闻奖媒体融合奖项短视频新闻一等奖

主管单位：广西日报

主创人员：集体（甘毅、尹如琴、宋春风、黄俪、谌贻照、郑柳芩、梁雨芃、车伟强、周映、王春楠、耿文华、谭子熠、徐鎔冰）

发布日期：2017年8月14日

发布账号（App）：广西日报微信、广西日报客户端（现更名为广西云客户端）

作品时长：9分1秒

作品简介

2017年8月，广西北部迎局地强降雨过程，柳州融水县杆洞乡突发两次山洪，全乡群众被困多日，成为通信、水、电中断的“孤岛”。广西日报记者第一时间赶赴灾区一线，因灾情恶化一度“失联”数十小时，在风雨中用手机记录下了当地乡镇干部组织营救、自救的珍贵视频画面。记者不惜冒生命危险穿越40处塌方，经历两次突围送出用生命拍摄的新闻视频，第一时间让外界知晓灾区情况。广西日报紧急成立融媒体专项报道组，通过综合相关事件背景信息，融合图文音视等素材，运用网络语言将短视频精心编排成一篇记者突围险境的冒险新闻故事——《柳州融水突围记丨广西日报记者“失联”数十小时，在穿越40处塌方后发回灾区最新画面！》(以下简称《柳州融水突围记》)。

该融合新闻作品由三段短视频报道构成。《苗山村民勇救15名被洪水围困的外地游客，场面惊险感人！》系前方记者发回的第一篇报道，记录了杆洞乡内洪水的灾情，以及党员干部和退伍士兵积极抢救外地游客脱险的生动段落；《照哥灾区行：杆洞突围》为第二篇报道，报道了记者在突围过程中目睹的道路受灾状况以及相关的抢修情况；《广西新闻动车》则按照时间顺序对杆洞乡的灾情进展进行了全面的梳理和总结。

《柳州融水突围记丨广西日报记者“失联”数十小时，
在穿越40处塌方后发回灾区最新画面！》

作品分析

作品《柳州融水突围记》在山洪灾难暴发的第一时间有力发声，让外界了解到重灾区杆洞乡的真实情况，及时搭建起灾区与外界沟通的桥梁，为抢险救灾工作提供了重要的信息参考，以权威的现场报道有力回击了网上流传的部分不实言论，起到了有力的舆论引导作用。

一、移动优先，内容为王

（一）内容解渴，第一时间直击受灾最前线

从本质上来讲，媒体所存在的合理性来源于信息的传递，利用全新的工具技术完成自身生产组织的融合与升级也是为了不断提升信息传播的质量与效率。因此无论融合报道作品的形态如何变化，“内容为王”依旧是考量新闻报道的重要坐标。特别是“后真相时代”降临的今天，快速发展的移动网络技术与社交媒体平台极大地拓展了内容生产的主体，专业生产向用户参与的显著转变极大解放了信息生产力。与此同时，未经证实的信息铺天盖地，自说自话的海量信息更使人们不知所措。选择过多等于没有选择，内容的海洋实则无异于信息的荒漠，这种情况下更需要主流媒体充分发挥主心骨的作用，积极发声，加强传播主导权，帮助用户在海量信息与选择中形成正确认知与行为，做到正视听，明事理。特别是在重大自然灾害的报道中，网络舆论纷繁复杂，用户无法通过先天缺乏专业化、组织化的自媒体信息形成对灾情现场的系统认知，这种情境更有赖于主流媒体的权威发布与精确信息。

《柳州融水突围记》做到了两个“第一”与三个“突出”。两个“第一”，即第一时间、第一现场直击灾情；三个“突出”，即报道内容过程完整、信息量大、过程感强。在融水杆洞乡山洪灾害的报道中，广西日报依托新闻专业优势，迅速反应，主动出击。记者谌贻照冒着生命危险在洪灾暴发当天急行军进入灾区中心进行报道，以真实的新闻现场与丰富的报道内容，让焦急等待的民众在最短时间内了解失联中的杆洞乡的真实情况。记者的报道与事件发展同步，从党员干部蹚水组织避难，到洪水淹没整个街道，从村民游泳划船救人，到记者的两次跨越道路塌方突围，记者将整个救灾过程完整记录了下来，使报道具有强烈的动态性与过程感。尽管有

的镜头画面受现场条件影响出现晃动、模糊等问题，但是更突出了报道的现场感与冲击力。而《柳州融水突围记》对于灾情中各个重要节点的有序梳理与盘点，也使民众能够清晰、快捷地了解灾情整体的前后发展。除了现场直击与全程跟进，《柳州融水突围记》在现场也抓取到了一些具体、细腻且生动的细节，如记录退伍士兵坚守在湍急的洪流中解救被困游客的场景扣人心弦，画面中山洪的水流声与抢险指挥的呼喊声穿插其中，共同为用户营造出一种强烈的在场感与代入感。《柳州融水突围记》以第一手鲜活的事实素材以及专业、权威、理性的报道，牢牢把握真实、真理与真相，在有限的时间里和恶劣的条件下率先发声，实现杆洞山洪灾情报道的优质内容输出，有效回应了社会关注焦点。

（二）守正创新，突发报道中强化导向引领

当下传媒生态、传播技术已经发生了巨大变化，舆论引导主体客观上呈现多元化发展局面，且不同话语之间的竞争与博弈日渐复杂，主流媒体更是面临着被“边缘化”的危险。在媒体融合平台化、一体化的发展背景下，主流媒体不仅要克服“本领恐慌”，成为运用现代传媒新手段新方法的行家里手，更要依托丰富多元的新型媒介作品形式和优质内容报道，坚定媒体立场，坚守社会责任，努力实现以正确导向引领公众舆论的重任。主流媒体要在讲述好故事的过程中潜移默化、润物无声地传递好主流声音，弘扬正能量，强化新闻舆论的传播力、引导力、影响力与公信力。

在重大突发性自然灾害的报道中，《柳州融水突围记》真实记录了基层党员干部在暴雨洪水一线组织村民积极开展抢险自救的鲜活身影。在记者镜头的记录下，在更大规模山洪到来前，杆洞乡干部身披雨衣，撑着竹竿，冒着风雨在满是泥水的街道上艰难前进，呼喊着让乡民前往高处避险；在对15名被困游客的营救中，退伍军人吴利铁在齐腰深的水流中往返多次进行抢救，乡长杨志新在最前线高声喊话并进行现场组织与指挥；副

乡长阳宗议在大雨中坚守在杆洞乡通往外界道路的抢修现场，全力推进道路塌方路段尽快恢复通车。这些人物形象的选取，使这一融媒体作品报道不仅仅讲述当地村民积极自救的故事，也呈现以杆洞乡干部为代表的广西基层干部坚守在灾情一线的故事。该报道生动展现了基层干部心系人民群众的优良品质与坚守工作岗位的责任担当，在桂北暴雨洪灾的舆论引导中切实起到了稳民心、消疑心、增信心、献爱心的重要作用。

此外，《柳州融水突围记》所发挥的正面引领作用并不仅仅源于对灾害现场的伴随式记录，也源于通过第一人称的突围报道主动设置报道议程。记者谌贻照在实战心得[①]中坦言，他曾经在1996年柳州特大洪灾一线做抗洪报道，因此在相似的报道中，对灾区现场的情况以及受灾群众的情绪有着更为清楚的了解和判断。灾难来临时，党和政府的关怀以及外界的驰援，对稳定民心、提振士气极其重要。因此在首次突围失败后，谌贻照决定再次突围，并用手机记录下整个突围过程，以Vlog的形式与语态完成整个突围过程中的报道。凭借主流媒体记者的职业敏感与采访经验，《柳州融水突围记》灵活、有效地进行议程设置，精准地把握用户的关注点、传播点与共鸣点，在灾难报道中很好地发挥凝心聚力、振奋精神的作用。

（三）扎根基层，在一线报道中淬炼“四力”

报道接地气，作品才能有生气。《柳州融水突围记》以记者的体验调查为手段，以灾区干部群众的真实生活为题材，以故事化叙事为载体，在新闻报道中体现出“在路上、在底层、在现场”的宝贵精神。《柳州融水突围记》报道给用户所带来的震撼与感动，来源于记者多年来坚持践行群众路线、扎根基层报道的深厚积淀。媒体融合不仅是技术的融通、形态的演变，更是在所有社会主体之间构建连接的新一轮社会革新。而无论媒体

① 谌贻照.一台手机的突围：中国新闻奖一等奖作品《柳州融水突围记》实战心得[J].中国记者，2018(12):34-36.

技术形态如何变革，人类本身的真挚朴实的情感永远是最能打动用户的。主流媒体要在新时代下继续发挥好“中继器”的作用，有效增进信息、政策、舆论与社会公众间的联系与互动，回归到富有浓厚烟火气与人情味的基层群众日常生活中汲取源头活水，在报道与社会大众之间寻找情感的共鸣点和信息的传播点，促进大众对于人世与人心的理解与认识。这就要求主流媒体记者俯下身，沉下心，深入基层，走进群众的日常生活之中，在基层报道中淬炼“脚力、眼力、脑力、笔力”，在群众的生产生活中挖掘打动人心的角度与细节。这样的报道才能做到接地气、抚人心，真实反映基层群众的声音与诉求，有效设置议题，彰显世道人心。而这也是主流媒体记者在任何时代都不应轻易放弃的宝贵品质。

《柳州融水突围记》的现场报道记者谌贻照常年坚持在桂北基层进行采访报道，靠着一个双肩包、一辆越野车几乎跑遍了柳州的所有村庄，被当地干部群众亲切地称为“照哥”。作为广西日报柳州站站长、主任记者，谌贻照给自己的定位是一名“泥腿记者”，认为新闻应该多聚焦基层，因此他的采访报道中大多是田间农民与车间工人的身影。长期在农村、山区、少数民族地区的采访报道，使谌贻照对各地自然地理、风土民情有着深入的认识。从2015年起，谌贻照开设了“山水柳州”个人微信公众号，记录自己在基层采访的见闻，成为柳州市各级领导干部和部门公务员了解县域信息的重要窗口。融水是谌贻照经常蹲点报道的地方，他和当地群众有着深厚的感情，当获悉杆洞突发暴雨洪水灾害后，谌贻照连续八小时驱车，第一时间进入山区，沉着冷静地在极端环境中坚持报道，以“文字+视频”打动了无数用户的心。在访谈中，谌贻照告诉笔者，尽管自己已经年过半百，但他总是怀着本领恐慌告诫自己，必须在践行“四力”的一线实战中，学习新媒体表达技能，学会创新表达方式。《柳州融水突围记》报道在扎根基层的长期实践中获得报道的源头活水，尽管现场镜头和记录有些粗糙，但却是对灾情一线的真实记录，报道是有温度的，也是有质感的、有生命力的，因为报道里始终关注的是灾区的群众。只有扎根基层，密切联系群众，做到以人民为中心，心系人民，讴歌人民，才能把握住时代的主旋律，让新闻报道真正做到见天地、见人心。

二、融媒报道，跨界呈现

（一）短视频助力，自媒体发声

这是一个终端随人走，信息围人转的时代，信息的传播越发呈现出传播碎片化、碎片视频化、视频移动化的鲜明趋向，基于手机移动终端的短视频已成为信息消费的重要载体，短视频成为当下主流融媒体创新突围的重要着力点。短视频在制作上技术门槛较低，依托智能手机即可完成拍摄、剪辑以及传输，从而将记者从沉重的专业设备中解放出来。记者在“抢新闻”的过程中能够实现轻装上阵、及时捕捉。此外，短视频先天所具有的移动阅读特性也赋予其在内容上呈现叙事平直、短小精悍、形式灵活的特征。因此在突发性事件的报道中，短视频也更能够聚焦主题，凸显报道张力。

《柳州融水突围记》报道轻量化，信息重磅化。在对融水杆洞乡洪灾的报道中，记者凭借随身携带的两台智能手机，“抢”到了现场灾情报道的首发。记者在洪灾发生的第一时间进入现场，杆洞一线仍处于抗洪抢险的危急关头，灾情瞬息万变，现场局面紧张复杂，再加上通信信号的中断，相对重量大、体积大的专业设备很难得到有效使用。在这样的情况下，记者谌贻照转而使用轻便、小巧的手机进行视频与图片的拍摄，以短视频的形式完成多元素材获取以及现场迅速呈现，并通过手机内置的编辑软件完成视频报道的后期制作。在突围至滚贝乡后，记者通过手机信号及时向后方传输报道成品，使《柳州融水突围记》成为主流媒体对于杆洞一线情况的首份权威发布，及时抢占该项突发灾害报道的信息高地。谌贻照在其实战心得中开玩笑地说道，是自己携带的两块大容量充电宝成就了这条报道。《柳州融水突围记》以“大屏转小屏、小屏牵大屏”的融媒报道实践，在传播效果与影响力上起到了四两拨千斤的作用。

（二）前后联动，形成一体化采编机制

除了前方素材的第一时间抓取，后方在协调采编团队、整合各方资源基础上的统一调度与集约化生产亦是《柳州融水突围记》成功的重要原因。依托“广西云”融媒体生态系统统一技术平台支撑，《广西日报》在融水洪灾报道中将传统报纸业务部门与新媒体团队混编，将整个报道活动置于大媒体编辑部的统一指挥调度与垂直扁平管理中，集中整合各平台、各栏目的生产能力，以融媒体的思路对新闻生产进行全面规划。在接收前方传回的信息后，大编辑部结合不同介质特点进行多层级、多层次开发。在这种新旧融合、统一采制、多样加工、多元呈现的一体化采编机制中，《广西日报》最终形成丰富立体的新媒体报道作品矩阵，从而在融水灾情报道中迅速抢占传播制高点，强化主流声音的舆论引导力。

在桂北暴雨洪水灾害的报道中，广西日报各部门快速响应，第一时间形成分工明确、默契有序的融媒报道团队，派出多路记者进行新闻素材采集。其中广西云客户端组同各地记者站一线记者对接，收集最新的现场灾情信息，统筹各方新闻素材，及时在专题报道中进行滚动发布。广西日报微博负责追踪桂林、柳州、河池、来宾等各地市和有关部门发布的权威雨情灾情信息，对网友上传到网络的相关图片、视频进行查证核实。在成功接到谌贻照突围后发回的前方报道后，各部门团队迅速将其同天气预报、抢险救灾、民政管理等各方信息进行梳理整合，当天在广西日报微信公众号发布融媒体报道《柳州融水突围记》。除谌贻照的3件视频报道外，整条新闻共采用了照片20张、微信朋友圈截屏4个、表情包2个、动图2个，通过多种媒介进行立体报道。凭借前后有机联动，多元一体化的采编机制，《柳州融水突围记》成为广西日报的爆款融媒作品。

（三）融合有方，量体裁衣打造“拳头”作品

融媒体报道是技术与形态的融合，更是技术与思想观念的融合。对于融合新闻报道的创新实践，主流媒体不能简单停留在技术崇拜之中，被层出不穷的媒介技术、作品形态牵着鼻子走，否则可能会“乱花渐欲迷人眼”，陷入盲目建设之中。主流媒体必须对此有深入的认识，从自身实际出发精准定位，量体裁衣打造符合本身发展实际与特色的融合采编报道解决方案，从而做到思路清晰、方向明确、为我所用。地方主流媒体对于所覆盖的域内有着天然的接近性，对于深耕多年的本地市场有着深入的了解，同时其本身所具有的权威性、专业性以及资源的独特性能够使其深入挖掘本地信息，用丰富多元的媒介作品形式以及生动鲜活的叙事语态，进一步放大传统主流媒体的优势，形成在融媒体报道中的有力聚焦。因此，在激烈的融媒报道竞争中，主流新型媒体则能从实际出发，集中有限力量，推出域内标志性媒体品牌，形成拳头作品。

从桂北暴雨洪水灾害报道活动来看，广西日报在媒体融合报道策略上有着较为独特的模式与风格，思路理念清晰鲜明。其在深挖自身特色的基础上创新组织生产方式，深度聚焦广西本土，以新形态、新语态、新姿态拉近了传统主流媒体与用户之间的信息、情感联系，集中自身传统优势，借力新型技术形态，在融合报道中切实做到了“好钢用在刀刃上”。在《柳州融水突围记》的报道中，广西日报并没有直接采用网络上用户上传的图片视频素材进行PUGC式的生产与发布，以实现信息最快到场，而是坚持派经验丰富的资深记者亲临一线，深入灾区进行实地独家采访。在接到前线素材回传后报网微端联动，在其客户端、微信公众号以用户喜闻乐见的语态进行呈现，使报道具有突出的故事感、真实感和厚重感，并相应提供了降水、出行、民政、救灾等方面的信息服务，凸显了媒体融合语境下主流媒体报道的深度与高度。

谌贻照认为，对于快速发展的融合新闻报道，记者自己内心首先要把牢“定盘星”。新闻记者必须坚持做有深度、有声色、有故事、有细节、有“在场感”的融媒体报道，传播中国好声音。在《柳州融水突围记》的报道中，广西日报集中自身优势形成一套完整的一体化报道机制，在报道中以移动化新媒体报道手段为依托，第一时间深入基层一线报道，内容丰富、细节生动、引领强力，同时依托云平台形成前后联动，整合报网微端优势集中发力，强化主流媒体在重大事件中的权威发声，彰显了新型主流媒体的魅力与品位。广西日报在融水洪灾的报道中走出了一条量体裁衣、因地制宜的独特发展模式，对于地方新型主流媒体在突发性灾难的融媒体报道实践方面有着宝贵的借鉴意义。

作品三《“中国一分钟”系列微视频》

作品信息

所获奖项：第29届中国新闻奖媒体融合奖项短视频新闻特别奖

主管单位：人民日报社

主创人员：集体（张意轩、余荣华、尚丹、刘镇杰、刘若轩、安然、巩晗、王靖远、刘赫、熊捷、赵明琪）

编　　辑：集体（刘晓鹏、宋嵩、林渊、李娜、杨翘楚、余星馨）

发布日期：2018年3月5日至12月14日

发布账号（App）：人民日报客户端、微博、微信

作品时长：系列微视频平均时长2分15秒

作品简介

为庆祝改革开放40周年，2018年全国两会期间，人民日报新媒体中心推出3集国家形象系列宣传片《中国一分钟》。此后，新媒体中心延续“中国一分钟”的势能，结合各重要节点，相继推出《中国一分钟·地方篇》和各主题篇系列，架构起中国改革开放40年成就的整体风貌，为解读中国发展提供了全新视角。据不完全统计，系列微视频线上阅读播放量超过24亿次，线下覆盖用户数超过2.5亿人；人民日报微信公众号所有推文均为“10万+”；微博话题阅读量超9.4亿次，参与讨论达46.9万人，占据微博热搜榜首位；各大门户网站、新媒体平台、短视频平台均在首页首屏等重

要位置转载；20多家省级党报党刊进行报道，10多家卫视在本省新闻联播等节目播放；线下各地户外大屏，机场、火车、地铁、公交车等屏幕进行播放，覆盖全国主要大中城市及黑龙江、河南、四川、广东等多省县级城镇和乡村；国际传播也取得良好效果，视频被翻译成多国语言版本，除在海外社交账号发布外，还被欧盟记者网等多家海外媒体在首页等重要位置转载。视频赢得业界点赞，核心期刊《青年记者》将其选为“10月优异策划”，《广电时评》等期刊发文将其列为重大主题报道亮点。

《“中国一分钟”系列微视频》

瞬息万象　　跬步致远　　美美与共

作品分析

2018年全国两会期间，人民日报新媒体中心推出3集国家形象系列宣传片《中国一分钟》，分别从“瞬息万象”“跬步致远”“美美与共”三个篇章来讲述中国故事，向世界展现真实、立体、全面的中国。同年10月，人民日报新媒体中心和中央网信办移动网络管理局合作，联动各地推出33集《中国一分钟·地方篇》，12月再次推出《开放中国一分钟》《创新中国一分钟》《奋斗中国一分钟》3集主题篇。“一分钟”系列微视频架构起中国改革开放40年成就的整体风貌，以多元全新视角解读中国奇迹。

《“中国一分钟”系列微视频》是数字时代媒体融合的新闻作品，通过短小浓缩的形式集中展现宏大主题，内容构思设计磅礴大气、格局非凡。不仅如此，系列微视频还对传播模式进行创新，融通线上与线下、全国与地方、传统媒体与新媒体，线上阅读播放量超24亿次，线下覆盖用户超2.5亿人，达到海量传播和广泛好评双重效果，是2018年的标杆性爆款融媒体作品，同时在国博“复兴之路”大型主题展览中进行播放。

一、以小见大，细微处化解宏大叙事

技术形态上顺应媒体融合的发展趋势，内容生产上讲好中国故事，是当下我国主流媒体新闻产制的主要生态特征。改革开放40年来中国取得伟大成就，与数十年积累相比，“一分钟”是一个极小的时间概念，但中国日新月异的成就来自每一分钟，中国人民与日俱增的获得感体现在每一分钟，这也是“中国一分钟”系列微视频的创意来源。如人民日报评论所说：“人们从一分钟足迹里，听到了历史的隆隆巨响，也听到了中国拔节生长的声音。”①

“中国一分钟”系列微视频单集时长在2—3分钟，以小见大是微视频叙事的核心逻辑，见微知著搭建起中国改革开放40年发展成果的话语空间。

（一）碎片到整体的空间观

在内容议题方面，“中国一分钟”系列微视频最突出的特点是通过小切口全景式触达来呈现宏大叙事，点面结合，打破传统主旋律抽象内容与用户之间的隔阂，形塑了碎片到整体的空间观。

全国两会期间推出的“瞬息万象”“跬步致远”“美美与共”三个篇章分别从改革开放与中国奇迹、中国人民奋斗成就与中国奇迹、中国与世界

---

① 桂从路从“一分钟”里读懂中国活力[N].人民日报，2018-10-12(5).

共精彩三个角度逐层展开。微视频内容选择上涉及经济、文化、生态、教育、科技等各个领域，如交通领域“一分钟，复兴号前进5833米”，电子商务领域“一分钟，移动互联网接入流量46804G”，对外贸易方面“一分钟，2971.1万元的商品走出国门”等。在个体关注层面，将中国公民的个人奋斗与中国奇迹结合起来，如“一分钟，农民窦正宝能耕地十来个平方”“一分钟，工人江勇所在钢厂可以出产9吨钢材”等。在国际影响力方面，锁定中国在国际社会中的贡献，如“一分钟，中国人在境外旅游消费36.07万美元”“一分钟，超过2300部手机销往全球”等，彰显出中国在推动人类命运共同体建设中的大国风采。

以小见大，从日常生活中真实可感的细节切入，实际上关注的是国家层面的宏大议题。微视频总结改革成果，立体展现了勤劳勇敢、积极进取的中国人民，创新发展、锐意进取的中国企业，以及执政为民、有大国担当的中国政府。

（二）瞬间到永恒的时间观

“中国一分钟”系列微视频按照时间刻度进行微缩，思考大数据背后的意义，改革开放40年的成就源自每一分钟的积累。“一分钟”既是精确的时间概念，又形成一种认知模式，构建了由瞬间到永恒的时间观。

微视频中不断重复一分钟这个时间概念，强调一分钟中国所能创造出的价值，每一分钟均离不开每个中国人的努力。将时间引入故事叙述之中，意义在于将两个维度的事物进行对比，彰显积累的关键作用，如“一分钟，中国人新建改建596.66米的公路”，精确的公路里程体现出我国交通建设之快；“一分钟，移动支付金额3.79亿元”，体现出我国数字智能技术运用之普及；再到“这一年，中国人在体育赛场斩获106个世界冠军”“这一年，中国人创造82.71亿万元的GDP”，将“一分钟”延伸到“这一年”的时间概念，更是对日积月累的成就进行的总结。

在微视频制作阶段，主创团队对中国各领域的发展成果进行广泛收集，对海量的宏观数据进行细致梳理并拆解，并从中选取最具代表性又可数据化的内容。数据来源为官方统计部门，同时与农业农村部、水利部、交通运输部、商务部等相关各部门进行对接，以核对数据出处和表述，确保数据的权威性和准确性。在细节方面，主创团队更是做到了严谨准确，如“一分钟，纺织工许小英可以做好一双鞋面”，主创团队在确定相关文案后，会与当事人进行沟通联系，进行相关数据的获得与核实。

（三）日常到宏大的共情观

在多选择、快浏览的数字消费时代，形式多样的新媒体作品有时会让用户眼花缭乱，所以“真”成为赢得人心的必备要素。媒体技术赋能也从早期的“秀技术”发展到如今的“比观念”，新媒体作品能够真材实料传递有价值的信息，真情实感激发用户的情感共振，才能取得良好的传播效果。

“中国一分钟”系列微视频选题大众化，讲求以情动人。在主体系列中，画面注意所选取内容的层次，既有能够引起观者共鸣的日常生活场景，如婴儿绽放的笑脸、幸福家庭的组建、网上购物等；又有阐释大国力量的画面，如进出口贸易、高铁运输等；还有可以引发国人自豪感的场景，如大阅兵、女排夺冠等。受众观看时不会觉得距离自己很远，呈现的议题都是身边真实可感的内容。在地方篇系列中，“一分钟”系列微视频抓住各省的独特之处，将传统文化与现代化内容融合，唤起受众的记忆与当下情景融合，与受众形成情感共鸣，增强对家乡的认同感。

二、以新塑形，创新短视频的快燃传播

近年来的媒体融合创新力求在技术形态和技术开发上进行突破，在传播视频化、视频碎片化的数字移动端，短视频仍然是主流媒体进行融合创

新的主要作品，我国短视频用户使用率逐年升高。“中国一分钟”系列微视频在短视频新闻的基础形式上，大胆创新短视频叙事表现逻辑，避免平铺直叙的视觉呈现，创新采用大字幕和去同期声的方式，实现快燃传播，满足当下受众的需求。

（一）开篇设问式的启发思考

“一分钟”系列微视频在开篇统一采取设问的形式，能够迅速抓住用户的注意力，启发思考。如全国两会期间推出的三集微视频分别提出“一分钟，中国会发生什么”“一分钟，你能做什么”“一分钟，世界在发生什么”，配合画面中出现的日晷指针转动，让用户在感受时间流逝的同时，思考“一分钟”的内涵。三个设问与分集主题密切相关，形成了递进的关系，由讲述中国故事，再到微观个体的生活故事，最后到综观中国与世界的故事，改革开放的成果从国内惠及国际。在微视频开篇就抓住用户的眼球，适应了当下快消费、碎片化的传播特点，也为微视频的框架建构探索了新的模式。

（二）数字化与花字叙事的新奇触动

数字化叙事是“中国一分钟”系列微视频的一大特点，在以往的新媒体作品中，对宏观数据的呈现多采用图表等可视化形式，但“中国一分钟”系列微视频却创意性地开发了数字与花式文字结合的形式，通过排比的表达形式，富有节奏感地呈现节奏，发挥数字和文字的新魅力，让用户产生新奇感。

“3.79亿、1043万、35217名、750亿次……”数据框架的搭建能在短时间内吸引用户的注意力，将抽象的成就具体化、简单化，给人以想象空间及冲击感。文字方面，也突破以往短视频对文字的简化使用，而通过对仗工整、简洁精练的特征，发挥文字的语义符号作用。微视频最后部分还对内容进行提炼升华，如“改革开放40年，成就中国奇迹”“每个你的奋斗，成就中国奇迹”“中国奇迹，与世界共精彩”。

（三）快慢相宜、动静结合的视觉动感

“中国一分钟”系列微视频在视觉呈现上以画面美感为基础，抓住人物为关键。每个2—3分钟成片背后是1000多分钟的素材，每一次暂停后的画面都经过反复比较推敲。

首先，整体上避免公式化镜头，力求寻找打动人心的画面，尤其注重人物镜头的使用，如工人江勇、游泳运动员闫子贝、军人许利强等都是各行各业的代表人物，人物表情、神态的特写抒写增强故事感。其次，微视频多处运用空镜头、长镜头等镜头语言。空镜头作为一种镜头表现手法，多用自然景物或场面描写来体现非中心任务，在构图形式上看似“空”，实则衔接前后画面，蕴含丰富信息，如奔流不息的城市交通、硕果累累的庄稼田地、坚实宏伟的核电工程等。无人机拍摄和延时拍摄记录很多宏大场面，呈现了动态的事物发展过程，以短暂的时间映射发展的活力与激情。微视频画面镜头的组合运用产生了使用户身临其境的艺术效果和感染力。

在剪辑过程中，除了新拍摄部分，还有不少画面属于视频素材的二次加工，但并不是简单的拼接，而是对画面质量提出更高的要求，微视频画面在内容、景别、构图、色彩、景深等方面均进行考量与斟酌。组织逻辑方面，遵循从小到大或者从大到小的景别逻辑顺序；或者遵循时间逻辑顺序，如挑选材料、打磨材料、形成工艺；还有遵循动静搭配逻辑，如果前后两个镜头都是动态画面，中间的画面则选择静态画面。

（四）节奏起伏、助推情感的声音搭配

音乐是微视频中必不可少的元素，能够起到渲染氛围和助推情绪的作

用。在“中国一分钟”系列微视频中，音乐注重整体节奏，总体上体现出节奏性强、富有气势的特点。在组织逻辑上，由快节奏开场音乐、情绪铺垫部分、情绪上扬的小高潮部分、舒缓的转场部分、激昂强劲的大高潮部分和铿锵有力的收尾部分组成。微视频还融入了很多必要的场景音效，如海浪、鸟鸣，鸟巢烟花的背景音乐，奥运健儿夺得金牌时的欢呼尖叫等。

在“中国一分钟”地方篇中，最大限度地插入地方特色音乐，如云南的民谣、内蒙古的呼麦、陕西的秦腔、天津的时调等，还有京剧等戏曲音乐以及《浏阳河》等地方民歌。在微视频中运用相关的特色音乐，使音乐既符合微视频的要求，又能体现各个视频的特色，彰显不同地区的独特魅力与风格。

三、以融共振，延伸新媒体作品 IP 化

“中国一分钟”系列微视频作为媒体融合的可视化作品，除了形式内容上的融合创新，更是形成了多渠道、立体化、新融合的传播模式，纵深延伸媒体融合的内在价值，打造IP化作品。

（一）跨区域制作，打造“一分钟”系列 IP

全国两会期间的三集系列微视频形成刷屏之势，但制作者对“一分钟”概念的纵深剖析并没有停止。人民日报新媒体中心的主创团队将视线铺开到中国的各个省份，创意性打造33集《中国一分钟·地方篇》，全面展现大美中国。

主创团队同地方机构和新闻单位有效协作，分别建立对接小组，小组由文案和视频人员组成，与各地方制作团队组成项目团队，分组具体推进视频制作。地方篇中注意避免同质化，呈现各地的独特风貌和精神气质，如守正出新的四川、人和景明的云南、中流击水的湖南、业广惟勤的广东

等。随后，人民日报新媒体中心结合各重要节点，相继推出《开放中国一分钟》《创新中国一分钟》《奋斗中国一分钟》《军人一分钟》《长江一分钟》等各主题篇，各篇既充分保证展示各自特色，又在整体风格、视觉标识等方面保持统一标准。

2019年，主创团队以《中国24小时》上下集为起点，推出展示不同地域、不同行业的“24小时”的微视频，打造“中国24小时”系列IP，除系列微视频外，还通过征集活动、动漫长图等形式对“中国24小时”概念进行了话题的拓展延伸与增值，由单向输出变为双向互动，勾勒出中国人民逐梦前行的奋斗面貌，并且收到良好传播效果。

IP化运营重点在于变与不变，变的是外在形式，不变的是内核价值。系列微视频延续“一分钟”等时间概念的势能，不断挖掘用户的关注点和共情点，积极探索品牌化运营。这种模式也引发了社会各界的效仿，诸多地方媒体、行业媒体、高等院校等都借助“一分钟”的形式，打造属于自己的形象宣传片。

（二）多路径传播，提升全网触达率

习近平总书记指出，网络是一把“双刃剑”，一张图、一段视频经由全媒体几小时就能形成爆发式传播，对舆论场造成很大影响。[①]“中国一分钟”系列微视频正是形成了立体化的全媒体传播矩阵，融合全网发布，实现线上和线下、国际和国内的联动共振。

“中国一分钟”系列微视频一经上线，各大门户网站、新媒体平台、短视频平台均在首页首屏等重要位置转载；20多家地方省级党报党刊进行报道，10多家卫视在本省新闻联播等栏目播放；人民日报微信公众号所有推文均为“10万+”；微博话题阅读量超9.4亿次，参与讨论达46.9万条，占

① 习近平.加快推动媒体融合发展 构建全媒体传播格局[J].求是,2019(6).

据微博热搜榜首位。线下各地户外大屏，机场、火车、地铁、公交车等人员覆盖密集的交通枢纽屏幕循环播放，同时也覆盖全国主要大中城市及黑龙江、河南、四川、广东等多省的县级城镇和乡村。

该系列视频的国际传播也取得良好效果，被翻译成多国语言版本，除在海外社交账号发布外，还被欧盟记者网等多家海外媒体在首页等重要位置转载。

媒体融合时代，新媒体作品不仅在生产环节实现融合价值，更在作品的分发传播过程中，拓宽多元渠道，延伸新媒体作品的生命周期。一方面，全体人民是改革开放的亲历者，其成果理应由所有人民见证和共享，通过系列微视频的形式彰显人民参与创造的中国奇迹，能够提升国民幸福感和自豪感，增强凝聚力和认同感；另一方面，系列微视频作为国家宣传片体现出中国所具有的美美与共的人类命运共同体理念，以及为世界有所贡献的大国担当。

四、创新融合的借鉴思路

（一）精准把握社会需求，兼顾主流价值与个性诉求

主流媒体是党和人民的喉舌，重大主题报道是其进行新闻宣传和舆论引导的职责所在。但在弘扬中国特色社会主义新闻主旋律的同时，也要不断挖掘新闻机构、新闻人物、新闻事件的个性化和独特性，精准把握传统媒体和新媒体受众的需求。如在微视频中注重对人物细节的呈现，寻找共性下的个性展现，不仅能丰富主题，更能拉近与用户的距离，实现共情传播。

在社交情境中，促进连接的新闻作品有长效发展。用户每一次的个性化评论、转发和分享都是对新闻作品生命力的延续，能够扩大情感张力，从而推动移动网络环境下舆论的良性发展。

（二）创新突破产制规范，兼顾传统优势与融媒传播

传统媒体的组织形态及其作品形态都形成了较为固定的模式，传统纸媒以文字深度见长，广电媒体以视听表达为优。在媒体融合的进程中，如何发挥自身优势，突破新闻作品原有的产制规范，与互联网传播特征相结合，是每个媒体机构面临转型时必须思考的问题。

人民日报新媒体中心是人民日报为加快推动媒体融合发展而设置的重要部门，“中国一分钟”系列微视频作为“爆款”融合作品，在整体制作流程上力求实现作品融合、终端融合、渠道融合、人员融合的尝试和跨越式发展。从内部而言，人民日报新媒体中心实行项目制，从多个部门抽调精兵强将组成主创团队，在体制机制、流程管理、人才技术等方面加快融合步伐；从外部而言，由中央网信办移动网络管理局统一协调，各省（自治区、直辖市）网信办组织力量参与，与人民日报新媒体中心共同合作。

近年来的短视频新闻作品也在不断突破既定叙事框架，在长度上经历了从15秒到3分钟再到8—10分钟的多种尝试；在内容方面多元并包，如政策解读、公益宣传、重大仪式庆典、主题人物报道等；在呈现形式方面，画面加字幕替代解说词，手绘动漫更显年轻态，VR、AR科技先行，Vlog增进在场感等。媒体机构也在从各个环节突破视听规范，探索新闻作品的不同形式以适应不同的传播场景。

五、结语

“中国一分钟”系列微视频，在适应移动端碎片化的传播和消费方式的同时，并没有将主题打散，而是实现碎片和整体、瞬间和永恒的辩证统一，把握住了中国成就的整体内核。这不仅是改革开放40年来中国伟大成就的总结展示，更打造了一个有力品牌，延续“中国奇迹源自中国人民勤

劳奋斗的每一分钟”这一概念，通过短视频的融合形式，回顾改革征程中的卓越成就，唤起民族砥砺奋进的情感共鸣，传递新时代的价值共识，让“有信息”的内容“有价值”，“有意义”的内容“有意思”。

作为国家主流媒体，人民日报新媒体中心始终牢记坚守立场、讲好中国故事，将融媒体作品立意与互联网传播特点充分结合，发挥形式创新、内容创优的先锋模范作用，引领开拓移动传播新格局。

作品四《鼓岭！鼓岭！》

作品信息

所获奖项：第29届中国新闻奖媒体融合奖项短视频新闻一等奖

主管单位：中央广播电视总台

主创人员：杨继红、张鸥、王爽、丁然、寇琳阳

编　　辑：集体（张伟浩、杨山、王春潇、梅程）

发布日期及时间：2018年4月2日7时

发布账号（App）：央视新闻客户端、微博、微信

作品时长：5分52秒

作品简介

《鼓岭！鼓岭！》用“沙画+新闻资料+现场回访”的方式来呈现叙事。用沙画还原历史，用采访和资料画面深情讲述了这一跨越百年的传奇。主创团队精心策划，赴福建福州深入拍摄，几经周折专访了当年这一事件的核心见证人，并反复推敲打磨沙画脚本，让沙画与影像报道的衔接更精巧、更顺畅。原声加沙画精巧结合的收尾，将情绪和立意都同时提升至新高度，全篇娓娓道来，温馨质朴，又充满人文情怀。《鼓岭！鼓岭！》推出24小时内，仅在“央视新闻”两微一端及央视新闻移动网的阅读量即突破500万次，数十家媒体及大量社交媒体账号热评热转，全网总阅读量48小时超过9000万次。大量网友纷纷留言点赞，并表示深受感动。该微视频被

评为2018年中央广播电视总台年度优秀节目之一。

《鼓岭！鼓岭！》

作品分析

随着媒体融合的纵深推进，时政新闻的融合性生产和创新传播越来越受到业界和学界的关注。中国新闻奖媒体融合奖项设立两年来，获奖数量最多的作品种类是短视频新闻，短视频已成为融合新闻最主要的形态，是主流媒体融合创新的主要作品。短视频新闻具有短、快、轻量化、易传播的特点，与新闻融合化生产和移动化传播相适配。2019年中国新闻奖媒体融合奖项一等奖作品《鼓岭！鼓岭！》是由中央广播电视总台推出的“习近平的故事”系列微视频之一，讲述了一段由时任福州市委书记习近平亲自促成的一段中外民间交往佳话，该作品在多媒体融合叙事、跨时空衔接、文化与价值建构方面独树一帜，成为时政新闻、时政短视频创新的优秀案例。

数据显示，《鼓岭！鼓岭！》推出24小时内，在“央视新闻”两微一端、央视新闻移动网的阅读量突破500万次，并在央广网、澎湃新闻、新浪、腾讯、今日头条等数十家媒体与社交平台持续发力，全网48小时总阅读量超过9000万次，[①]形成了较为广泛的影响力，同时展现了时政新闻短视

① 中国记协网.鼓岭！鼓岭！[A/OL].(2019-05-23)[2020-08-12].http://www.zgjx.cn/2019-05/23/c_138080245.htm.

频的感染力、传播力和触达力，以及广阔的生产与传播创新空间。通过对作品的文本分析和创作者访谈可知，《鼓岭！鼓岭！》以“沙画+新闻资料+现场回访”等要素的共用、共创，在场景建构和叙事方式上体现出跨时空对话、互文性呈现、跨界交融、微叙事的文化表达等显性特征，探索并尝试了时政短视频以情为主线的叙事模式，情感的起伏与情绪链的流畅衔接，使作品入脑、入情、入心，实现了“创作者—作品—阅听者”的情感共鸣和价值共振，彰显了较高的人文情怀。

一、史料记录与时政现场的跨时空对话与互文性呈现

“互文性”概念由法国文学批评家朱莉娅·克里斯蒂娃提出，展现了作为文本和文本之间意义的联结、流动和转换，文本间也因此形成一种相互借鉴、观照和承继的关系。也有研究者认为，构成文本及其意义的知识、代码和表意实践形成了一个具有多元性、网络性和生成性的动态建构系统，[①]从而使不同文本间意义的联结和转换成为可能。互文性强调“将文本的阐释权力更多地交给背景、记忆、历史语境，以及依照各种逻辑联系起来的其他文本”，当不同文本结构的文本网络共享这种互文性结构时，不同文本的信息要素、片段在阅听者记忆中被关联和激活，产生互文性认知。融合新闻在传统新闻报道手段和技巧的基础上，更加重视故事语境、时空的搭建，结合新兴信息传播技术，创作者通过对原始故事语境、历史时空的创设与建构，生产多种媒体形式的文本，并通过这些文本信息元素之间的交叠和镶嵌，为阅听者感知和体验到文本间的关联提供便利，实现对融合新闻作品意义的定位、情感连接和认同，以及互文性认知。

从文本理论出发，《鼓岭！鼓岭！》的史料记录包括沙画还原、历史新

① 沙瑞龙.“互文性理论”视域下“名校”建设研究[J]. 陕西师范大学学报(哲学社会科学版), 2020(3):170-176.

闻资料、老照片等；时政现场则涵盖了作为画外音的原声、时政新闻资料等。短片的开端以及对全程报道加德纳太太来访的《福州日报》原高级记者乔梅的采访，这两类叙事素材在剪辑线上的同一个时间流中叠合，交相呼应、互为依托。由于乔梅亲历整个事件，作品较大篇幅采用了乔梅的采访，一方面是为了真实还原，另一方面是作为多线叙事的线程之一。乔梅采访中透露的诸多细节，对其他线程的叙事进行了有效的增益和补充，比如加德纳照片、印有鼓岭邮戳的邮票、留学生钟翰投稿《啊，鼓岭！》、加德纳太太受邀来访、时政现场资料等，都成为整个作品中的关键细节。在乔梅的讲述过程中，老照片、珍贵历史资料、新闻资料、时政现场交替出现，使叙事更加深入人心，通过这种多时空交叉和互文的处理手法，将一个复杂的新闻故事变得更加清晰。主创人员王爽表示："一个美国人对中国、福州、鼓岭这么眷恋，习近平同志身为地方领导体察到这个中美交往的故事、一段佳话，是非常令人感动的。所以我觉得《鼓岭！鼓岭！》最大的特点就是我们从一部片子中体会到了那份心底的感动。"可以说，史料记录与时政现场的融合，展开了跨越时空的文本对话，形成了一种文本间的互文性呈现，营造了一种乡愁式的叙事空间和语境，同时也凸显了习近平同志的敏锐视角和人文情怀。

此外，本片的特殊设计之处在结尾，这一段完全可以使用已有的新闻资料来推进叙事，但创作者巧妙地设计了沙画形式，与开端呼应，加德纳童年玩耍场景、加德纳沙画特写、加德纳童年玩伴与其夫人畅谈往事，画外音依然采用习近平同志的时政现场原声，一种时空的黏合、一次回忆的拼接、一种情感的勾连，结尾的沙画与时政现场原声巧妙结合，促成了历史与现实的跨时空对话，叙事上也完美呈现了首尾呼应。

二、沙画与新闻的融合表达与跨界建构

融合新闻的文本构成方式是“多媒融合”，是一种融合文字、声音、图形、影像、动画等元素的互动结构。短视频新闻作为融合新闻的重要作品之一，亦强调多媒体信息要素的累积效应。融合新闻总是选择最合适的媒介形式，以最恰当的形式讲述故事内容，完成新闻叙事。《鼓岭！鼓岭！》总体结构上由四个部分组成，分别是背景段落、历史新闻资料段落、见证人采访段落、结尾抒情段落。背景段落还原了美国老人加德纳与中国福州鼓岭之间一种“乡愁式”的情感交织和眷恋之情。在沙画、水墨画、动画、老照片等诸多技术手段中，创作者采用了较为新颖、还原程度较为贴切、适度又有利于背景铺垫、情感表达的沙画形式。主创团队解释说：“是用沙画、水墨，还是用动画，团队确实想过很多方法。只不过沙画这种形式更能体现习近平同志的情怀，在传达情感方面，沙画有它的属性或者说是特性，所以就选择了沙画。后来实践的结果也证明选择沙画是正确的，它在传达情感、情怀的过程中，确实有让人感动的成分。”

沙画形式作为这一段落的风格化叙事手段，呈现了一个历史与回忆交叠的时空，整体表现出三大特点：第一，以习近平同志的原音作为画外音，极具亲切感、代入感，直击观者内心；第二，采用沙画的独特处理形式，进行跨时空叙事，还原历史背景；第三，简短的80秒沙画部分，却包含了“感伤—美好—忧伤—悲伤—希望”的情绪链，对应了加德纳“童年—青年—中年—晚年”的生命历程以及对中国鼓岭的思念与眷恋之情，场景与情绪融合，过渡流畅自然。情绪的流动与起承转合，使作品具备了极好的叙事基础和前提，甚至带有一丝悬念，产生叙事张力。

同时，作品结尾的“抒情段落”，采用6秒空镜头+40秒沙画的结构，沙画形式的运用与开端呼应，连接情感链条，叙事和情感达到峰值。“九

位年届九旬的加德纳儿时的玩伴，同加德纳夫人围坐在一起，畅谈往事，令她欣喜不已”，加德纳先生的愿望终于由夫人替他实现，中美人民的友谊也在一种“乡愁”中得到了点睛和升华。作品同样使用习近平同志的原声作为画外音，使这种情感的凝结极具力量与温度。音乐依然采用开篇段落的背景音乐，但情绪已经从忧伤和悲伤转换为温暖和充满无限希望，同时使多线索、微叙事为特征的《鼓岭！鼓岭》这部作品具备完整性。主创人员丁然说：“沙画是奠定基调的，所以呼应于首尾，至于其他元素，全部服务于讲故事，使作品具备完备性的对话机制是叙事的信息、节奏和情绪。”

《鼓岭！鼓岭！》以一种时新的、用户喜闻乐见的沙画形式作为表达手段，重构历史场景并展开叙事，是新闻与沙画的跨界融合和跨界建构。在以场景为单位的叙事过程中，作品着重处理场景间的连贯性、情感的流畅度，首尾呼应，形成作品内外的场景互文，以一种跨界融合、场景共创的理念，提升用户对于虚拟与现实、信息与场景、情绪与情感的综合感知。

三、微叙事与跨文化场景的文化表达

微叙事是活跃在虚拟空间的一种即时性叙事范式，以小文本、即时性、隐喻化的特征成为当下日常生活叙事的重要组成部分。用户通过短视频、微博等平台的微叙事表达和微内容的消费，这已经成为大众观察和体验生活、获取知识与经验、发掘意义与价值的重要方式。叙事策略上，微叙事以一种碎片或零散的组合方式，依托短视频、融合界面、H5等载体和形式，结合具体的文化场景、影视化手段和叙事技巧，形成完整的表意单元，从而具备了潜在的“大写意”的文化表达功能，实现见微知著、以小见大的意义传递、文化表达和价值建构。

《鼓岭！鼓岭！》以短视频为形式结构，整体上是一种微叙事，同时，作品内部碎片化信息的处理、交叠、融合、互构，也体现了微叙事特征与跨文化场景的融合，进而实现文化与意义表达。片中有两个采访段落，张弛有度，在一个5分钟的短视频作品中，不可能将所有的采访展开。其中，对时任福州市委政策研究室副主任刘嘉水的采访非常简短，以此作为官方代表的发声，确证历史真实；另一段对《福州日报》原高级记者乔梅的采访篇幅较长。从结构来看，这是一段占据整个作品时长比例最大的段落，约3分钟；但从叙事形式来看，这段采访体现了微叙事的诸多特征，表现为以乔梅采访原声作为全程的画外音或同期声，但画面始终是一种碎片化的视觉呈现，流动的、历史性的复现与展演。通过这种碎片化的微叙事，促成历史与现实、福州与加州、中国与美国这种跨文化、跨时空的场景接合。在升华主题——美丽的鼓岭和热情的中国人民的同时，使加德纳太太更加理解加德纳为什么眷恋着中国，凸显了习近平同志的长远目光和广阔胸怀，点明中美两国人民之间的友谊源远流长。

此外，四个段落之间的流畅转换，是微叙事对影视化手段的创意性挪用，展现了创作者“由虚到实”“由实到虚”“虚实间游刃有余”的高超技巧。从总体设计上来看，作品四个部分呈现的是“沙画—现实—现实—沙画”的结构，转场的难点在于首尾与中间段落的过渡部分。从开篇沙画到历史新闻资料的由虚入实的时空切换，创作者采用了“相似物”转场，从加德纳太太接到越洋电话、乘坐飞机抵达中国的沙画场景，过渡到现实中飞机抵达的真实新闻资料。一方面，使由沙画建构的过去的虚拟时空到现实时空的流畅切换；另一方面，强化了开篇沙画叙事部分的故事背景的真实性。结尾段落，由现实采访到沙画，段落情感逐渐升华；由实到虚的转换，创作者采用了现实空境，树荫、阳光、晚霞、云等具备了情感大写意的特征，为后续沙画的情感表达预热。

另外，在处理微叙事与宏大主题结合的问题上，有学者认为比较巧妙的思路就是缩小叙事的切入口，比如通过小人物、小场景、小细节等，建构一个微观叙事的场景和语境，先快速捕获观看者的注意力，再利用叙事技巧与新闻主题勾连，进行情感、文化和价值的阐释。简单地说，就是通过“以小见大”的方式实现微观故事与宏大主题相融合的问题。《鼓岭！鼓岭！》主创人员在处理宏大叙事的作品时，选择微视频的方式，因此要从细微处入手，在短短几分钟的视频内，只要说明一个或两个要传达给观众的要点即可，聚焦点要凝练，这样就起到了微视频最大化的作用。另外，以情叙事，把握大众情绪、情感的“触发点”，也有利于推动微叙事与宏大主题相结合所产生的情感共鸣。《鼓岭！鼓岭！》的侧重点在于小切口的故事里讲大国情谊，突出情绪的力量。故事和情怀更接地气，也更易于将时政题材的核心要义传递给普通观众。这些元素和技巧在《鼓岭！鼓岭！》这部作品中都得到充分运用，并实现了彼此的对话与协作。

《鼓岭！鼓岭！》在48小时内取得了全网超过9000万次的阅读量，在留言评论区，用户纷纷表达了这部优秀作品对自己的触动。“但愿中美人民的友谊之花长开不衰！”“是习近平总书记的胸怀和睿智，是祖国和祖国人民的魅力，成就了一段美丽的国际佳话”，大家写下“感人”“感动”“爱”“中美人民友谊”“情怀”这样的评论，足见作品通过沙画、史料、时政现场、现实采访等多媒体元素传递出真挚情感。在微叙事手段的结构下，通过短视频的形式，作品创设了一种跨时空对话和互文性呈现，进而完成跨文化场景的结合与表达、人文情怀的渗透和升华，以此形成了以情叙事的时政新闻创新探索。这不仅为阅听者塑造了品质精良的优秀作品，也为学界和业界带来了融合新闻、移动新闻、新型主流媒体创新传播的经典案例。

作品五《臊子书记》

作品信息

所获奖项：第29届中国新闻奖媒体融合奖项短视频新闻一等奖

主管单位：天津津云新媒体集团股份有限公司

主创人员：刘雁军、齐竞竹、闫征、潘德军、苗超、戴涛

编　　辑：李孝乐、邹添宇、杜雪莹

发布日期及时间：2018年10月17日8时30分

发布账号（App）：津云客户端

作品时长：6分58秒

作品简介

2018年10月17日，第5个国家扶贫日之际，津云新媒体重磅推出短视频作品《臊子书记》。该短视频讲述天津大学80后青年教师宋鹏，为了帮助甘肃省陇南市宕昌县沙湾镇大寨村早日脱贫，积极挖掘地方特色，以沙湾臊子为切入口，利用“互联网+扶贫”带领村民打造全链条式电商产业，因地制宜走出一条“带不走的幸福路”。该短视频通过津云客户端、北方网等平台推出后，被30多家中央新闻网站、省级网站和商业网站转载，“共青团中央”等多个微博账号转发。天津地铁1号线、2号线、3号线通过5197块屏幕滚动播出。综合计算，视频累计曝光量达到“1亿+”。

《臊子书记》

作品分析

2018年是打赢脱贫攻坚战三年行动的开局之年。习近平总书记强调，脱贫攻坚，群众动力是基础。必须坚持依靠人民群众，充分调动贫困群众积极性、主动性、创造性，坚持扶贫和扶志、扶智相结合，正确处理外部帮扶和贫困群众自身努力关系，培育贫困群众依靠自力更生实现脱贫致富意识，培养贫困群众发展生产和务工经商技能，组织、引导、支持贫困群众用自己辛勤劳动实现脱贫致富，用人民群众的内生动力支撑脱贫攻坚。《臊子书记》讲述了宋鹏在甘肃陇南大寨村工作3年，通过挖掘地方特色打造电商产业链、铺设幸福路的故事。宋鹏的故事鼓励了更多有志青年以各种方式投身脱贫攻坚工作，为脱贫攻坚事业作出贡献。

一、新闻作品的创意策划与情感投入

在《臊子书记》作品的创意策划阶段，编创团队以作品策划的思维对待新闻采编，重塑了新闻作品的生产理念和策划方式，使农村基层叙事呈现出极具吸引力的新闻话语形态。在编创初期，团队进行了丰富的调研，查看了大量关于“第一书记”的电视新闻作品。调研发现，现有的新闻作品主要采用专题片的形式，叙事上则主要运用“苦情”基调。《臊子书记》团队一反前人的做法，从创作初期就试图颠覆大众对于扶贫题材新闻作品的认知，以创新的形式重塑时政新闻叙事。《臊子书记》以“萌”和“燃”作为叙事基调，创作了契合“85后”核心人物的解说语态，打造了色彩清新、节奏紧凑、形态交融的作品风格，创新了农村题材新闻的叙事方式与影像语言。

作品以小切口讲述大主题，以小村庄折射大时代，接地气地描述真正“为人民服务”的干部形象，引发了海量互联网用户的普遍认同。在人物形象的塑造上，“臊子书记”宋鹏原为天津大学的辅导员，宋鹏的儒生气质和贫困地区劳动人民的懵懂质朴形成了形象冲突。视频以此入手，在一开始描绘了宋鹏刚刚到达大寨村时村子贫困程度高、与村民语言不通、工作无从下手的困难局面。在整体叙事逻辑上，视频从初到大寨村、遇到困难、分步解决问题、离开大寨村的故事线入手，在大量的拍摄素材中进行了取舍，将符合故事线的内容紧凑地排布在视频中。为了避免视频过长而无法持续调动观众的注意力，编创团队最后将时长确定为6分58秒。在拍摄时机的选择上，编创团队选择了宋鹏就职的尾声阶段，进驻大寨村之时正值宋鹏即将卸任大寨村书记的职务，在这个时间节点，不仅能够看到宋鹏在大寨村扶贫工作的成果全貌，还能够捕捉到村民对待宋鹏即将离开的情感流露。

好的新闻作品不仅需要记者去捕捉真情实感，更需要采编团队倾注真挚的情感，与新闻的主角建立同理心。在实地调研的过程中，编导们被宋鹏的韧劲、责任心和无私奉献的精神深深感染。宋鹏不仅推动村子脱贫致富，还彻底改变了村民的生活面貌和人生理念，让村民对宋鹏产生了很强的依赖。很多在外务工的年轻人都回到村里，加入生产和销售臊子的产业中来，为村子致富贡献自己的力量。在宋鹏的协调帮助下，村里的孩子得到去天津大学参加夏令营的机会，他们在天津见到大城市的生活，开阔了眼界，对自己的人生也做出新的规划，变得敢于追求理想。在无数小故事的感染下，编创团队与村民们产生了情感的共鸣，也对宋鹏产生了由衷的钦佩。编导介绍，他们在大寨村拍摄期间，无数次被宋鹏的事迹感动流泪。可见，唯有倾心关注生活，与新闻主角建立情感互动，才能够做出感人至深、影响广泛的好新闻。视频中的细节也令人动情，在视频中充分展现出的“臊子书记”扶贫工作的细节使观众能够切实地体会到“豁出一条命，也要拔断穷根”的精神力量，这比空洞的说教和苦情的渲染更直击人心。

二、新时代影像语言的融合方案

随着移动互联网的普及和5G时代来临，新闻的可视化呈现正在走向个性化、创意化和互动化。短视频新闻可以在不违背真实性原则的前提下，以轻松活泼又直接具象的方式来展示报道内容，从而辅助受众对新闻进行理解，并丰富新闻影像语言的表现域。《臊子书记》运用了丰富的MG动画和3D建模，这些灵动的表现形式丰富了视频的影像表达，也突破了传统扶贫题材专题片严肃的视觉风格。但是，据编创团队介绍，这些包装创新的背后，并非刻意追求用动画、特效等形式来创新新闻短视频，而是基于团队能够实现的技术手段。动画和特效能够有效服务视频的内容叙事，发挥着起承转合、划分节点的作用，这是团队将创意艺术语言融入其中的最主要动机。

视频的主线框架依托扶贫日志的记事本翻页动画完成，扶贫日志的多次出现，皆是为了开启新的叙事节点，使上下段落能够合理顺畅地衔接。视频开始，展现了2015年宋鹏初到大寨村的村落样貌和人民的精神面貌，为了使扶贫主题和叙事起点无缝连接，视频用3D场景转换实景的方式完成了过渡。视频的尾声展现了大寨村花椒林的全貌，并用后期特效呈现了营盘山梯田从荒凉到种满花椒树的动态演变，特效的目的是服务视频最后凝练成果、展望未来的内容诉求，结尾扶贫日志的合拢动画为整个短视频画上了一个完整的句号。编创团队表示，他们在调研期间看到的宋鹏的扶贫日志和视频中呈现的日志是完全不同的，在宋鹏的宿舍里，摆放着3本共200多篇扶贫日志，每一篇都书写了一个故事，日志饱含细节，记录相对琐碎。为了突出宋鹏对待扶贫工作的全身心投入，团队选择要突出扶贫日志，但是又无法用影像的形式呈现丰富的文字内容，于是，日志成为串接整个视频的逻辑线索，视频在每一个叙事板块开篇都出现了扶贫日志发挥“章节标题”的作用。

在整体构思上，虽然视频以纪实性的镜头语言记录了主人公寻求电商途径致富的场景，但是没有描述性的语言表达，都是通过数字、人物语言、表情和动作等具体的内容“干货”密集呈现故事的一系列亮点。当地老乡的质朴方言和主人公宋鹏的憨态可掬，增强了视频中故事的真实感和趣味性，使人物形象更加饱满，也使叙事更接地气。《臊子书记》的作品类型介于微纪录片和创意短视频之间，融合了纪实影像、动画、游戏等多元化的媒介语言，整个作品的融合样态，突破了传统的电视新闻编创方式，实现了一种适应网络传播平台的突破性创新。

在信息爆炸的时代，新闻资源很难被一家媒体独享，新闻的竞争要从策划做起，并能够从用户端反推编创法则，创作出具有新闻属性，又超越新闻的新媒体“内容作品”，充分拓展资源的新闻性和艺术性，使之具有“自驱动”的传播力，只有这样，才能够使时政新闻在移动互联网时代焕发出无限的生命力。

三、全媒体新闻的项目模式创新

《臊子书记》的新媒体作品在获得中国新闻奖一等奖之后，津云新媒体不仅传播了青年书记的扶贫事迹，总结了一套时政新闻全媒体传播的新模式，还推动了扶贫工作的“互联网+”创新。受益于《臊子书记》编创和推广过程的经验总结，津云新媒体建立了专项团队专门负责从策划、采编、制作到推广为一体的新闻作品项目模式。

在策划与拍摄阶段，津云团队选题精准、策划合理，并在拍摄过程中对策划方案进行实时更新。整个团队以作品小组的形式运转，各个岗位打破分工边界，紧密配合。编导在访谈中介绍，《臊子书记》视频的选题具有一定的偶然性，团队从最开始就认识宋鹏并一直与他有联系，在他开始以电商销售臊子面主导扶贫工作之后，发现他的工作很有创意，因此果断确定了选题，组织拍摄团队前往大寨村。在进入村子之前，团队已经完成了主体作品创意的框架性策划，但是在驻扎扶贫村期间，随着调研的深入，团队每天都要进行头脑风暴，调整策划内容和拍摄计划。在拍摄期间，灯光师、摄像师、特效师等各个环节的团队成员都在现场，为了保证视频的整体效果，下游环节的工作人员常给予拍摄环节专业建议，以便素材能够匹配后期的特效制作。而上游的内容策划人员也会根据更新的内容方案，积极与后期团队进行讨论，确保视频能够在技术可行性范围内实现预期效果。在视频1分53秒——“2000块钱从哪来呢”“或许这沙湾臊子里，就藏着大商机”，宋鹏一边吃着臊子面一边思考，为了能够呈现宋鹏灵光一现的过程，视频后续衔接了村民家家会做臊子面的影像，衔接这两组镜头运用了光晕转场的效果，为此，灯光师就必须配合打光，使主角面部的光能够与光晕实现完美渐变。拍摄期间，团队坚持打“组合牌”，保证编创流程的高效运转，并推动作品在多元思想的碰撞中不断优化。

在内容创意上，在《臊子书记》获奖后，团队不断尝试新闻作品内容形式的创新，以快闪、说唱、英文填词等形式，结合多元新媒体的传播方式，传播两会、时代楷模、脱贫攻坚等主题，创造了一种时政新闻的创意模式。近年来，短视频成为主流媒体进行媒介融合创新的主要战场。短视频集多元化的媒介语言于一体，并将专题片、电视新闻的大体量内容浓缩进几分钟甚至几十秒的时间内。津云主攻短视频领域，其中一位编导谈道："我们做新闻，想做得不那么直白，要用意会的方式，做出来的作品要美。"正如《臊子书记》将轻松的解说语言、活动的动画效果与时政叙事结合一样，津云新媒体在《奔跑吧2019》《向梦想出发》《歌唱祖国》《没有共产党就没有新中国》等后续新闻作品的编创过程中，也致力于将网民乐于接受的内容风格与表现形式融入时政新闻的新媒体作品中。其中，《向梦想出发》源于团队最初对说唱风格演绎主旋律歌曲的尝试，在原创MV作品获得大流量的转载后，津云获得了央视的传播助力。津云创作的歌颂时代楷模的《向梦想出发》，选择了三位主唱，一位是在唐山生活的火车司机，一位是在北京工作的海航职员，还有一位是在天津生活的能写能唱的词曲作者。三位主唱和歌手许魏洲一起，共同在2020央视网络春晚上演绎这首歌，唱响新时代网络正能量最强音。媒介语言的互文体建构、主旋律文化与流行文化的耦合，使作品获得了广泛的关注，借势央视的推广，作品的影响力边界获得了极大的拓展。

在传播推广上，《臊子书记》充分运用了新媒体传播的借势动力，这为津云团队提供了宝贵的经验。《臊子书记》依托天津市团委的公众号推文《我不是炸酱，我是臊子》推荐，一跃进入了微信平台的"爆款流量池"，获得了更多的转发量和播放量。在移动互联网的传播生态中，每一个人都是传播节点，信息的曝光度不再绝对依赖品牌的影响力，而只要是优质的作品，都能够通过点对点的扁平化传播成为爆款。在津云后续的作品推广实践中，团队根据不同的主题有针对性地对接"自媒体"，并且充分运用"自媒体"的"借势"之力，分阶段对作品进行辐射型传播，并评估传播效果，为下一次作品的推广策略提供经验。

在扶贫工作上，津云集团没有止步于对扶贫书记的事迹进行报道，还积极地参与脱贫攻坚的实际工作。2019年，借天津融媒体粉丝节之力，津云开展了一系列“新闻扶贫”活动，策划了直播带货的活动，利用全息媒体手段，把陇南作品推向了全国，获得了众多中央和地方媒体的报道和转载。2020年，津云又策划推出系列公益活动“老乡别急我们帮你”，通过邀请津南区区长、相声演员同台登场，大力推动了直播带货。在新媒体实践中，津云从线上和线下共同发力，把企业的价值追求与党和人民的事业紧紧联系在一起，这成为新媒体内容产业发展的一条重要路径。

从《臊子书记》透视津云新媒体的内容生产和运营实践，可见新媒体新闻作品的编创要提高作品的专业水平和内容品质，充分利用媒介融合的共振效应，用优质的内容去征服受众。无论是体制创新、流程再造还是内容提升，都要因地制宜、实用有效，只有这样，才能在媒介深度融合的行业环境中，激发新闻传播的创造力，增强主流媒体的引导力。

作品六《【独家V观】习近平看望“快递小哥”》

作品信息

所获奖项：第30届中国新闻奖媒体融合奖项短视频现场新闻一等奖

主管单位：中央广播电视总台

主创人员：集体（申勇、李铮、章猛、史伟、马立飞、王晓东）

编　　辑：史伟、马立飞、王晓东

发布日期及时间：2019年2月1日15时39分

发布账号（App）：央视新闻客户端

作品时长：1分15秒

作品简介

2019年春节前夕，习近平总书记在结束北京前门东区看望慰问乘车返回途中，临时下车来到前门石头胡同的快递服务点，看望仍在工作的快递小哥。由于是临时之行，摄像甚至都来不及调试设备，紧急中使用备用手机拍摄记录下了习近平总书记和快递小哥交流互动的温暖时刻。微视频《习近平看望“快递小哥”》在央视新闻客户端推出后，立刻成为网络“爆款”，被各大网站头条置顶推送，在央视新闻微信公众号上的阅读量迅速达到10万次，大量网友主动转发，刷屏朋友圈，当天全网点击量突破2.9亿次。

《【独家V观】习近平看望“快递小哥”》

作品分析

2019年2月1日中午，正值春节前夕，习近平总书记在结束北京市前门东区看望慰问乘车返回途中，临时下车走进位于前门石头胡同的快递服务点，看望仍在工作的“快递小哥”。习近平总书记下车后与“快递小哥”们亲切地握手，仔细询问他们的工作生活情况，称赞他们像“勤劳的小蜜蜂”，并向他们以及向全国的快递小哥和广大劳动者拜年。摄像使用备用手机拍摄记录下习近平总书记和快递小哥交流互动的温暖时刻，后期编辑紧紧抓住现场的感人细节，全力保留了手机拍摄的原生态记录风格，第一时间制作推出，这充分体现了新媒体传播的优势，把新闻现场实时地、全方位地、全息化地呈现给受众。最终呈现出的作品，言语之间都是习近平总书记对基层劳动者的尊重和牵挂，饱含习近平总书记的民生情怀，真实、质朴，充满力量、打动人心。

一、深入践行“四力”，挖掘大背景下的小故事

习近平总书记在2018年全国宣传思想工作会议上指出，宣传思想干部要不断掌握新知识、熟悉新领域、开拓新视野，增强本领能力，加强调查

研究，不断增强脚力、眼力、脑力、笔力，努力打造一支政治过硬、本领高强、求实创新、能打胜仗的宣传思想工作队伍。在全媒体时代，舆论生态、媒体格局、传播方式发生着深刻变化，新闻工作者必须不断深入践行“四力”，深挖大背景下的小故事，释放新闻作品的生命力，增强主流媒体的引导力，从而打造全程媒体、全息媒体、全员媒体、全效媒体的“四全”媒体。

（一）扎实“脚力”，采撷鲜活事件

“脚力”是新闻报道的力量之源，也是新闻工作的根基所在。媒体需要全方位采集新闻事件相关信息，文字、图片、音频、视频等，并基于此生产出多样化的新闻作品。记者奔赴现场，才能掌握来自基层的富有时代气息的鲜活素材。2019年春节前夕，央视新闻记者跟随习近平总书记看望慰问在京的基层干部群众，但看望“快递小哥”是习近平总书记的临时之行，记者全程跟进得以记录下党和国家领导人与基层劳动者的真实感人的互动。扎实“脚力”，到群众中去、深入实际、了解最真实的情况，才能深入了解新闻受众的需求。真听、真看、真感受才能采集到一线的鲜活有温度的素材，产出真实生动有灵魂的报道。

（二）提升“眼力”，挖掘深层价值

“好眼力”就是要“预判断”“看得见”“看得准”“看得深”，拥有一双善于发现的眼睛才能找到最打动人的信息，用最专业的眼光去发现容易被人忽视的信息。提升“眼力”，要求新闻工作者培养新闻敏感性，以小见大，由点及面，精准地抓住新闻事件中的亮点。央视新闻记者在行程中抓住了习近平总书记与快递小哥的互动对话，视频长度只有1分钟左右，却记录下许许多多的小细节：习近平总书记在人来人往的小巷子里与“快递小哥”一一握手，送上春节祝福和问候，“快递小哥”看到习近平总书

记时激动又感动的表情……视频中的小细节最能引起全国劳动者的情感共鸣，使基层劳动者在春节前夕感受到习近平总书记对他们的深情牵挂。一分钟视频记录的短暂互动映射出国家领导民生情怀，生动呈现了习近平总书记的人民情怀，体现了新闻背后所包含的更深层次的意义和价值。

（三）丰富“脑力”，引导舆论走向

“脑力”是做好、做优新闻报道的重要条件。丰富“脑力”，才能把握重点难点，在纷繁复杂的素材当中挑选出最能打动人的细节、最有说服力的事实、最富特征性的材料，才能坚守国家立场，引导舆论走向，传播正确的新闻观、价值观、世界观。央视新闻在对新闻素材进行编辑时，重点突出了习近平总书记对“快递小哥”的关怀和问候的画面，保留了习近平总书记嘱托“给你们拜年啊！”“你们现在生活上住得怎么样？”“你们就像勤劳的小蜜蜂一样”“专门来看看你们，对全国从事快递业的300万人——最辛勤的劳动工作者，向你们致以新春的祝福！如果能安排回家，希望你们能回家跟家人团聚、团圆一下”等温馨的镜头，短短几句话展现了习近平总书记务实亲民的领袖风采以及对劳动者的尊重。央视新闻记者在短时间内甄选素材，理顺信息碎片、去粗取精，将新闻作品迅速推出，并获得用户们的纷纷点赞，真正把感人故事呈现在屏幕上，传送到千家万户。

（四）雕琢“笔力”，创新新闻形式

“有灵魂”的新闻作品离不开新闻工作者的好“笔力”。在全媒体时代，雕琢“笔力”不仅是指提高驾驭语言文字的能力，也是创新新媒体平台上新闻形式的能力。根据不同的平台特色和传播需求，选择最恰当的表达方式展示新闻作品，千人千面地为用户提供同一信息的不同表达方式，使受众最大化地接收信息，是媒体顺应融媒时代的必备能力。为吸引更多受众，央视新闻不断优化创新官方媒体的语态和表达，顺应新媒体传播终

端用户的碎片化阅读习惯，采用短视频的方式进行新闻报道。《独家V观》节目是央视新闻推送时政新闻的短视频节目，将时政新闻报道与有速度、有温度、高质量短视频相结合，配合文字和其他多媒体手段，“高高在上”的时政报道变得更加“具有亲和力、富有感染力”。新闻工作者不断提升“笔力”，紧跟媒介前沿的发展变化，不断学习掌握新技术，全方位传播，可以助力媒体用日常话语讲好中国故事，推动主流话语的影响力不断壮大。

二、构建媒体融合新平台，打造全新电视新闻呈现方式

移动互联网带来了新的传播格局，传播方式日新月异、媒体融合创新发展，为电视新闻提供了更多呈现方式。新兴媒体与传统媒体形成了共生、融合、竞争的局面，面对新媒体带来的压力，中央广播电视总台顺应新媒体发展趋势，依托多年主流媒体的优势，构建媒体融合新平台，树立起央视新闻的新媒体特色。习近平总书记临时下车看望“快递小哥”，记者传回现场视频，后期编辑迅速抓住视频亮点进行生产、播发，以极强的时效性在央视新闻客户端推出，并相继在央视新闻官方微博、微信公众号推送，保证了新闻的独家性和时效性。

（一）拓宽传播渠道，搭建全媒体矩阵

央视新闻顺应融媒体时代潮流，积极搭建全媒体矩阵，拓宽传播渠道，与年轻的受众群体产生共振。2012年，央视新闻开始搭建新媒体平台，实施微博、微信、客户端“三步走”战略。2011年11月，@央视新闻微博上线，2013年4月“央视新闻”开通微信公众号，同年7月，央视又推出基于自有平台的独立客户端。作为央视新闻在移动互联网时代的新闻门户和资讯基地，“央视新闻”移动客户端进一步强化央视独家内容，对新

闻频道的第一手资源进行新媒体化改造，以权威发布为核心，以强大的新闻数据库和网络保障为基础，吸引了千万用户并全面覆盖了国内的移动分发渠道。“央视新闻”凭借微博、微信、客户端“三步走”战略，占领了新媒体阵地制高点，粉丝和订阅户总数已超2000万人。除此之外，央视新闻在积极推进媒体深度融合方面做出更多努力，全方位打通全网各个内容传播渠道。2017年2月，央视新闻移动网上线，这不仅是央视在新媒体上的全新布局，更是推动电视与新媒体一体化深度融合的全方位变革。央视新闻相继入驻拥有广泛年轻用户群体的抖音、快手和B站，2020年元旦，央视新闻入驻喜马拉雅App，这是央视新闻首次入驻音频平台。从“两微一端”到短视频平台、音频平台，央视新闻搭建起了一个健康、高效的全媒体传播矩阵，积极向新媒体进军，努力实现自身和新媒体的融合发展，力图通过一系列创新实现转型。《【独家V观】习近平看望“快递小哥”》的现场新闻第一时间在央视新闻客户端推送首发，随后迅速转发到央视新闻的官方微博、微信公众号等新媒体平台，并以电视新闻的方式进行推送，串起了电视、客户端、微博、微信公众号等多个新闻端口，总阅读量超500万次，习近平总书记的人民情怀迅速成为网络“热点”，各大媒体纷纷转发。

（二）探索传播规律，创新采编发机制

媒体融合发展极大激活和释放了新闻生产力，媒体融合不仅包括内容融合，还包括平台、制度、渠道等全方位、多角度的由表及里的融合。总台把握媒体融合的传播规律，改变原有的只围绕电视频道确定的采编流程，建立全新的通稿制度，创新更加高效的采编发机制，提升新闻报道的时效性。央视新闻保证记者创作的稿件可以用于“央视新闻”的所有平台，新闻中心的采访资源、通稿资源、智库资源都可用于新媒体，最大限度地共享新闻资源，由此提升新闻资源利用率，提高“央视新闻”的整体

时效。同时，央视新闻的“新媒体新闻首发”制度要求记者优先向新媒体平台供稿，保证新媒体平台先于电视屏幕首发，因此，央视新闻的新媒体平台成为央视重大新闻、突发事件、重点报道的首发平台。“央视新闻”微博、微信公众号、新闻客户端等多个新媒体平台多采用自采的“独家”新闻，这些“一手”新闻信息量大，可信度高，内容丰富，涉及面广，而且时效性极强，成为网络媒体上主流声音和主要的新闻来源之一。因此，“首发新闻”“独家内容”“图像优势”成为“央视新闻”新媒体版的核心竞争力。“独家V观”，即时政微视频“V观”，是央视打造的面向全网传播的重要新媒体品牌，第一时间、第一现场报道党和国家领导人国内考察、外事活动、全国两会等重要时政活动，传递党和国家领导人重磅声音。“独家V观”节目以“轻剪辑”为特色，对传回的新闻素材进行简单剪辑、迅速推发，不仅可以保留现场原始的精彩画面，也可提升新闻的时度效。春节前夕推出的《【独家V观】习近平看望“快递小哥”》通过新闻的在线采集、生产和迅速播发，将记者捕捉的党和国家领导人关怀劳动者的难忘瞬间通过新媒体平台呈现到用户面前，实现了新闻现场与终端用户之间几乎“零时差、零距离”的同步传播，快速占领舆论场。

（三）利用视频优势，凸显电视新闻特色

互联网技术的不断革新和智能移动终端的普及，使受众需求和内容生态发生变化，新闻的内容形式也在不断更新迭代，视听快感强、信息密度大的移动短视频成为用户喜爱的新型内容传播方式。央视新闻在短视频领域的传播需要遵循新的传播规律以及用户的阅读习惯，利用自身的视频优势，增加新闻短视频比例，强化图像信息，形成电视媒体特色。央视新闻的传播专业性体现在内容、呈现形式、用户友好度等诸多方面。“独家V观”是央视新闻客户端的独家微视频节目，其发布的新闻视频充分体现了“短平快”的特色，视频长度平均为1分钟。这不仅可以满足用户的阅读习

惯，也可以更自如地嵌入微博、微信及抖音等新媒体平台，完成更高效率的传播。央视新闻不仅对新闻呈现方式进行创新，也对短视频新闻的内容风格进行优化，无人机、AR新闻、VR新闻、直播+弹幕互动等技术提升了短视频新闻的“科技感”，同时，手机原生态的叙事风格也使严肃的时政报道更接地气、更贴近普通民众。短视频新闻《【独家V观】习近平看望“快递小哥”》的手机拍摄原生态风格更生动地呈现了国家领导人的亲民作风，以“接地气”的方式传播中国故事，赋予主流话语体系以适应新环境的表达方式。

三、结语

《【独家V观】习近平看望“快递小哥”》以短视频新闻的方式记录了习近平总书记在春节前夕看望“快递小哥”的暖性互动，以极强的时效性在央视新闻客户端推出，并在央视新闻多个新媒体端口转发推送，为受众提供了情感抚慰的通道，让广大劳动者在春节前夕感受到习近平总书记的牵挂关怀。该新闻短视频的成功得益于央视新闻记者对新闻的敏锐观察力，迅速捕捉到并用镜头记录故事的亮点，用原生态的纪实风格代入互动现场，引起受众情感上的共鸣。

全媒体时代，央视新闻积极构建媒体融合新平台，创新采编发机制，尝试打造全新电视新闻呈现方式，扩大传播效果。央视新闻凭借自身视频影像优势，创新新闻作品形式，运用民众日常话语，提高受众接受度，推动主流话语影响力不断壮大。央视新闻整合全媒体平台的创新路径，为电视新闻的发展提供了全新的思路。

作品七《病死猪田间乱丢知道吗……〈问政山东〉现场局长被8连问后语无伦次》

作品信息

所获奖项：第30届中国新闻奖媒体融合奖项短视频现场新闻一等奖

主管单位：山东广播电视台

主创人员：林绍荣、刘桂秋、李莎、杨帅、宋小龙

编　　辑：刘桂秋、柳宇

发布日期及时间：2019年4月6日20时28分

发布账号（App）：闪电新闻

作品时长：2分16秒

作品简介

2019年4月6日，山东广播电视台《问政山东》节目问政山东省农业农村厅主要负责人。面对病死猪乱丢弃的问题，编辑精选直播问政中的重要镜头，以真实调查素材为背景，以主持人犀利的问政为主体，制作推出“李莎八问”。视频呈现了现场紧张尴尬的氛围，助推舆论监督。视频推出后迅速成为互联网热点话题，全网阅读量超3000万次。

《病死猪田间乱丢知道吗……〈问政山东〉现场局长被8连问后语无伦次》

作品分析

在第30届中国新闻奖的评选中，“短视频现场新闻”作为独立奖项进行评选。短视频作为党和国家主张、社会主义核心价值观、人民心声、传统文化、新时代中国故事表达与传播的创新阵地，开拓了传统主流媒体舆论引导、思想引领、文化传承、服务人民的新空间，也成为我国媒体融合发展的拳头作品。在加快推进媒体深度融合的当下，“短视频现场新闻”奖项的独立设置，既是对融合新闻生产专业性的深入要求，也承载着对传统主流媒体的移动化、社交化传播的转型期待。

作品《病死猪田间乱丢知道吗……〈问政山东〉现场局长被8连问后语无伦次》(以下简称《八问》)聚焦形式主义、官僚主义突出问题，连接新闻现场与问政现场，展示了媒体监督参与社会治理的力量，彰显了主流媒体以人民为中心的社会责任。该作品凭借其时效性、现场感、信息量与传播效果，提升了主流媒体的权威性和公信力，进一步强化了主流新媒体平台与人民群众的连接，成为新时代短视频现场新闻的精品力作。

一、凝心聚力：闭环问政彰显媒体担当

新型主流媒体承担着建构主流价值、化解认知分歧、引导民众共识、记录文明历史的使命。《八问》坚持正确政治方向与马克思主义新闻观，深入调查，抓取关键现场，《问政山东》栏目记者林绍荣介绍，栏目制作“追求全面而不片面，追求流量而不唯流量”，在新闻信息采集加工、表现形式、创新能力、传播效果等多个层面顺应了媒体深度融合的时代呼唤，打造了理性、客观、有建设性的舆论监督报道。

（一）深入调查抓取关键现场

《八问》是基于山东广播电视台《问政山东》栏目内容制作的短视频现场新闻。2019年，山东省召开“担当作为、狠抓落实”工作动员大会，省委书记在讲话中提出，要创新公开监督机制，推行“电视问政”“网络问政”，把评判权交给服务对象和群众，《问政山东》应运而生。以问题为导向动真碰硬、聚焦群众关心的热点，《问政山东》栏目直面问题、强化监督，在全省上下形成了担当作为、狠抓落实的舆论氛围。病死猪乱丢、无害化处理不规范等严重问题，不仅是环境问题，更存在公共卫生安全隐患。以短视频新闻的形式呈现这一问题，核心现场的选取与拍摄既是重点，也是难点。此外，如何在制作时顺应短视频新闻的创作规律，达成信息传递与舆论引导差异化传播，也是此作品需要重点考虑的问题。

真实是新闻的生命。现场新闻的拍摄，需要前往核心现场，采访核心人物，拍摄核心画面，在深入调查中反复推敲、多方核对，发扬“脚板底下出新闻”的好传统。在实际拍摄过程中，无害化处理厂的不规范操作隐藏在偏僻的高高围城之内，四周不仅有监控，而且还是禁飞区，不能用无人机。此外，荒山野岭中开车易被发现，记者只能步行靠近处理厂。重重

限制使拍摄难度倍增，为了拍到真实现场，记者采取了蹲守的方式。经过三天三夜的蹲守，在有车出来大门打开的时候，记者拍摄到处理厂里面的场景，这段画面也成为整个调查的关键证据与《八问》的核心现场之一。

（二）关键数字还原问政现场

短视频现场新闻的采制要求对核心现场进行精准呈现，而这需要前期记者、督办员、编导和后期编辑集体联动、对内容与亮点提前预判、推演，制定预案。在《八问》的问政现场，督办员与主管官员之间出现了“问得准，答得偏”的场面，督办员通过“连环问”的方式层层推进，揭露环保问题背后官员不严不实的工作作风。制片人此时在演播室敏锐捕捉到了这个细节，编辑将预判内容与实际情况相结合，根据互联网传播特点完成制作发布和矩阵推广。

媒体融合并不是用作电视节目的思路制作短视频，而是要拼创意。依托链条式的全媒体报道流程，《八问》呈现了两个核心现场，一个是记者拍摄的核心新闻现场，另一个是“辣味”十足的问政现场。在核心新闻现场部分，《八问》用真实的画面、直白的语言直接展现病死猪乱丢乱放的现场，以强烈的视觉冲击引起用户关注。在问政现场部分，《八问》用督办员和当地主管官员的一问一答的现场展现了矛盾冲突。为了贴合互联网的传播特性，制作团队提出了两种方案，一种是双视窗，另一种是突出提问及次数，在反复讨论后，最终选择了突出提问次数的方案。数字的加入既是对事件提纲挈领的梳理，又能增加受众的期待感。在有了“第一次追问”后，大家期待“第二次追问”“第三次追问”……在观众的期待中，环环相扣的《八问》实现了完播率、赞播比增加，助推了爆款作品的生成。

（三）全面报道把握舆论导向

《八问》坚持马克思主义新闻观，成为新时代通达社情民意、做好舆论工作的融媒作品。新闻短视频的多元价值衍生影像化生存的当下，短视频因简制作、易传播、高参与的特性，成为信息传播的重要载体。面对快速迭代的信息环境与层出不穷的社会热点，新时代的短视频现场报道应坚持马克思主义新闻观，根据事实来描述事件发展，既准确报道个别事实，又从宏观上把握和反映事件或事物的全貌。《八问》直面“病死猪乱丢、无害化处理不规范”的社会问题，直面主管官员对事实了解不清的工作问题，既通过“辣味现场”清“政风”，又通过“立说立改”鼓励“敢担当”；用准确的事实、客观的分析激浊扬清、针砭时弊，真正让问政实现闭环、收获实效。这种闭环问政充分发挥了新闻媒体的舆论监督作用，将纷繁复杂的社会思潮引导至正确健康的舆论轨道，形成有利于社会发展的合力。

在我国全面推进媒体深度融合发展的当下，主流媒体不仅要看发行量、收视收听率，更要看影响力，“要能在舆论场上具备定义事件、引导舆论、凝聚共识的设置议程能力”[①]。无论是“触目惊心”的新闻现场，还是“麻辣十足”的问政现场，放到网上一定会引来流量与“围观”。但《八问》坚持主流媒体的使命和职责，在新闻报道中坚持了舆论监督和正面宣传的统一。问政的目的在于解决问题，《八问》不单单报道现象，还增加了当地有关部门直面问题认真整改的内容，这种全面的报道方式既实现了对基层不作为的舆论监督，又有对当地整改的正面宣传。做好新时代新闻舆论工作，需要新闻工作者守正与创新，既应有在解决民生堵点、痛点、难点上动真碰硬的决心和力度，也要坚持正面宣传与舆论监督的统一。

① 卢新宁.主流媒体如何巩固主流地位——关于人民日报媒体融合实践的思考[J].新闻战线,2018(13):6.

二、信息桥梁：核心现场的跨屏呈现

在新传播格局中，受众、渠道、象征资源、传播控制权均发生了深刻的变化，倒逼宣传者的理念、能力、技术与渠道的系统性变革。《八问》精准抓取“病死猪乱丢”的新闻现场与问政现场，呈现民生问题中的难点、痛点、堵点，直抵用户的信息诉求与情感关切，从信息维度与情感维度上实现了核心现场的跨屏呈现。

（一）场景延伸：时空转换搭建信息桥梁

《八问》连接了问政现场和新闻核心现场的时空与场景，以短视频为载体搭建了受众的沟通信息桥梁。《八问》的视频内容源于山东电视台的栏目《问政山东》，该节目对于参与的官员有一定的强制性，因此在节目中，官员成为“问政”的对象，在直播现场与主持人形成了主次逆转的暂时不平等关系。在《八问》中，当地主管部门负责人从最开始泰然地打官腔、绕圈子，到最后语无伦次、承认自己刚了解“病死猪乱丢”的问题，这一“问政”的过程与尴尬气氛通过短视频传达给屏幕一端的用户。在用户的视角下，问政场景中的政府官员，因失责缺乏对相关事实的了解，面对主持人连环八问难以作答，这呈现出短视频现场新闻中的戏剧性张力，也正是这种基于真实调查素材、现场反应的桥段引燃了舆论，促使全网阅读量超3000万次。

信息桥梁的搭建，是《八问》呼应“四全媒体”的建设，主动承担主流媒体服务群众、社会治理等职责目标的体现。短视频作为互联网新闻传播中重要的创新作品类型，融合了信息资讯、价值引领、社会服务与娱乐诉求的多维功能。《八问》以真实调查素材为背景，以主持人犀利的问政为主体，用快速积累的呈现方式还原了现场紧张尴尬的氛围，这种再加工放大了问政的效果，也彰显了报道的视野与格局。短视频的媒介形式要求内容短小精悍，挤掉冗余的水分，除了两个核心现场，短视频中的核心人物、简洁字幕与配乐均使该作品节奏紧凑，迅速进入主题与高潮，大大增强了传播力，彰显了主流媒体的职责担当。

（二）同频共振：情绪共鸣再造民众共识

《八问》通过核心现场的直观呈现，以短平快的新闻内容回应公众关切，通过凝聚人心的方式展开信息传播与舆论引导。智能媒体技术带来信息传播模式、话语体系与社会情景的变化，也对信息传播与舆论引导工作提出了更高的要求。习近平总书记指出，人心是最大的政治，共识是奋进的动力。①舆论引导的价值体现在促进社会问题的解决与社会的良善，而绝非“消除舆论”或者制造虚假舆论。这是政府管理者、舆论引导者、新闻工作者以及公民都应当持有的正确舆论引导观念。《八问》以闭环问政的全面报道、贴近民生的语态形态，在信息传播过程中使民众对“病死猪乱丢”的问题与解决结果产生了基本认知。这种依托短视频现场新闻凝聚的共识，在碎片化的信息浪潮中，激发了民众的情感共鸣，形成了民意在信息维度与情感维度的同频共振。

充分运用全媒体的传播优势，不仅能塑造与民众的信息桥梁，还能在信息的同频与情绪的共振中打造跨屏的情感连接。《八问》作为跨媒体报道与传播的作品，其在标题、内容与主旨上都体现了一种敢于追问的锐利态度，这种核心特质既是其内容组织的重要线索，也是其信息传播的情绪助推器，使其在网民热议中成为爆款作品。短视频新闻现场报道并非模板化的简单制作，新闻工作者作为专业内容生产者，应摆脱过度融梗、跳脱内容生产的内卷化，创新短视频新闻的创作模式，深挖价值引领、新闻宣

① 习近平. 在全国政协新年茶话会上的讲话[N].人民日报, 2018-12-30(02).

传与信息服务的新样态，将其视为融媒体新闻宣传的先锋兵。正是在这种新闻报道观念下，《八问》方能在守正创新中呈现核心新闻现场，在正面宣传与舆论监督的统一中回应公众关切，在移动化和视听化传播场景中搭建信息桥梁，建立情感连接。

（三）宏观把控：系统思维厘清核心现场

对于短视频现场新闻报道，创作者需要用系统思维而不是碎片化思维去厘清新闻现象。从“病死猪乱丢”的新闻核心现场的拍摄，到问政现场“李莎八问”的呈现，再到短视频的制作与精练，《八问》兼顾了问政的犀利火辣、选题内容的社会关注度与话题共鸣程度，与此同时也未偏离宣传工作的主题。对核心现场的宏观把控串联起该报道的各个环节，这种系统思维使《八问》成为既有高度又有温度、既有深度又有热度的融媒体作品，提升了媒体的传播力、引导力、影响力和公信力。

系统思维既需要前期选题的精心选取与脚踏实地的拍摄，又需要后期反复打磨的脚本与呈现形式的创新。《八问》从节目策划到平台传播的全过程，都坚持以系统思维为主导。实际上，《问政山东》节目内容经过提前精心挑选，督导员所问的问题确实是各级政府工作不力的地方，尤其偏重社会大众熟知和关心的问题。《问政山东》栏目记者林绍荣说：“时代的变迁在人民的手中、眼中、心中，取之不尽用之不竭的新闻素材就在人民的生活中。我们应脚踩泥土，流着汗甚至是流着泪用心用力地去采访、去写、去创作好的作品，讲好我们这个时代的中国故事。”新闻工作者作为媒体融合的实践者，对短视频现场新闻的创作，应坚持删繁就简，厘清问题，还原现场的核心要义。此外，在还原的过程中还应“想人民之所想”，推出“眼中有人民、腿上有泥土、心中有真情”的新闻作品，而这也正是新闻工作者的使命所在。

三、链路重构：跨媒介整合赋能媒体生产

《八问》将山东广播电视台问政节目的关键段落制作成短视频，通过平台传播引发网友关注，进而助力舆论监督，助推工作落实。此作品并非早期的电视新闻的简单拆条，而是跨媒介整合资源，产生集约效应的报道实践，反映了主流媒体在技术先导、内容创新以及体制机制变革上的融合转型成果。

（一）坚持移动优先，激活融合动能

《八问》等优秀作品的诞生，得益于山东广播电视台“移动优先”的融媒体改革与全媒体传播的体系建构。坚持移动优先是当前媒体深度融合的重要原则，也是衡量媒体融合成败的关键。2016年，山东广播电视台开展融媒体改革，确立了“先小屏后大屏、小屏内容反哺大屏、大小屏协同发展”的目标，坚持实际、实战、实用原则，积极搭建新平台、开拓新渠道、再造新流程、培育新业态。《八问》等短视频现场新闻的推出，实现了电视内容向移动端的传播转移；短视频在移动端的火爆，也进一步提升了电视节目的受关注度，这种传播链路促进了多媒体的良性互动与多维融合，形成了协同高效的全媒体传播体系。

因此，《八问》的爆红背后是媒体融合主体之间关系的协调处理，其在重塑网友对电视问政“作秀”的认知同时，也激活了媒体深度融合的动能，助推《问政山东》成为现象级节目。从开办之初，《问政山东》就把融媒体理念和互联网基因植入节目中，在山东卫视、电视公共频道创建的同时，齐鲁网、闪电新闻网络问政平台也同步上线。节目把民众的“问”和政府部门的“政”这两项独家资源转化为具有市场竞争力的短视频、图解、动画、H5等融媒体作品，把电视节目的亮点迅速转化为互联网热点。

以闪电新闻客户端为依托，建立宣发矩阵，确保《问政山东》新媒体作品能及时通过闪电新闻、微博、微信、今日头条、抖音等平台抵达各类人群，真正实现移动端与电视端的联动，打通电视和网络两个用户群，最终通过跨媒介整合赋能媒体生产与信息传播。

（二）建构深度连接，释放价值增量

在全媒体传播体系中，新闻工作者如何与用户建立深度连接，走好新时代的群众路线是重要命题。《关于加快推进媒体深度融合发展的意见》指出，要坚持以人民为中心的工作导向，坚持贴近群众服务群众。《问政山东》配合《山东新闻联播》与闪电新闻客户端，从“舆论监督”“主流宣传”“媒体融合”三方面提升了山东广播电视台的节目质量和屏幕形象，不仅为主流媒体提升舆论引导能力与推进政府部门工作相结合提供了范本，还成为推动工作落实的重要抓手和助推群众问题解决的重要渠道，切实解决群众的操心事、烦心事、揪心事，形成了与用户的强连接。

这种强连接的形成背后，是新型主流媒体传播人民的利益诉求与意见呼声，成为新型服务者，释放价值增量的媒体实践。《八问》作为融媒体爆款作品不仅让全国网友看到了山东在加强作风建设，解决改革难点、痛点、堵点的决心和力度，也推动了各地自我革命、勇于担当、主动作为的实践。自2019年开播以来，共有约2000名正处级领导干部走进《问政山东》演播室接受问政，89位县（市、区）主要负责同志通过直播连线接受问政，解决民众关注的具体问题910多项，推动制定解决问题的政策措施550多项。《问政山东》打通了基层治理“最后一公里”，在全省上下形成了敢于担当、狠抓落实的舆论氛围，形成了全省范围广覆盖、人民群众有获得感的问政网络体系，真正体现了以人民为中心的工作导向。

（三）把握平台优势，书写社会记忆

新闻传播业正在经历以技术为主导的结构性变迁，人工智能、5G、大数据、云计算等信息技术重塑着传媒业，改变着舆论场的生成、形态及其社会效应。新闻工作者作为社会记忆的书写者，面临着如何在技术的迭代与浪涌的信息中进行融媒体内容生产，并保证内容长期有效性的难题。对新闻媒体来说，内容创新、形式创新、手段创新都重要，但内容创新是根本。要多深入基层、深入一线了解第一手材料。①

当然，社会记忆的书写离不开技术的赋能与平台的优势。山东广播电视台拥有完全自主知识产权的新闻调度指挥系统——闪电云，可以将优质电视节目资源与新媒体资源渠道打通，实现一次采集、多端分发。依托“中央厨房”，山东广播电视台形成了电视、网络和客户端等整合互动传播的全新新闻采编播发流程。书写社会记忆的前提是媒体内容的长期有效性，既要能够储存，也要经得起历史的检验。在媒体融合与技术迭代中求效益，在新闻报道与传播实践中讲好时代故事、发出时代声音，才能使将来的人们从融媒体报道中见证今天的所见所闻所思。

四、结语

党的十九届五中全会强调，推进媒体深度融合，实施全媒体传播工程，做强新型主流媒体。深度融合的力量，为新闻工作者书写时代故事、发出主流声音赋能。从《八问》“追求全面而不片面，追求流量而不唯流量”的创作思路，到坚持正面宣传与舆论监督相统一的闭环问政，再到《问政山东》与山东广播电视台的全媒体传播体系建构实践，每一

① 习近平. 论党的宣传思想工作[M].北京:中央文献出版社, 2020.

个环节都表明唯有扎根中国大地的深度、记录人民呼声的广度、透视时代变迁的高度，方能走向人民大众，以传播优势提升治理效能，扩大主流价值影响力版图。

作品八《“中国24小时”系列微视频》

作品信息

所获奖项：第30届中国新闻奖媒体融合奖项短视频专题报道一等奖

主管单位：人民日报社

主创人员：张意轩、安然、巩晗、王靖远、林渊、刘赫、刘镇杰、刘若轩、王威、尚丹、胡润新、朱笑嬉、宋嵩、王嵘

编　　辑：丁伟、刘晓鹏

发布日期：2019年3月5日

发布账号（App）：人民日报客户端

作品时长：9分32秒

作品简介

人民日报在新中国成立70周年之际，首次推出《中国24小时》上下集（锦绣河山篇、天道酬勤篇）。此后，延续“中国24小时”势能，相继推出《中国军人24小时》等主题篇与《中国24小时·地方篇》。《“中国24小时”系列微视频》成为人民日报新媒体标志性爆款作品和品牌作品。系列微视频也获得业内好评，其中《中国军人24小时》被业内专家评价为“竖版视频的样本教材”。

《"中国 24 小时"系列微视频》

锦绣河山　　天道酬勤　　中国军人 24 小时

作品分析

2019年，人民日报在新中国成立70周年之际，首次推出《中国24小时》上下集（锦绣河山篇、天道酬勤篇）。此后，延续"中国24小时"势能，相继推出《中国军人24小时》主题篇与《中国24小时・地方篇》。该系列作品一经推出，便成为主流媒体微视频的"顶流"之作。截至2019年底，《"中国24小时"系列微视频》仅在人民日报新媒体渠道的浏览量就超12亿次，总点赞数超过1900万次，网友评论超46万条；新浪微博话题阅读量逾6.9亿次，参与讨论达83.2万条。该系列微视频的国际传播也取得良好效果，被翻译成多国语言版本在海外传播。

作品延续专业内容团队众筹创作模式，联动全国各地协同生产。主题篇和地方篇相互搭配、相辅相成，全景展示一个精彩纷呈、奋进向上的中国，全面呈现新中国成立70年的发展成就与建设成果，描绘时代变迁中的家国情怀，抒发全国人民对祖国的真挚情感。

一、大众自传播特征明显：重新审视相关性和群体认同

伴随生产力水平的提升和生产关系的变革，媒介与人类社会同步变

迁。媒介消费者从作为受众到成为用户，大众的属性悄然更迭。与过去单向的、弱化对象的传播不同，新媒体创作的用户思维已经成为共识。而用户思维的本质是了解用户的需求，《“中国24小时”系列微视频》的成功之处在于洞悉了大众自传播增强的新特征。①

（一）重视内容的用户相关性，“近身式”表达宏大主题

置身高度媒介化的社会，“永久在线、永久连接”成为人们的生活方式，用户更多地以自身为圆心筛选信息、认识社会，相关性成为信息获得青睐的关键因素。因此，越是宏大的主题，越需要把握贴近媒介消费者，让信息主动找到用户。

1. 以时间为主线，切入日常视角

呈现新中国成立70年的发展成就与建设成果是颇为宏大的主题，《“中国24小时”系列微视频》在叙事视角上独辟蹊径，具有鲜明的生活化特征。《“中国24小时”系列微视频》以1天为维度、1小时为刻度，以24小时里的时间演进为逻辑主线，在时间的流逝中，将主题所要展现的内容呈现起来。正如创作团队负责人张意轩所说：“所谓‘日复一日，年复一年’，24小时是人们最习以为常的时间刻度，我们希望通过呈现各个时间点上中国的大好河山与中国人筑梦前行的动人瞬间，激发观者的朴实情感。”每个人都有关于自己24小时的切身经验，将普通人的生活场景用镜头讲述出来，生活的熟悉感能够帮助其快速与作品内容搭建起共通的意义空间。

2. 以纪实为手段，打破心理隔阂

在一定程度上，可以将《“中国一分钟”系列微视频》理解为“数据报道”作品，而将《“中国24小时”系列微视频》理解为“纪实报道”作

---

①“大众自传播”（Mass self-communication）的概念，由卡斯特（Castell）提出，认为所有的媒体使用都是以使用者“自我”为核心的。

品。《“中国24小时”系列微视频》描述一天中不同时间节点的中国与中国人，纪实与记录性更强。晨练的公园、上班的地铁、老街的手艺人、工业园区的中国制造、霓虹初上的城市、忙碌奔波的工作者……对中国人生活和这片土地的全景化呈现，满足了用户关注切身生活和周边世界的需求。

3. 以碎片为载体，递进呈现主题

适应碎片化传播语境，宏大主题的微观表达需要化整为零，而递进式呈现主题是化整为零的重要手段。《“中国24小时”系列微视频》的每个视频，都通过前半部分看似细碎且散乱的镜头逐步拼成一个完整的主题形象；通过后半部分的总结与升华，展现由个体到群体，由一天一刻到七十年变迁，总分结合；形成递进式的主题呈现，有醍醐灌顶之效果。主题篇短小精悍，将中国的锦绣河山和军人气质尽情展露；地方篇通过系列制作，由聚焦到全景呈现了中国群像。除了宏大视角的总结式和数据式回顾，通过降维和拆分进行微观表达是另一种破局之道。

（二）精准满足情感与价值诉求，内容勾连群体认同

关于媒介使用目的的观点主要有两种：一种认为人们使用媒介的主要目的是获取信息或其他社会功用；另一种认为人们使用媒介的主要目的是弥补现实生活中交流沟通的匮乏，或通过网络进一步丰富人际关系。实际上，几乎所有的媒介接触行为都既有其功能性的一面，又有其社会性的一面。在《“中国24小时”系列微视频》中，其功能性是用户对主题的认知变化，通过简短有力的视听语言快速呈现对这片土地和人民的印象；其社会性则是凸显用户的价值与情感诉求。一个好的新闻短视频作品，“感观感受”是基础，“情感共鸣”是关键，“价值共识”是内核。与用户产生共鸣大致需要经历三个步骤：从事实传播，到情感共鸣，最后形成价值共识。《“中国24小时”系列微视频》之所以能够得到众多网友的喜爱，不仅在于其采用纪实的手法传播事实，还在于其实现了用户的情感和价值诉

求，其背后离不开认同这个概念。

1. 在环境和场景中构建群体认同

曼纽尔·卡斯特曾指出，网络社会的意义是围绕一种跨越时间与空间而自我维系的原始认同建构起来的。《“中国24小时”系列微视频》将个人生活置于中国这一特定的自然环境和社会背景中，在接近性的加持下，强化了用户作为中国人这一群体的民族认同感、作为某省（区、市）人这一群体的乡土认同，体验到群体带给自我的情感和价值。用户的群体身份认同即对作品的认同，从而带来了更广泛的传播。

2. 在关系和认同中实现情绪传播

《“中国24小时”系列微视频》激发的是观者朴实的爱国主义情怀，国人为了更加美好的生活、为了更加美丽繁荣的中国一起奋斗的信念。而这些情绪，首先基于上述的群体认同，进而发展为一个成功的情绪传播；其次，这一情绪传播是在关系中完成的。《“中国24小时”系列微视频》是现实生活的纪实，一定程度上反映了个人与机制、他人的复杂互动，在该场域中，更容易强化关系、确立认同，进而凝聚价值共识、形成传播力。

二、制作与运营双管齐下：把叙事符号作为线索

用户思维贯穿新媒体生产的全流程，在制作和运营环节都可见一斑。具备能指和所指双向意涵的符号，既发挥了表意传声的基础作用，又在如何使作品被点击、观看甚至铭记中发挥着举足轻重的作用。在制作环节，叙事符号的选择事关作品框架的搭建，时常充当着线索的角色穿针引线，并能够成为记忆点；在运营环节，恰当而出彩的符号在整合营销中发挥着排头兵的作用。《“中国24小时”系列微视频》的成功之处，充分体现在叙事符号的选择和利用上。

（一）代入式制作，从三个维度搭配代表性内容

编辑素养之一是选择，尤其在海量的素材面前，取舍要围绕主旨。在《“中国24小时”系列微视频》中，主旨是引发用户共鸣。为此，创作团队以时间、地点和场景为坐标轴，在三个维度上精巧搭配，筛选出最具代表性的内容。

在锦绣河山篇中，选择和搭配既要涵盖中国有代表性的自然风光，如长城、莫高窟、青藏高原等，又要展现现代典型城市发展面貌，如杭州、西安、香港等，还要有国家发展历史上的重大工程，如三峡大坝、港珠澳大桥、“中国天眼”等。地点尽量覆盖中国大地各大区域，并将每一个场景与其最合适的时间节点搭配起来，通过最经典、最能引发观者共鸣的内容，最大限度地提升用户的代入感与自豪感。

在地方篇中，要合理搭配地点、时间和场景三个要素，完成叙事。张意轩表示：“视频里选取的所有内容，既有能够引起观者共鸣的日常场景，也有令人心潮澎湃的画面，让每个人都能在视频中发现戳中自己的点。”以地方篇为例，每个省（区、市）的微视频都基本涵盖其所有地级市，内容呈现既注重每个时间节点上最具代表性的场景，也斟酌各具地域性、特色性、差异化的内容，力求让每位观看者都能找到一帧家乡味道。

（二）IP化运营，实现“$1\times n>n$”的声量增值

通过“一锤子买卖”获得一时关注是初期的做法，在媒体深度融合的背景下，新媒体传播已经逐步树立品牌感，IP意识渗透在新媒体作品的策划和运营中。面对用户的碎片化阅读习惯和流动的注意力，获得持续稳定的关注、培养固定消费群体才是长久之计。

制作系列作品要保留可辨识度。“中国24小时”团队先后推出地方篇和各主题篇，在整体风格上，系列微视频的基本结构、视觉包装、Logo等

均保持一致，保证文案、画面、字幕、转场等各个视频元素及其组合方面的质量，以系列化的形态加强作品的辨识度。在发布节奏上，采取“重大事件节点+固定频率”发布相结合的方式，即全国两会期间推出全国篇、特定时间节点推出主题篇、国庆前夕以每日一期的频率连续推出地方篇。通过固定频率、固定发布时间等传播行为培养用户的心理预期与观看习惯，增强用户黏性。实践表明，融媒体作品的IP化运营有利于在碎片化传播中强化主题印象，为用户营造连续性的IP式陪伴感，进而获得稳定、集成的传播效果，实现“$1\times n>n$”的声量增值。

此外，作品“出圈”离不开营销。主流媒体充分利用全媒体矩阵，打通多元传播渠道已成为常规做法。人民日报将《“中国24小时”系列微视频》在人民日报App、官方微博等社交平台多端口同步分发，扩大用户接触面，为出圈提供可能。与此同时，创意营销为目标作品到达更多用户提供可能。

团队采取以话题拓展外延的手段，使新媒体作品与媒介消费者隔空互动。据张意轩介绍，在《中国24小时·地方篇》连续推出时，人民日报新媒体开辟话题专页，联合多家社交媒体平台，共同发起#打卡24小时#线上征集活动。活动向网友征集24小时里最值得纪念的片刻，邀请网友分享他们的24小时奋斗故事。打卡征集活动一方面加强了同网友的互动，另一方面勾勒出中国人民自强不息、逐梦前行的奋斗面貌，诠释个体努力中所凝聚的意义，实现力量传递与价值传递。除此之外，创作团队围绕“中国24小时”主题，对其他传播形态进行了创作探索，如推出动漫版《中国24小时》长图，利用手绘动漫长图的方式，通过色调与光影的变化展现地域与时间的变迁。不难看出，IP化运营不仅是上下集的简单延续，还需要作品内外、平台渠道间的互动营销。

三、应用场景延伸：共时性和历时性同等重要

新媒体时代，新闻作品的生命周期延长了。传统的新闻作品发布即终止，而新媒体作品的完整生命价值还将在点赞、评论、分享甚至二次创作中实现。因此，历时性和共时性成为两个同等重要的场景特点。

（一）视听语言适应传播环境，“共时性”制作风格化

共时性，是在某一特定时刻该系统内部各因素之间相互作用的关系。所谓“共时性”制作，是指在第一时间发布作品的内容，主要体现在视听语言的制作上。

1. 配乐调配节奏，配合剪辑掌控“燃点”

配乐是增强沉浸感的重要手段，而且能够在适当的时间节点上稳住用户的注意力。就《“中国24小时”系列微视频》而言，波澜壮阔的锦绣河山、英姿勃发的军人剪影、如梦如幻的冰雪王国、中外荟萃的北京记忆……不同篇目的对象不同，自然适配不同风格的音乐，无论是激昂奋进还是悠扬婉转，必须选择最能唤醒用户记忆的旋律。就单个视频而言，《“中国24小时”系列微视频》每集均一分为二，前半部分娓娓道来，以时间为线索进行累积，节奏较为平缓；后半部分节奏变化，话锋一转进行总结和升华。前后转换依靠配乐协调叙事节奏。不仅如此，流畅舒爽的观看体验还得益于配乐和画面剪辑的高度契合。配乐鼓点变化的瞬间正是画面切换的瞬间，前后辨识度极高，类似升级版的“快闪”视频。作为资深媒体人，张意轩强调：“在移动短视频时代，剪辑已经不仅仅是工具，剪辑师对于成片的贡献，也远远大于人们传统意义上‘是个技术活’的认知。剪辑师需要从整体思路上进行谋划布局，通过视听语言重新组合排列素材，从创作者的角度参与深度创作。《‘中国24小时’系列微视频》广受赞

誉的背后，配乐和剪辑的配合无疑是最大功臣。”

2. 镜头突破人眼局限，“运动＋航拍”引人注目

短视频时长有限，这意味着每一帧都必须精挑细选，镜头语言、画面内容展现用户平时所不能见之景象，在震撼的同时，提高信息的含金量。在《“中国24小时”系列微视频》中，“运动+航拍”镜头最吸睛。壮美的山川、繁忙的码头、五彩斑斓的城市夜景、川流不息的大街小巷……人眼视角的有限性一定程度上阻碍了我们全方位体会事物的魅力，而航拍配合运动镜头，为用户带来视觉冲击，别样的视角正是镜头的价值。

3. 字幕取代同期声，包装平衡专业性与网感化

简单醒目的字幕与视听语言配合，共同保持了明快、稳定的节奏，符合用户的信息接收习惯。在新媒体时代，轻量化的图表、海报，短小精悍的短视频最受青睐，其背后蕴含着用户对内容需要的变迁：从娓娓道来到简单明了。

《“中国24小时”系列微视频》恰好用醒目凝练的文字取代传统电视新闻的同期声讲解，做到了专业性和网感化的平衡。以地方篇《浙江24小时》为例，24小时的电子时钟在左下角滚动切换，每一场景配有上下两行10余字的信息说明，文字的显现、滚动和消失都体现动感，配合画面的快速切换和配乐的情绪烘托，精致又不显呆板。

（二）内容要素激发生命力，“历时性”传播社交化

历时性，是一个系统发展的历史性变化情况，代表过去—现在—将来。社交媒体时代，人们对网络空间的依赖史无前例，新媒体作品的场景价值也更多地体现在保存、分享和二次创作上，一个截图、一段分享都是增强传播力的发力点。

1. 每一帧画面都是屏保

画面的高质量是《“中国24小时”系列微视频》的优势。张意轩解

释："在锦绣河山篇中，团队选取了不同时间点祖国辽阔疆域上风格各异的壮丽风光，以'屏保'级画质呈现祖国的大好河山。"每一帧皆可作为屏保意味着用户可以在观看过程中多次截屏，进而在社交平台一键分享，技术赋能的背后是潜在的以画面截屏为要素的二次创作。

2. 每一行文字都是金句

在文案内容方面，《"中国24小时"系列微视频》的编创团队通过反复锤炼与推敲字词，追求语句表达的准确达意、凝练简洁与丰富优美，使用户在观看视频的同时，感受到文字的美感与韵味。"城市大脑，用数据守护平安""朝霞灿灿云海茫茫，晨光熹微万象更新""24小时齐风鲁韵人文荟萃，24小时儒家文化德润人心，24小时匠心独运追求极致，24小时创新引领万象更新。24小时，感受壮美山东；70年，见证光辉岁月"，诸如此类的文字比比皆是，朗朗上口、言简意赅，将文字的表达力和画面结合，既没有重复表述，又能够在观者脑海中留下深刻印象。

3. 每一个视频都是竖屏样板

移动短视频时代，竖屏视频不仅是移动端这一信息载体的要求，也是用户沉浸体验的习惯，虽然不同于传统视频的比例和包装习惯，但竖屏视频是短视频发展中的重要组成部分。在八一建军节到来之际，人民日报推出竖版微视频《中国军人24小时》。该视频仍然以1天为维度、1小时为刻度，以24小时里的时间演进为逻辑主线，但在表现形式上，竖屏展现的方式与电影海报式的艺术风格，从多个方面展现新时代中国军人无私奉献的血性豪情、中国军队真打实练的崭新风貌、中国军事的强劲实力与力量。该视频被业内人士评价为"竖版视频的样本教材"。在移动优先战略下，主流媒体的短视频创作应积极尝试竖屏视频，并且大幅推进。

四、新型主流媒体建设创新：在实践中创新理念和机制

（一）参与者讲述创造最优宣传

要讲好故事需要思考如何成功地交流。正如约翰·彼得斯所言，“交流”是让双方去参与一个共同的世界，我们要确定“参与的社区”，找到共同的“行动的方法”，探索“可能的互动”。①《“中国24小时”系列微视频》将交流贯彻始终，每个短视频开篇是一个问句，“一天24小时，××在发生什么”，迅速抛出问题，吸引用户寻找答案。创作团队在策划之初就锁定了目标用户，与具有特定身份认同的群体进行对话，而该作品的目标群体恰恰是最广泛的，因此也顺利完成了用户需求和价值引领的融合，实现社会效益和经济效益的共赢。

讲好中国故事需要深入故事的参与者，让他们发声。习近平总书记指出，我们要把握国际传播领域移动化、社交化、可视化的趋势，在构建对外传播话语体系上下功夫，在乐于接受和易于理解上下功夫，让更多国外受众听得懂、听得进、听得明白，不断提升对外传播效果。②《“中国24小时”系列微视频》是讲好中国故事的成功范例，视频被翻译成多种语言版本在海外进行传播，为中国故事的国际传播作出了有益的探索。

（二）“众筹＋项目制”生产增加效能

习近平总书记强调，要坚持一体化发展方向，加快从相加阶段迈向相融阶段，通过流程优化、平台再造，实现各种媒介资源、生产要素有效整合，实现信息内容、技术应用、平台终端、管理手段共融互通，催化融合质变，

①〔美〕约翰·杜翰姆·彼得斯. 对空言说：传播的观念史[M].邓建国，译.上海，上海译文出版社，2017(01):45-50.

② 习近平. 加快推动媒体融合发展 构建全媒体传播格局[J].求是，2019(06).

放大一体效能，打造一批具有强大影响力、竞争力的新型主流媒体。①

融通的关键环节在于生产机制。不同于传统电视新闻单打独斗、部门管理的制作逻辑，在《“中国24小时”系列微视频》的制作中，人民日报延续此前形成的众筹式生产机制，向各地征集素材，获得各地配合；并且，团队按照项目制模式开展工作。根据张意轩介绍，团队从中心多个处室抽调精兵强将，组成10人左右的主创人员，各司其职同步开展文案、摄像和剪辑工作。在“众筹+项目制”的生产机制下，团队创作全过程集成管理，有利于集中整合资源打造精品。

五、结语

综上所述，《“中国24小时”系列微视频》为新媒体时代主流媒体微视频创作提供了诸多借鉴。第一，洞悉媒介消费者的新时代特征，深刻把握信息与用户的相关性。尝试生活化叙事视角，实现宏大主题的微观表达；满足用户的情感与价值诉求，看到内容背后用户群体认同的作用。第二，看到叙事符号作为线索的重要价值。在制作上，选取多个坐标轴要素合理配平；在运营上，打造IP，通过持续陪伴增强用户黏性。第三，认识到新媒体作品的应用场景已经延伸。在“共时性”制作中优化视听语言，做好专业性和网感化的平衡；在“历时性”传播中看到每个要素、每个瞬间被关注、分享以及再创作的传播潜力。第四，立足建设具有竞争力的新型主流媒体，在实践中把握创作理念和生产机制，与故事参与者展开对话，在“众筹+项目制”的生产模式中提质增效。随着5G、大数据、云计算、区块链、物联网、人工智能等技术不断发展，移动媒体进入加速发展新阶段，短视频运维必将迎来更多创新。

---

① 习近平. 加快推动媒体融合发展 构建全媒体传播格局[J].求是, 2019(06).

作品九《十八洞村龙金彪的Vlog丨脱贫之后》

作品信息

所获奖项：第30届中国新闻奖媒体融合奖项短视频专题报道一等奖

主管单位：湖南日报社

主创人员：集体（颜斌、文凤雏、周红泉、朱玉文、廖慧文、陈萌、李健、李征、胡志丹、陈琮元、张劲夫）

编　　辑：赵雨杉、曾益、朱加宁

发布日期及时间：2019年11月3日7时31秒

发布账号（App）：新湖南客户端

作品时长：6分1秒

作品简介

2019年11月3日，在习近平总书记于湖南十八洞村首次提出“精准扶贫”方略6周年之际，新湖南客户端推出新媒体短视频作品《十八洞村龙金彪的Vlog丨脱贫之后》。该短视频从“脱贫之后”的视角切入，讲述了十八洞村村民龙金彪脱贫之后如何不返贫，并带领村民们脱贫致富奔小康的故事。龙金彪担任十八洞村农旅农民专业合作社理事长，积极探索合作社的运营模式，依靠以龙金彪为代表的年轻人的尝试与努力，十八洞村正以“搞产业、搞旅游”为发展中心，走向乡村振兴。该短视频通过新湖南客户端、华声在线网站、湖南日报旗下各微博账号、微信公众号等渠道进行融合传播，推出首日“报”“网”“端”“微”总点击量突破200万次，十八洞村脱贫之后的故事引起了读者的关注与热烈反响。

《十八洞村龙金彪的Vlog丨脱贫之后》

作品分析

脱贫攻坚是我国的一项重大战略，是打好决胜全面建成小康社会的三大攻坚战之一，主流媒体作为党和人民的喉舌，围绕中心，服务大局，担负着聚焦宣传、助力脱贫攻坚的重大责任。

新湖南客户端将精准扶贫首倡村十八洞村作为观测点，紧跟国家政策，关注村民生活发展，策划并产出了《十八洞村的19张笑脸》《苗寨“十八”变》等一系列以精准扶贫、脱贫攻坚为主题的新媒体作品。2019年，遵循习近平总书记提出的“要把防止返贫摆在重要位置”的重要论述，新湖南客户端迅速作出反应，推出《十八洞村龙金彪的Vlog | 脱贫之后》(以下简称《脱贫之后》)，从一位普通村民龙金彪的视角切入，讲述了其带领村民脱贫之后不返贫、一起致富奔小康的故事，展现了精准扶贫取得阶段性进展后，乡村振兴的全新发展图景。同时，创作团队充分考虑人物的性格特点与镜头表现力，从用户的互动性、网感化、可视化的信息获取偏好出发，采用了Vlog这一极具年轻态的短视频形式，并通过新媒体矩阵进行融合传播，让用户深入了解脱贫之后十八洞村的发展状况，引起

热烈反响。

一、践行“四力”，守正创新呈现大主题

2018年8月，习近平总书记在全国宣传思想工作会议上强调，宣传思想干部要不断掌握新知识、熟悉新领域、开拓新视野，增强本领能力，加强调整研究，不断增强脚力、眼力、脑力、笔力，努力打造一支政治过硬、本领高强、求实创新、能打胜仗的宣传思想工作队伍。①《脱贫之后》的策划与创作，体现了创作团队对“四力”要求的切实践行：以“眼力”关注精准扶贫时代背景、发掘“脱贫之后”新视角；以“脑力”勤思善谋，在主题内容上循序渐进、不断深化，在作品形式上由简入“融”；以“脚力”深入一线、持续观察，坚守新闻真实红线，获取丰富的创作素材；以“笔力”打造融媒体精品，Vlog与新闻的深度融合促进了时政新闻的年轻化传播，展现了主流媒体进行重大主题宣传报道的新思路；在新媒体语境下，创作团队以“四力”要求为遵循的策划与创作值得借鉴。

（一）锻造眼力：对接国家战略，聚焦典型事例

脱贫攻坚是一项对中华民族、对全人类都具有重大意义的伟业。党的十八大以来，中国共产党把脱贫攻坚摆在治国理政的突出位置，习近平总书记高度重视精准扶贫问题。新湖南客户端始终保持活跃的政治思维，高度关注脱贫攻坚，紧密结合湖南省的实际发展，宣传扶贫经验、讲述扶贫故事。

新湖南客户端总编辑、《脱贫之后》出品人颜斌表示，2019年是中国决战决胜脱贫攻坚的关键之年，创作团队围绕着“用什么新视角来记录关

① 举旗帜聚民心育新人兴文化展形象 更好完成新形势下宣传思想工作使命任务[N].人民日报，2018-08-23(01).

键之年”进行了反复探讨与策划，并对习近平总书记关于决战决胜脱贫攻坚的最新讲话进行了仔细研究。4月，习近平总书记在重庆考察并主持召开解决“两不愁三保障”突出问题座谈会时强调，要把防止返贫摆在重要位置，适时组织对脱贫人口开展“回头看”，对返贫人口和新发生贫困人口及时予以帮扶。这是关于脱贫攻坚工作的重要论述，创作团队经过认真研讨，最终确定从“防止返贫”的角度来进行新闻策划，向广大用户传递最新的扶贫政策精神、展示最新的脱贫攻坚战进程，不仅能够满足用户对信息的时效性需求，同时能够展现主流媒体的舆论引导力。

创作团队以过硬的“眼力”，在全面开展的脱贫攻坚战中，精准选择了湖南湘西十八洞村作为观测点进行持续关注。在精准扶贫的征程上，湖南湘西十八洞村有着特殊的意义。2013年11月3日，习近平总书记在十八洞村首次提出“精准扶贫”重要论述，2017年2月，十八洞村正式脱贫摘帽。摘帽不是脱贫攻坚的终点，而是新的起点。以十八洞村作为叙事背景，使故事讲述具有更强的典型性与代表性。《脱贫之后》的主人公龙金彪是十八洞村众多脱贫致富的村民中一位普通的年轻人，是创作团队持续关注的人物。他凭着不怕苦、有想法、肯学习的良好品质被高票推选为十八洞村农旅农民专业合作社理事长。以龙金彪为中心进行故事讲述，能够更好地反映年轻人在乡村振兴征程上的奋斗经历与精神。同时，龙金彪性格幽默风趣，对自拍有着强烈的兴趣，镜头表现力极佳，这也是创作团队将作品形式确定为Vlog的重要原因。

（二）增强脑力：深化主题内涵，创新连接样态

在脱贫攻坚的时代背景下，创作团队对十八洞村进行连续蹲点，在调查研究、创作实践的过程中不断思考，加强“脑力”锻炼，致力于循序渐进、不断深化地阐释脱贫攻坚的主题，在内容价值与表达形式上都实现了衍变与创新。

2017年，团队创作的《十八洞村的19张笑脸》在内容上展现了十八洞村成功脱贫后村民们的幸福感受；2018年，《苗寨“十八”变》着重讲述了5位村民5年中不一样的“拔穷根”故事；2019年，《脱贫之后》则深挖了5位村民中的一位典型——龙金彪，讲述了其带领村民一起探索如何脱贫后不返贫的故事。可见，在脱贫攻坚战的进程中，团队的创作主题也实现了层层深化：从初步脱贫的喜悦，到深度展现如何“拔穷根”，再到对脱贫不返贫、乡村振兴新模式的思考。三个作品由表及里、由群像到个体，让十八洞村的脱贫故事更加深刻丰富、生动立体。

而在作品样态上，《十八洞村的19张笑脸》属于初步的图文结合的新媒体作品，《苗寨“十八”变》则是深度应用了交互设计技术的、更为成熟的融媒体互动作品，而《脱贫之后》则是采用了Vlog这一创意短视频形式，以第一人称视角讲述故事，赋予了时政主题报道以年轻化、网感化的内容形态，在形式上能够适应互联网传播语境，提升视听体验感，获得连接用户的影响力。

（三）锤炼脚力：坚守新闻真实，深挖情感共振

“脚板底下出新闻”是传统主流媒体的优良传统，《脱贫之后》的创作团队坚持增强“脚力”实践，获取一线真实素材。据颜斌介绍，《脱贫之后》的主创人员已经连续4年蹲点十八洞村，持续关注众多村民脱贫致富的生活发展。每次蹲点报道，团队成员都坚持与村民同吃、同住、同劳作，带着真情、真心和村民交朋友。创作团队对龙金彪的关注同样持续多年，不仅积累了大量的原始素材，也凭着对龙金彪的熟悉与紧密联系，有信心尝试Vlog短视频这一创新形式，深挖人物对幸福的追求与自强自立的精神内涵。

根据戈夫曼的拟剧理论，人们日常生活中的行为都是预先设计并按照特定的符号呈现于人们面前的，具有很强的表演性。《脱贫之后》作为借

助Vlog形式呈现的时政新闻短视频，其主人公的表现更属于已经知晓自己展现过程的自觉性表演。如果一味利用与主人公的熟悉沟通便利，无疑会陷入摆拍的创作误区。在作品创作过程中，创作团队坚守新闻真实红线，与龙金彪同吃同住、跟踪拍摄了半个月的时间，旁观式地观察与记录龙金彪的日常状态。例如视频中有龙金彪带领村民种辣椒失败的经历，团队为了最真实地记录这一事件，在深秋连绵的雨水天气中跟着龙金彪与村民一起下地干农活，获得了丰富翔实、细节生动的画面，通过真实场景为用户提供最直观的观看体验。同时，主创人员与龙金彪及村民亲近接触，真正体会到龙金彪被村民质疑时的煎熬与坚守，体会到他们因地制宜发展各类产业取得成果时的喜悦。这份情感共振使作品更具人情味，从而进一步引起用户的情感共鸣，增强主题的传达力与作品的影响力。

（四）提升笔力：融合媒介元素，丰富话语表达

根据“霍尔模式”对传播活动中的编码与解码关系的审视，在更加开放、平等的互联网环境中，传播从单项输送转换为充满游移的协商交换。主流媒体的舆论主导地位面临挑战，为了吸引用户、增强媒体影响力，主流媒体需要从媒体思维向用户思维转变。“笔力”是新闻工作者的基本功，随着信息技术的发展以及互联网传播环境的变化，对“笔力”的锻炼已经升级为新闻工作者应从用户的信息接收偏好与习惯出发，进行话语形态的全面创新与升级。在内容上融合多种媒介元素，提高用户在同一作品上所能得到的信息量，同时为用户选择信息解码与转化提供更多可能，从而提升信息对用户的到达率。在形式上，对新媒体互动、短视频等互联网新生媒体形态进行更多尝试，以年轻群体喜闻乐见的形式传播相对严肃的时政新闻与主流价值观，提高用户对重大主题报道的接受度，从而使主流媒体实现潜移默化的舆论引导。《脱贫之后》既选择了年轻群体偏好的Vlog形式，又融合了多种媒介元素辅助叙事，取得了良好的传播效果。

二、技术赋能，叙事求变突破新体验

随着数字化、智能化等网络信息技术的深入发展，主流媒体不断尝试新的话语形态以适应互联网传播环境。《脱贫之后》已经是一个成熟的短视频专题报道，不仅尝试应用年轻用户群体偏好的新兴Vlog形式，同时进行叙事融合创新，实现主流媒体时政主题报道的求新求变，满足互联网用户对信息丰富化、娱乐化、互动化的需求。

（一）打造视觉“真实”，引发用户共鸣

法国思想家居伊·德波用“景观”解释社会形态，认为景观指涉社会所有已显现出来的可视化景象，并断言整个社会已进入一个视觉景观化的世界。[①]将Vlog形式与时政新闻相结合，能够通过个人视角记录生活影像的角度，加强新闻的“视觉真实”，从而提高用户的代入感与参与感；Vlog注重自我的表达与体验，能够以人际传播的社交化表达拉近传受双方的距离，增加严肃主题内容的亲民性；通过个人记录的多元场景自然转换，满足用户对信息量的需求，同时消解新闻的公共领域和私人情景的边界，增强用户对主题的理解与情感共鸣。

1. 第一人称视角代入，赋予新闻人格特征

“我叫龙金彪，是十八洞村村民。2016年，通过养蜂我脱了贫、建了房，还买了车。虽然目前小日子过得还可以，但我们脱贫之后怎么不返贫、把日子过得越来越好，我一直在思考，在探索。”这是《脱贫之后》的开头，以自述展开是典型的Vlog视频的表达方式。主人公龙金彪以第一人称的视角，记录、分享自己与十八洞村农旅农民专业合作社共同探索、

①〔法〕居伊·德波. 景观社会[M].王昭风,译. 南京:南京大学出版社,2006.

克服困难、实现致富的故事。第一人称视角的画面，能够使用户不由自主地跟随镜头体验现场，对所述事件产生强烈的参与感与代入感。

作品以龙金彪个人的Vlog形式形成了微观、中观与宏观视角的串联，能够达到小切口反映大背景的效果。同时，龙金彪自行记录的Vlog形式，使视频呈现诸多生动的细节。例如，龙金彪当选为十八洞村农旅农民专业合作社理事长时，对合作社的运营模式感到迷茫、对自己身上的责任感到有压力；在合作社运营初获成果时，他用方言表达自己的喜悦心情；等等。这实际上是主人公通过生活体验、情感观点等自我表达，赋予了精准扶贫这一时政新闻报道以人格化的特征，将新闻与用户之间的传受过程转化为新闻与用户的人际传播过程，减少了时政主题的压迫感与主流媒体的距离感，从而提高了新闻的亲民性。

2. 多元叙事场景转换，提升用户在场感

Vlog具有鲜明的场景化表达特征，主人公以第一人称视角进行叙事时，能够将所在场景与用户连接在一起。同时，随着视频以主人公的讲述慢慢展开，与之相对应的场景能够以人物活动轨迹为线索实现自然的转换。在《脱贫之后》中，随着龙金彪的故事讲述，视频出现了田间地头、合作社会议、农旅活动现场、村民家中等场景，不仅满足用户对信息量、画面视听感的丰富需求，也能提高用户对信息的感知程度，实现用户对于新闻叙事的在场感。例如，龙金彪在讲述合作社尝试种辣椒这一事件时，镜头跟随他来到辣椒地里，这种位于场景中的讲述形式能够加深用户对信息的理解，从而在情感上更好地产生与主人公的共鸣，增强作品的传播效果。

（二）自拍与他拍结合，探索融合生产

短视频的生产经历了用户生产内容（UGC）的勃兴、专业生产内容（PGC）的引领和专业用户生产内容（PUGC）的融合发展过程。用户生

产内容是Vlog的典型特征，《脱贫之后》的创作体现了PGC与PUGC的融合。《脱贫之后》的故事主体是主人公龙金彪的Vlog，这一部分是创作团队指导龙金彪真正进行的“自拍”。创作团队称，把镜头交给拍摄对象，虽然在某种程度上意味着要舍弃一部分拍摄技术，但事实证明，这样的“舍”，换来了更多的“得”。“舍”的是专业、精确的画面，“得”的是生动亲切、有情绪、更真实的人物形象与故事。龙金彪用镜头自拍时，如同跟用户面对面聊天，使受众格外有身临其境、身处其情之感。

将镜头交给拍摄对象进行“自拍”，可能带来画面质量参差不齐、草根风格过于突出等问题，为了兼顾“自拍”形式的新闻真实与画面审美、视听体验，创作团队从两方面进行准备：一方面，团队综合考量Vlog视频的创作规律，选择让龙金彪使用操作简单、携带轻便的GoPro专业小机器进行拍摄，提供一定的设备技术保障；另一方面，创作团队与龙金彪始终保持密切的联系，对龙金彪的拍摄进行指导与沟通，让龙金彪充满信心地充当自己短片的“主角”与“摄影师”，同时，密切的联系也能够使团队适当地指导调整主人公的拍摄，以便更好地与作品的后期制作完美接轨。

除Vlog视频主体外，《脱贫之后》还应用了无人机航拍技术进行乡村建设全貌等镜头的拍摄，以此作为空镜画面；同时视频展现十八洞村脱贫致富发展成果的具体数据，宏观画面与数据的充分融合，能够更好地表现脱贫攻坚战取得的丰硕成果，对作品主题进行升华。草根自拍画面与专业精美画面相互补充，也能够满足用户丰富多彩的信息需求，进一步提升作品的视听感。

（三）丰富可视化呈现，促进认知共通

技术赋能的样态与表现形式，其最终目的是服务内容表达以及用户连接。在《脱贫之后》中，视频融合应用了多种媒介元素：视频开头龙金彪被推选为合作社理事长，对这一实景画面进行了手绘风格的视觉渲染，同

时应用了惊讶的音效，通过画面、声音、手绘等元素综合呈现了一个具有悬念与意外感的趣味性开头，能够在最短时间吸引用户注意，留住用户继续向下观看；在龙金彪遭遇村民质疑“做不了别人的牛，就不要耽误别人的春”时，融合了方言、动画、手绘等新媒体设计元素，通过具有冲击感的画面凸显故事中的矛盾冲突。融合多种媒介元素的表达相较于单一媒介，能够在有限的时间内表达更多内容；并且影像、动画等呈现方式能够淡化受众之间的知识文化水平差异，从而拓展共通的意义空间。

创作团队表示，5G时代，视频内容会更互动、更沉浸、更清晰，从“看视频”变成“玩视频”和“体验视频”，无论是以何种技术、何种方式、何种包装，都要保持一颗做好视频的初心。好故事、好内容始终是视频的核心。

三、全能团队，全媒运行打开新格局

新湖南客户端是湖南日报社的全新融合，是湖南15家省市州党委机关报全媒体合作平台，在主流媒体的媒体融合赛道上走在前列，其在2017年、2018年、2019年连续三年以精准扶贫、脱贫攻坚为主题进行融媒体作品创作，并取得了良好的传播效果。从微观的全媒体人才培养，到中观的创作团队融合，再到宏观的一体化运作新模式，新湖南客户端在融媒体作品创作与全媒体生产机制方面的经验值得借鉴。

（一）由“笔杆子”到“全媒体记者”

在互联网传播环境中，融合化、多元化的内容样态对新闻工作者提出了新的要求，新闻工作者要从新闻报道写作能力过硬的“笔杆子”，成长为能够全面掌握影像、图片、音乐、设计、文本等各媒介元素的应用规律及其融合思路的“全媒体记者”。除了在幕后锻炼“十八般武艺”之外，网络平台的开放性，尤其是短视频平台的自由化与个性化特点，使幕后的新闻工作者也能够走到台前成为“主流网红”。例如，央视新闻推出的系列短视频《大国外交最前线》，以《新闻联播》主持人康辉的Vlog形式进行内容呈现。虽然康辉日常作为节目主持人在镜头前进行表达，但在Vlog短视频中，康辉以更加贴近普通网友而非专业新闻工作者的姿态出镜，实际上算是从专业媒体人的职业身份中跳脱出来，以普通人的身份分享日常工作，融入“主流网红”的出镜形式。而这样的新闻Vlog同《脱贫之后》一样，在增强时政新闻亲民性、增强受众代入感与理解力方面都有着突出的效果。

（二）一次采集、多元生产、多平台传播的融合创作团队

在《脱贫之后》的生产过程中，主创人员在报社党组和融媒体编委会的指挥调度下，组建了以文字记者、视频录制剪辑、新媒体设计人员等组成的融合创作团队，进行了一次采集、多次生产、多平台传播的创作模式：在前期采集、实地蹲点的过程中，除传统的拍摄工种外，新媒体设计人员也蹲守一线，以求主题内容和设计风格的统一；在取得丰富素材后，创作团队进行了融合包装与制作，为作品增添了接地气、年轻化、个性化的动画与手绘等设计元素；作品通过新湖南客户端、华声在线网站、湖南日报旗下“两微一抖”等新媒体矩阵进行融合传播，这是湖南日报社持续推进媒体深度融合、依托中央厨房构建“四全”传播体系所释放的巨大新闻生产力。

（三）“一支队伍、两个平台”的一体化运作新模式

新湖南客户端是湖南日报社全面启动媒体深度融合发展改革的成果，湖南日报与新湖南客户端融为一体，对延续多年围绕报纸生产形成的部门架构进行改革，探索出了“一支队伍、两个平台”的一体化运作新模式，

内容生产板块去中心化、改频道制，以新湖南客户端的频道类别为生产主导组织单元，湖南日报所有采访力量全部迁移到“新湖南”的这些频道上，基本形成了一次采集、多种生成、差异表达、多平台发布的全媒体运行格局。这样的运作模式更适应互联网传播环境与媒体融合的“深水区”，是传统主流媒体进行体制机制改革的成功范例。

（四）故事呈现略有遗憾，融媒生产模式仍需深耕

在《脱贫之后》的创作背后，创作团队已经对十八洞村进行了长达四年的持续观测，为了拍摄龙金彪，又与村民同吃同住了半个月进行取材，然而，创作团队表示作品的创作略有遗憾：希望挖掘和展示龙金彪在带领合作社和村民创业背后的家庭情感，以此让视频更加丰满与生动，这一目标最终没有实现。

针对一则时长6分钟左右的短视频专题报道，创作团队投入的时间与精力已经足够，也产出了丰富翔实、情感真挚的新媒体作品。在当下自媒体对传统主流媒体产生挑战的传播环境下，主流媒体由于自身对内容质量的把控要求使其处于高投入、高成本的劣势地位，这是造成《脱贫之后》创作遗憾的原因之一，也是传统主流媒体所要面临的问题与挑战。实际上，《脱贫之后》在创作过程中的做法为解决这一问题提供了启示：创作团队为追求真实的记录效果，指导了主人公龙金彪使用设备进行“自拍”，使龙金彪能够担任自己的“摄影师”，且龙金彪本身作为故事主人公，能将最朴实、最真诚的情感体现到拍摄中，从而与创作团队形成良好的沟通与互补。传统主流媒体可以凭借自己的新闻专业性优势，培养一批具有较高媒介素养的用户，将PGC与PUGC的融合从个案尝试推行到具有普适性的生产模式中。

四、结语

《脱贫之后》的成功之处在于，将“不断增强脚力、眼力、脑力、笔力”的要求切实践行到专题策划与创作过程中，承担作为党和人民喉舌的主流媒体的社会责任，聚焦脱贫攻坚的时代背景，抓住典型事例以小见大，用真心、真情讲述故事，从而引起用户的情感共鸣；在作品制作与传播的过程中，积极应用网络信息技术、尝试新兴媒体形态、融合多种媒介元素进行可视化呈现，提升用户的“悦”读感，提升新媒体作品的影响力与传播效果。《脱贫之后》的创作成果也依赖新湖南客户端在全媒体运行格局、一体化生产模式等方面的媒体融合改革。短视频与时政新闻相结合的专题报道已经成为传统主流媒体进行融媒体尝试的重要趋势，媒体需要在全媒体人才培养、创作团队组建、体制机制融合改革等方面持续深入思考，以此保证在互联网传播环境中的舆论引导地位。

作品十《老外看中国：英国小哥细数两会关键词》

作品信息

所获奖项：第28届中国新闻奖媒体融合奖项短视频新闻二等奖

主管单位：中国日报社

主创人员：柯荣谊、张霄、王儒、刘浩、苑庆攀、Greg Fountain

发布日期：2017年3月3日

发布账号（App）：China Daily中国日报网、China Daily中国日报客户端、China Daily中国日报官方微博、中国日报双语新闻微信公众号、中国日报微信公众号、China Daily微信公众号、中国日报腾讯视频、China Daily脸书、China Daily推特、China Daily Youtube

作品时长：4分20秒

作品简介

《老外看中国：英国小哥细数两会关键词》是《中国日报》短视频项目《好运中国》的延续。《好运中国》是《中国日报》新媒体中心推出的系列短视频节目之一，通过外国人的视角看中国变化，从中透视我国社会、经济、文化等宏观层面发展趋势，表达形式富有创意。2016年3月，采用当下流行的手机自拍形式制作的《好运中国：英国小哥侃两会》，迅速引爆了网络空间，随后引发全国各地媒体的报道；2017年全国两会期间，

《中国日报》再次推出《老外看中国：英国小哥细数两会关键词》短视频，英国小哥方丹再次出镜，以生动趣味的方式侃两会，通过回顾过去几十年来全国两会的热词，简洁凝练地梳理中国社会经济发展的脉络。

《老外看中国：英国小哥细数两会关键词》

作品分析

习近平总书记强调，提高国家文化软实力，要努力提高国际话语权。要加强国际传播能力建设，精心构建对外话语体系，发挥好新兴媒体作用，增强对外话语的创造力、感召力、公信力，讲好中国故事，传播好中国声音，阐释好中国特色。[①] 以《老外看中国：英国小哥细数两会关键词》为代表的《好运中国》系列节目的成功，充分体现了在对外传播中，媒体为讲好中国故事所做的努力和尝试。广泛的影响力来自适应移动互联网时代传播方式的变化，《好运中国》系列短视频在叙述方式、影像语言、品牌化传播等方面，都有可圈可点之处，可以看出主流媒体在国际传播的理念与传播方式等方面的创新发展趋势。

① 建设社会主义文化强国 着力提高国家文化软实力[N].人民日报，2014-01-01(01).

一、外国人讲中国故事：转变的视角与语态

过去，新闻媒体在对外传播中常常照搬内宣的一般做法，忽视外宣与内宣的内在差别，针对性不强，话语表述不够生动，传播方法缺乏互动性，导致有些对外传播常常是自说自话，没有说服力，传播效果自然大打折扣。美国传播学者霍夫兰的说服研究表明，权威信源对说服效果有重要影响，并呈现正相关的关系。因此，选择对受众而言可信、权威的信源非常重要。媒体对外传播讲好中国故事，要从受众角度思考，选择最贴近外国受众的切入点和讲述方式，从外国受众的角度讲述他们眼中的中国和中国故事。

《好运中国》系列节目的视频中，讲述主体是外国人。在《老外看中国：英国小哥细数两会关键词》中，“英国小哥”讲述他眼中的中国两会和中国的发展。作为外国受众的信源，他比一位中国主播更具说服力。外国受众更容易认同方丹这位传播者，更不易产生“他者”的排斥感。传播者的贴近性更容易产生令人信服的修辞力量。

除了信源的贴近增强传播效果之外，叙述视角的转变也会产生叙述方式的变化。在《老外看中国：英国小哥细数两会关键词》的视频开头，英国小哥方丹提出了自己的好奇：中国在短短的几十年里取得巨大成就的秘密是什么？对于身处其中的国人来说，因为经历着国家的迅速发展和变化，反倒不会产生“巨大成就的秘密是什么”的疑问，但是对于其他国家不熟悉中国的受众来说，他们印象里的中国和现在的中国有着翻天覆地的变化，自然会想到探寻背后的原因或者说“秘密”。回顾近些年来国外制作的关于中国的节目，例如韩国KBS、日本NHK、英国BBS等关于中国的纪录片，都有类似主题的报道。而方丹的这个疑问，抓住了很多外国人的共同心理，这种讲述方式能在思维和表达方式上贴近国外用户。

带着这个问题，探寻中国变化的社会深层原因，自然容易吸引国外用户，从而达到理想的传播效果。从这个层面讲，对外传播的选材角度一定要抓住用户的需求，真正选用海外用户想要了解的内容，找准共鸣点，才能提高传播效果。

外国人看中国还存在另外一个叙述视角的转变，就是从机构的报道转换为个体视角的观看，而这一视角恰好内化于一系列短视频制作方式中。全国两会的报道，即使对于国人来说，都属于国家政治层面的大话题，对外国人来说，更属于遥远的不在自己关注范围的事情。但是，《老外看中国：英国小哥细数两会关键词》之所以能在社交媒体引起广泛的关注，是因为这个视频通过英国小哥方丹的视角，把这个国家政治层面的大话题，变成了个人关注的小话题。循着视频开头提出的疑问，方丹选择从全国两会的“热词”中寻找答案，他发现，从1978年开始，全国两会的热词就一直与改革开放紧紧联系在一起。比如，“个体”“特区”“外资”反映出20世纪80年代中国经济发展的特征；“全球化”和“入世”则准确捕捉了90年代中国社会的变化；“中国梦”“一带一路”“精准扶贫”更是党的十八大以来中国社会发展的突出成就，透过一个个热词可以看到中国变化发展的侧影。

叙述视角的转变，带来的是叙述语态的转变，通过小故事讲述大主题也正是这一系列短视频的重要特点。由于中西文化的差异，方丹没有讲宏图伟略的“大道理”，只从寻常小事中悟出感受，杜绝了一切空话、套话。正如一些研究者提出的，利用短视频对外传播，在传播内容上，理念结合故事，让故事有“理”可依，让理念有“事”可讲，进行深度的融合才能有深层的创新和深入的发展，只有在用户感性共鸣的基础上，才能进一步引导用户进行理性思考。当话语方式转变后，大道理融入了短小的视频，而微视频则诠释了国家形象的大故事。立意的高度与贴近的表达获得统一，正是这部片子获得好评的重要原因。

从《中国日报》“好运中国”系列的尝试可以看出，利用短视频进行对外传播，在传播内容上更多注重理念与故事的结合，在传播技巧上注重陈情与说理融通，在制作理念上要以用户为中心，挖掘出中外受众需求的共振点，才能取得良好的传播效果。

二、寻求价值观共诉：从中国故事到世界故事

长期以来，我国媒体在国际传播中的传播观念相对滞后，传媒作品宣传色彩浓厚，导致传播效果不佳，甚至引起国外用户的抵触心理。“好运中国”英国小哥方丹系列“短视频”，能在社交媒体上获得用户青睐，另一个值得借鉴和思考的原因是其中的价值观的国际化。

在《老外看中国：英国小哥细数两会关键词》四分多钟的视频中，英国小哥方丹一直在讲中国的发展和变化，但是他并没有以宣教的方式表达中国取得的成就，而是把“发展”“前进”融入中国几十年的历史进程中，探寻出中国社会变化的根由——20世纪80年代以来中国社会的开放的态度。从他提的热词里，用户可以感受到每一个普通中国民众都参与到改革的发展和变化中。同时，中国的改革开放带来的社会发展繁荣，不仅是中国的成就，更是世界上其他国家和地域值得思考和借鉴的模式。从这个层面上看，英国小哥方丹关于中国的叙述，就不仅是关于中国的故事，而是关于世界故事一部分的中国故事。这不仅符合我国媒体传播的价值观，更是与整个国际社会的价值观相吻合。这样的叙述方式和内容架构，才能淡化中西方的意识形态鸿沟，来自不同文化背景的用户，才能达成意义空间的同构。

习近平总书记强调，用海外读者乐于接受的方式、易于理解的语言，讲述好中国故事，传播好中国声音，努力成为增信释疑、凝心聚力的桥梁

纽带。[1]《老外看中国：英国小哥细数两会关键词》给其他媒体的国际传播带来启发，只有从跨文化视角提炼中国故事中的共同精神价值，才能把“中国故事”转化为“世界故事”，增强国际传播的有效性。

三、短视频影像语言创新：发挥自身优势

“好运中国”系列短视频的成功，另外一个很重要的原因在于《中国日报》新媒体中心在短视频的影像表达和专业内容制作等方面做出的创新。

（一）利用影像技术表达生动趣味的内容

2016年的《好运中国：英国小哥侃两会》，方丹一镜到底的自拍形式吸引了众多用户。在《老外看中国：英国小哥细数两会关键词》中，《中国日报》又做出新的尝试，利用现代的影像技术制作生动趣味的优质内容。在形式上，这一短视频利用影视抠像技术，将方丹缩小后置于办公桌上，让方丹与办公桌上物品互动，在自己的办公桌上闪转腾挪，并利用日历、手机、电脑等物品，或者作为画中画增加画面信息，或者作为段落之间转场的手法，或者作为视频中重要信息的强化手段，四分钟多的视频，视觉丰富，叙述生动灵活。失衡的大小空间也使画面十分诙谐，成为吸引社交媒体用户的兴趣点。利用日常办公用品、办公环境，也营造出一个特殊的话语空间，紧凑的情节安排中，幽默的形式将相对晦涩的政治概念与政治论述以易于接受的方式传达出来。幽默的表达容易让用户产生对传播者的喜爱心情，并把这种喜爱转移到传播者所传播的内容上，进而接受传播者所传播的内容或观念，达到说服目的。

《老外看中国：英国小哥细数两会关键词》的趣味表达模式，不仅引

① 用海外乐于接受方式易于理解语言 努力做增信释疑凝心聚力桥梁纽带[N].人民日报，2015-05-22(01).

发其他媒体的关注，也成为它们模仿的对象，之后很多媒体也尝试使用这种抠像技术，将出镜记者和主持人微缩后置于某个场景中的手法，《中国日报》的尝试，带动了媒体对外传播报道手段的创新。

（二）OGC 的微视频内容：短小凝练

移动媒体时代的短视频生产以几何级数增长，质量良莠不齐。新媒体短视频的形式，似乎更青睐轻松的个人化特色，但是，这并不意味着传播内容的松散、无序。网络上的个体可以因为一个短视频成为爆款，但持续的影响力需要更专业化的品质制作。专业、优质的内容永远会有市场需求，而有目的的内容传播需要有计划地营造内容，这也正是媒介机构擅长的。短视频的制作，从最初的用户生产内容（UGC，User-generated Content），到专业生产内容（PGC，Professional-generated Content），直至职业生产内容（OGC，Occupationally-generated Content），实际上专业化和职业化的程度越来越高。

《老外看中国：英国小哥细数两会关键词》虽然只有4分钟的时间，但是在这4分钟的内容里，立意凝练，思考深入。中国改革开放40多年的变化，从政策的变化到经济的发展，从政府的引导到个体的参与，大的历史节点、关键事件，基本都在这几分钟里出现，这种专业的内容生产需要团队的合作。对中国改革开放的深层理解和梳理，单靠草根用户自制内容，很难达到同样的思考深度。

另外，专业的效果需要专业化的制作，影像制作新技术的尝试，需要技术团队的合作，这些不是个人化的媒体能够达到的水平。在《老外看中国：英国小哥细数两会关键词》视频里，方丹的抠像与办公桌场景的配合流畅自然，镜头的衔接也丝毫没有生硬的感受，优秀的视觉效果是集体智慧的结晶。2017年全国两会开始前几个月，《中国日报》新媒体中心就开始了这个视频的前期策划，从脚本撰写、创意呈现、技术支撑等各个方面，拟订工作方案，拍摄过程也进行了多次尝试。利用新媒体短视频形式，发挥媒体机构的专业优势，也是这个短视频成功的原因之一。

四、利用社交媒体传播：打造品牌短视频

短视频在社交媒体上的传播，实质上是借助人与人之间的关系网络，短时间内实现信息传播的几何级数增长，用户在其中既是接收者也是传播者，在用户升级为自媒体的情况下，短视频能满足新时代人们对于传播的多层次需求。同时，社交媒体平台的转发分享功能实现了短视频快速、广泛的传播，也形成了社交媒体时代短视频的去中心化传播过程。在这一过程中，每个用户都是节点，“转发分享”这一动作将不同节点连接在一起，构成了开放式、扁平化、平等性的网状传播结构。《老外看中国：英国小哥细数两会关键词》的成功，还在于利用了社交媒体的传播特征，并借助过往的视频《好运中国：英国小哥侃两会》在用户中的影响的积累，进一步形成放大效应，形成品牌短视频。

《中国日报》新媒体中心原创的移动短视频，从最初的单集制作发展为系列制作，到现在为止，已经形成了三个不同的系列，分别是“解码中国”“艾瑞克报道中国”和“好运中国”。“解码中国”是2016年底新媒体中心与《中国日报》国内部合作推出的系列移动短视频报道，是同一选题合作生产的模式，两个部门分别派出记者和编导，共同采访，同时产出文字报道、视频节目、新媒体端作品等；而“艾瑞克报道中国”则是《中国日报》美籍记者艾瑞克（Erik Nilsson）采访和报道发生在中国的新闻事件；《好运中国》则选择英国小哥格雷格·方丹（Gregory Fountain）作为主持人，从他的视角，以趣味化的方式盘点中国历史巨变，解读大政方针政策。

《好运中国》通过系列播出打造短视频品牌，这些视频在中外网友中引发了热烈反响及频繁互动。《老外看中国：英国小哥细数两会关键词》

的视频传播后，微信网友“哈勒”评论：“英国约克郡小伙找中国几十年发生巨变的原因，他从全国两会热词中去找，从一个侧面可以看出中国变化的过程与连贯性。实际上中国的变化是找到了一条正确的道路，找到了正确的中国共产党领导。”脸书上也有网友评论：“大爱这个视频！中国看起来发展成就很显著！”

品牌效应在业界也引发了关注和探讨，而且获得广泛认可。作品播发后，包括《中国记者》在内的传统专业学术期刊，以及“对外传播”“知著网”等新媒体平台行业公众号，都发表文章分析《中国日报》融合报道创新的举措。该作品也在2017年第27届中国人大新闻奖评选中获得评委会的高度认可，荣获一等奖。

五、结语

长久以来，国外受众对中国形象的认知，大多停留在传统文化的层面。而中国的发展变化，关于中国的政治、经济、文化、教育方面的新面貌，关于现代的中国，却是大多数外国人不了解的。短视频通过社交媒体的广泛传播，有助于外国人了解现代化的中国。视觉符号较文字而言属于“低语境”话语体系，视听语言的生动性和真实性有利于直观展示国家形象，便于不同文化背景的用户达成共识，《中国日报》制作的《老外看中国：英国小哥细数两会关键词》等一系列新媒体短视频的成功，顺应了世界传播社交化、视频化这一趋势，是整合国内主流媒体微传播资源，积极进行国家层面的微视频国际传播的有益尝试。从他们的经验中可以看出，在对外传播中，短视频对议题的设置要从中外用户共通的文化需求和意义空间出发；用时长短、人性化、有趣味的视听语言包装议题，才能提升中国文化在世界范围内的认知度和接纳度，扭转国际传播中的文化逆差，才能呈现正面的国家形象，讲好中国故事。

第三章

移动直播

导 言

根据第28届中国新闻奖评选办法，移动直播是与新闻性事件的发生和发展同步采集现场信号并发布，集现场报道、背景介绍与事态分析等于一体的新闻作品。移动直播要求策划周密，能够全面迅速准确地采集与传播新闻现场的重要信息，音质画面清晰（对重大突发事件的报道可适当放宽），充分体现新媒体直播特征，体现用户的参与性、同场感。同时，移动直播作品不超过180分钟。第31届中国新闻奖评选办法进一步把移动直播精简表述为，移动端首发对重大新闻事件或突发事件的新闻直播，要求与新闻性事件的发生和发展同步采集现场信息并发布，集现场报道、背景介绍与事态分析等于一体。策划周密，信息全面准确；音质画面清晰，报道重大突发事件可适当放宽；体现用户的参与性、同场感；充分体现移动端直播特征。时长不超过180分钟。其中，为了突出移动直播的突发性，避免策划性或媒介事件的直播，进一步规定“对同一新闻事件的间断性直播选取其中1个完整直播段参评。跨年直播的作品，首次播出时间和主体部分应在上一年度完成。不包括纪念会、报告会、文艺演出、工程庆典、剪彩仪式、活动开幕式直播作品”。

方法解析

移动直播是对正在发生发展的事件的报道，现场感、即时性强，从这个角度而言，它与电视直播并无二致。但移动直播报道体现了融合新闻的最大增量，即用户的同场感、参与性和交互性。在移动直播的发展中，俗称“慢直播”的直播形态逐渐丰富，其题材虽然未必是突发新闻事件，但选取的报道点也有新闻性，体现了记者的发现能力。比如，2020年新冠肺炎疫情期间，央视频自1月24日起，对火神山医院和雷神山医院建造过程的慢直播；3月13日，人民日报新媒体中心武汉东湖樱花的慢直播报道。这种直播形式体现了用户陪伴性。

发挥“移动”优势。技术赋能使直播从传统的广播级设备、卫星直播车发展为便携式、轻量化的移动设备，由此带来移动直播的灵活性，能够实现迅速转换地点，形成较大范围的位移，记者可在新闻现场的灵活移动中，提供全面而多角度的报道。相较于电视直播报道，移动直播更能发挥技术优势，应当围绕事件核心信息，依靠记者的行动进行多点报道。移动过程中把握即时信息、背景信息和伴随式互动的关系，有机平衡核心报道点与移动过程，把记者的发现、提炼、交互三者有机地结合起来，这是以移动为特点的信息收集与传播要义。

把握重点聚焦。移动新闻直播的重点在新，在用户的关切，这是移动直播聚焦的核心，在移动直播的语境下，抓住事件的核心、聚焦主题仍然是移动新闻直播的不变诉求。因此，从这方面说，记者既要有独立发现的眼光，也要有用户意识，不断给用户带来有效信息。直播动辄几个小时甚至数十个小时的长时、伴随的优势，也带来了核心信息之外的“长时”的空场和冗余的过程。移动直播相对于传统新闻的多机位与导播台会更“单调”，更趋“独眼”状态，如果记者在现场没有足够的控场、发现、逻辑串接能力，直播只会更单调。如何支撑这个“长时”，这就需要记者不断挖掘现场信息、背景信息，除此之外还要放大人格化和个性化的因素，进行人格化的交流和解读。首先，记者需“人格化”，其形象、语言、体姿体态应该与用户建立信任度、形成交流感，获得亲近感。其次，现场和场景的人格化，传统的报道强调现场报道的具体、可感、有抓手，在移动直播报道中，要进一步突出现场物件和场景的人格化因素。

强化互动交流。对于现场记者而言，可以在直播过程中适时鼓励用户在评论区留言讨论、提出问题，让用户获得存在感，激发用户参与积极性。对于直播运营而言，加强“陪伴式社交”和“群体认同”的情感陪伴和情绪纾解。

做好话题规划。相较于传统的电视直播，移动新闻直播对话题规划、互动设计、议程设置、圈层引导等提出了更高要求。在直播前特别是主题策划性直播前，预先设计话题，适当埋梗，以便直播过程中适时形成话题引领和交流互动。在直播中，巧妙地为用户规定交流语境和互动的界限，形成话题引领的主导，而不是被用户带节奏。从这个角度而言，媒体经过缜密的话题规划和直播设计，是能够充分设置议程的。

作品一《两会进行时》

作品信息

所获奖项：第28届中国新闻奖媒体融合奖项移动直播特别奖

主管单位：人民日报社

主创人员：集体（余清楚、唐维红、何晶茹、雷阳、游海滨、余尤宜、柴哲彬、刘红、姚奕、杨佳、李鉴、周雪、郑紫豪、罗旭、李娜、厉姣、赵纲、王子涵、吴婷、徐龙、张燕、单莹莹、沈肖迪、白静、谢婷、唐婕、何萌、丁璐、李佳、王嘉澍、陈博文、姚大元、郭智、郜鹏、木沙·吾斯曼、李毓涵、许博、刘青、关萌、赵晨、史新培、王宇鹏、赵铮、宁静、吕强、张弛、陈曦、肖懿木、柳静、李建月、王天乐、张志强、高媛、赵铎、夏晓伦、李彤、王斯雨、陈安阳、崔辰光、赵迪迪、朱一梵、章斐然、高子龙、邓艳刚、符武平、汪晓涛）

发布日期：2017年3月15日

发布账号（App）：人民网法人微博

作品时长：5时8分

作品简介

《两会进行时》是人民网移动直播的大胆尝试，是人民系媒体融合的一次成功探索，是报网融合的良好展示平台。2017年3月15日是2017年全国两会胜利闭幕的日子。在这一天的直播节目中，既有部长通道、人大闭幕式、总理记者会等“核心现场”的同步呈现，又有以人民日报记者“最前方”的独家点评；既有前方记者的一线报道，又有后方演播室的高端访谈，还有精心编辑的会场花絮及创意微视频，充分展现出“人民系”的“融力量”，高度契合报网融合的时代号召。同时，这种超长时间的视频直播也是一次技术大比拼。如何在直播的过程中保障信号稳定传输、如何打造可靠的网络环境，是这场直播面临的最大挑战。基于2016年人民网研发的移动直播平台这一技术储备，节目团队在极短的时间里，搭建了一站式移动直播解决方案，包括内容采集、实时转码、分发加速、网络优化等核心功能。在输出端口方面，除PC端、手机客户端外，网络电视部为《两会进行时》制作了微信小程序，通过小程序的“两会”和“推荐”两个版块，实现微信实时观看及分享。

《两会进行时》

作品分析

重大主题的时政新闻历来是主流媒体的重要报道领域，也是媒体之间展开新闻竞争的制高点。中国的时政报道从一个侧面折射出了国家发展的动向，成为世界了解中国局势动态的观察点。全国两会作为中国时政新闻的重要报道领域，在一定程度上反映了中国时政新闻流变的走向。2017年全国两会报道的重要新闻作品《两会进行时》，在传播过程中折射出的时代特征、发出的时代声音非常值得思考和研究。

一、报网融合，共建媒介传播矩阵

人民网《两会进行时》于2017年3月2日下午试播，3月3日首播，到3月15日累计直播时长达120小时，累计观看达1.38亿余人次。直播首日观看人数就逾200万人，创下中央重点新闻网站全国两会直播时长和规模的新纪录。此次人民系媒体融合的成功探索，一改往日传统媒体、新媒体各自为政的局面，高度契合了报网融合的时代号召。

（一）充分利用“中央厨房”采编系统

全国两会期间，人民网充分利用中央厨房运行机制，统筹时政报道的采编资源，通过“一次采集、多种生成、多元传播”，深入构建了报、网、端、微多平台联动的传播矩阵，真正实现了全方位报道全国两会。《两会进行时》直播报道从每天9点开始，到18点结束，将PC端、移动端和客户端全部打通，实现了所有内容实时共享，并同步为用户推送。

人民网首次在直播中开设“部长通道”，通过实时连线同步更新记者与部长的对话，增加了直播的仪式感和现场感，搭建起记者与部长之间的沟通桥梁。采集的数据通过实时传输汇聚到融媒体平台，这一创新之举极大地提高了沟通效率，成为人民网融媒报道中的亮点。前方记者实时连线，反馈部长针对时政热点的专业解读，后方记者根据内容及时调整报道侧重点。前后方配合形成联动传播，促进专业记者多角度、多层次挖掘全国两会内容，让重大主题的时政报道更加全面深入。

相对传统媒体过去的单线报道，《两会进行时》报网融合的尝试体现了移动优先在时政报道中的重要性。“遵循新闻传播规律和新兴媒体发展规律，强化互联网思维，是媒体融合发展成功的关键。必须从新媒体的传播模式、话语体系等规律中汲取养分，‘反哺’传统媒体并推动其改革创新，巩固和壮大主流媒体的话语权和影响力，这是不可回避的重大课题。”①

（二）加快优质内容的深度融合

全国两会开幕前夕，两分钟动画短剧《“剧透”2017年全国两会》成为2017年全国两会报道的第一个爆款作品。人民网利用AR技术，向网友呈现《民法总则》草案审议、脱贫攻坚等热点，多元化的技术手段引来众多关注，优质内容层出不穷。从前期的预热到全国两会期间的报道，人民网不同样态的融媒体新闻作品展现出新媒体人才源源不断的创造力。

全国两会期间，除了前线记者常规的实时报道外，《两会进行时》还邀请15位人民日报编辑记者作为评论嘉宾做客演播厅，与主持人共同对话完成直播和点评。与传统纸媒报道方式不同，记者编辑通过演播厅内的高端访谈对时政热点进行权威解读，及时传达精彩观点，深化新闻报道。从文字到视频的形态转变，是人民网视频优先、直播优先的重要体现。

为了全面、系统且生动地报道全国两会，人民网还将《两会进行时》

① 慎海雄. 遵循新闻传播规律 抢占媒体融合制高点[J].新闻与写作, 2014(11):50-53.

打造成集直播和短视频于一体的融合型新闻作品，发挥出长直播和短视频的不同优势。其中，“两会分会场”整合诸多素材，力图用短小生动的微视频方式，从会场揭秘、知识普及、精彩花絮等角度，提供稿件70余条。此外，多项栏目还融合了人民日报社30多个工作室生产的优质微视频，保证了栏目内容的多元化，聚合了中央媒体的优质人才，推进了栏目内容的及时更新。

（三）品牌直播栏目的持续创新

作为人民网的品牌直播栏目，《两会进行时》在新闻报道实践中体现了媒介融合的不断深化和与时俱进。基于2017年的成功实践，人民网在2018年全国两会融媒体报道中进行了新的突破和创新。

2018年全国两会期间，人民网联手人民日报全国党媒信息公共平台，共同推出“全国党媒报两会”，打通地方党媒传播渠道，在全国56家党媒客户端、18家党媒PC端落地，最终参与联动的媒体及渠道超过100家。在内容的制作与生产上，《两会进行时》融合了人民日报及所属报网端微的《融两会》《我是代表委员》《两会夜归人》《两会同期声》《澳洲老外侃中国》等多个全国两会栏目。

其中，以《两会同期声》栏目为代表做了内容上的创新。栏目将当天直播中的全体会议、记者会、代表通道、委员通道、部长通道等重要内容重新精编，制作成“短、频、快”的短视频作品，满足了用户快餐化、碎片化、移动化的新闻消费需求，多次被腾讯新闻客户端要闻焦点图、要闻热点精选专题、两会专题等重点栏目推荐，视频播放量超过1105万次。

从人民网的创新可以看出，《两会进行时》不仅是2017年的全国两会报道作品，还是人民网探索媒介融合之道的重点实践，持续的创新已经将全国两会重大主题报道打造成具有时代意义的品牌直播栏目。

二、深化主题，丰富多维视域

围绕全国两会进行的融媒体报道，呈现出异常活跃的媒介氛围。人民网融媒直播《两会进行时》中的多重视角，引发了用户对全国两会的广泛关注。围绕全国两会报道形成的媒体力量促成了社会行为，使关注全国两会成为一种共识，对于冲破时政报道概念化的惯性思维具有深层的意义。

（一）多维视角，深入新闻主题

从人民网的报道选题来看，《两会进行时》主要呈现出与国计民生、社会进步息息相关的社会变革；从报道结构来看，在典型的现场环境中，以记者的采访活动为主线，揭示报道选题的起点和落点；在表现手法上，运用纪实叙事的手法，以表现人物活动、事件过程为主体，捕捉现场细节、高潮画面，达到故事化的效果，丰富报道的信息量，增强报道的可视性。

随着新科技革命浪潮的迅猛冲击，新闻信息作品的内容和结构、传播终端的形态和功能、受众的心理和习惯，都在发生革命性的变化。在互联网技术迅猛发展的背景下，预知性重大会议前期报道新闻十分关键。《两会同期声》《两会热点调查》等多个特色栏目，从多角度深入挖掘、传播全国两会内容。在政策解读、舆论引领上发挥出积极作用，是人民网在全国两会融媒体报道中实现内容定制、深化主题的重要举措。

（二）技术支撑，推动全景直播

由于信号传输完全依靠移动网络，所以视频直播对网络环境有极高的要求。如何在直播的过程中保障信号稳定传输、如何打造可靠的网络环境，是全国两会直播面临的最大挑战。为此，人民网为前方记者配备了确保4G传输专业设备，保障信号的安全和质量。从前期信号的采集，到视频播放内核，人民网的技术投入在《两会进行时》中实现了全面提升。

依靠稳定的直播信号，《两会进行时》运用VR等先进技术全景展示全国两会现场，力求从技术到内容给大众传递最全面的信息、最透明的报道，最终凭借累计超120小时的直播时长，开创了新闻网站的大规模直播历史。

除了直播技术的升级外，人民网还通过精心策划的融媒体专题栏目，多样化展现两会现场。《两会进行时》成为集视频直播、H5交互内容、数据新闻、音视频、动画于一体的融媒体报道。多样态的内容、多渠道的分发最终形成新闻报道合力，迸发出强大的传播效力。

（三）全民参与，强化互动分享

《两会进行时》由人民网、腾讯网联合打造，人民网负责内容生产，腾讯网提供技术与平台支持。通过整合人民网的权威品牌、新闻生产资源优势和腾讯网的渠道、技术优势，为用户提供全视角、多层次、移动化的全国两会直播体验。人民网基于研发的移动直播平台，在极短的时间里制定了一站式移动直播解决方案，包括内容采集、实时转码、分发加速、网络优化等核心功能。在输出端口方面，除PC端、手机客户端外，网络电视部为《两会进行时》制作了微信小程序，通过小程序的“两会”和“推荐”两个版块，实现微信实时观看及分享，为融媒体直播的双向互动提供了技术保障。

以移动端为优先的多端平台，利用直播与短视频形态呈现出的生动内容，吸引了大量用户，提高了时政信息的到达率。同时，网站、手机客户端、微博微信等多个网络平台，迎合了不同用户的使用习惯，让大众更便捷地参与全国两会议题的讨论，及时发表看法和评论。数据双向传输除了确保基层声音得到及时反馈外，还可能“反哺”新闻内容，为选题报道增添新的维度，让网民在其中获得更强的参与感。同时，双向互动能够真正将全国两会带到人民生活中去，让越来越多的年轻群体关注全国两会。

可以看到，《两会进行时》的新闻传播带动了全民关注的热情，随着用户范围和信息传播范围的扩大，全民讨论、全民参与已然达成共识。

三、融媒精准发力，建构多重意义

中国新闻奖作为全国性年度优秀新闻作品最高奖项，本身具有促进新闻宣传创新，提高舆论引导水平的作用，成为展示全国新闻工作者与时代同行，与人民同步的重要平台。荣获第28届中国新闻奖特别奖项的《两会进行时》，在融媒时代发挥出优秀新闻作品和优秀新闻工作者示范价值，强化了我国整体新闻队伍建设。

（一）时政报道的时代变革

回溯人民网融媒体报道的发展，从整个传媒行业来看，得益于移动互联网技术尤其是视频直播技术的成熟。在“直播元年”2016年之后，看视频、看直播逐渐成为公众尤其是青年群体喜闻乐见的资讯获取方式。可以预见，2017年全国两会报道，视频直播领域的角逐必然会成为各路媒体的主战场。[①] 于是人民网及时调整战略，在2016年底发出“融发展，再出征”的倡议与口号，这也为2017年融媒直播报道策划指明了方向。从2017年至今，视频直播已成为全国两会报道中不可或缺的组成部分，其产生的影响是多方面的。对于人民网来说，新闻报道本身在记录事实的同时，也记录

① 唐维红，丁涛.《两会进行时》深度整合聚合融合[J].新闻战线，2018(21):44-46.

着媒体发展的历史。全国两会报道不只是一次信息的采集，更承担着记录重大时政报道变革的使命。

从过去依靠电视直播的形态到多屏直播的发展，从单一的直播内容到优质短视频的产出，人民网在全国两会报道的改革中发挥着不可替代的作用。自2017年起，《两会进行时》凭借成功的融媒体新闻实践，成为人民网旗下一档全面传播全国两会信息的品牌栏目，通过专业、权威的新闻报道，是人民网多年融合发展实践的见证者，对中国新闻传播的融合发展具有里程碑式的意义。

（二）重大国策的对外展现

全国两会的召开给予了中国人民新的期待和信心，同时也带给世界诸多新的信息和影响。由于中国的前景和发展方向同全国两会的召开密不可分，中国的国策对世界的影响也越来越大，所以全国两会凭借其独一无二的重要性，决定了全媒体新闻传播的独特性。

作为国家主流媒体，人民网在重大时政报道中始终牢记站好立场、发好声音、讲好故事，成为与时代同步的重要发声平台。2017年人民网《两会进行时》是人民网进一步贯彻习近平总书记“2·19”重要讲话精神，积极实践“用好创新引擎”、深入推进媒体融合发展的重要举措，在不断创新主旋律宣传形式的实践中发挥了引领作用，展现了中央媒体在重大主题报道中的担当。不仅展现了我国两会的开放姿态，更折射出党和国家领导人的开放态度。全国两会既是社情民意上传下达的聚焦点，也是代表委员履职尽责的大平台。关注民生，弘扬社会价值，对外传播重大国策，是我国媒体在新时代的重大使命。《两会进行时》通过系列直播报道，聚焦“一带一路”、医疗教育、外交军事等热点话题，答疑解惑，让民众真正了解到政府针对民生问题提出了哪些解决措施，也让国际社会了解新时代中国的发展进程。

（三）融媒体报道的多重意义

全国两会既是中国国计民生的“晴雨表”，也是一个时代符号的最强音。从传播学视角透析，《两会进行时》融媒直播的影响，不仅推动了新闻业的整体发展进程，也渗透到政治、社会、公众、媒介等多个层面。

第一，全国两会的直播内容为世界所关注，这在一定程度上展现了大会对外开放的姿态和透明程度；第二，直播的真实客观性符合新闻传播规律，促进了全国两会建立新闻发布会制度并走向常态化；第三，直播的形式吸引着用户的眼球，引发了公众的关注、热议、参与、互动；第四，直播全国两会所透露的新信息、新观点，构成新的新闻报道内容，往往立即引发社会的普遍关注，甚至成为全国两会的焦点；第五，直播的内容成为媒体进一步解读全国两会的切入点，开启了对大会报道的新思路；第六，直播给媒体自身带来较高的收视率，成为融媒体对大会报道的固定节目形态。

人民网《两会进行时》所产生的多重意义体现了我国新闻媒体报道的水平，推进中国新闻事业更好地为社会主义服务。同时人民系媒体在融媒发展中的精准发力，使我国主流媒体的融媒体报道成为国内外传播的重要窗口和展示平台。

作品二《“天舟一号”发射任务VR全景直播》

作品信息

所获奖项：第28届中国新闻奖媒体融合奖项移动直播一等奖

主管单位：中央电视台[①]综合频道

主创人员：吴晓斌、王晓萌、吴双、孟夏兰、马桦、陈涛

发布日期：2017年4月20日

发布账号（App）：央视影音、腾讯视频

作品时长：30分钟

作品简介

“天舟一号”是我国首个货运飞船，此次发射任务是我国空间实验室任务的收官之战，因此引起社会广泛关注。“天舟一号”计划于2017年4月20日19时41分，在海南文昌航天发射场由长征七号遥二运载火箭发射，中央电视台新闻频道、中文国际频道及五个外语频道进行了同步的现场直播。同时，央视网、央视新闻移动网等平台也进行了全程的新媒体信息发布。除传统的演播室播报、采访、动画演示外，本次报道中，最具吸引力的是央视网对“天舟一号”发射任务进行的VR全景直播。此次VR直播通

① 2018年3月，根据《深化党和国家机构改革方案》，整合中央电视台（中国国际电视台）、中央人民广播电台、中国国际广播电台，组建中央广播电视总台，作为国务院直属事业单位，归口中央宣传部领导。

过新型数字技术，更新了重大新闻事件的直播采集、实时生产、传播与接收的方式，用户也获得了前所未有的观看视角、视听感受等沉浸式体验。

《“天舟一号”发射任务VR全景直播》

作品分析

一、VR新闻的政策背景及国内应用实践

近年来，随着数字视听生产、传播、终端及设备等技术的高速发展与普及，我国传统媒体也加快了推进媒体融合、内容与传播思维观念创新的步伐。2016年，国家广电总局发布《关于进一步加快广播电视媒体与新兴媒体融合发展的意见》，其中指出要“积极利用互动、虚拟现实（VR）等新技术创新节目形态，激发用户参与节目创作热情，增强节目吸引力”，这为VR在节目生产中的具体应用及其合法性提供了基础的政策支持。

全球第一个正式将VR应用于新闻生产的传统媒体机构是美国广播公司（American Broadcasting Corporation，ABC），它于2015年9月推出了一期使用VR技术制作的新闻。同时期，人民日报首次使用全景视频，展现纪念抗战胜利70周年大阅兵现场效果，2016年央视网利用10个高清全景摄像头，通过后台画面拼合技术实现了VR新闻直播。早期的VR内容生产均

处于探索与试验阶段，经过实际的生产与传播实践，我国媒体在VR内容生产流程、技术与设备配置、参数调试、拍摄与合成、传播与交互等方面积累了诸多经验，也不断突破了许多技术与现实瓶颈，使VR直播变得具有可操作性①。

虚拟现实是建立在计算机模拟和沉浸式多媒体技术基础之上的新型科技，其主要特点在于对现实的高度仿真、用户使用时的深度沉浸，以及突破二维平面的三维时空视觉体验与界面交互。理想的VR技术可以对情境进行全方位的“重现”乃至“创造”。EVR新闻是VR技术在新闻生产与传播中的实际应用，使新闻的呈现突破传统的视野范围和感官体验，并增强参与感和深度的情感体验，使用户对新闻现场产生一种身临其境的“真实”感受。由此可见，VR新闻不仅是对原始新闻素材加以采集和呈现的方法，更是一种新的新闻叙事模式。从全球VR在新闻中的具体应用来看，战争与科技等普通用户无法接近的新闻现场是VR新闻的常设场景和题材，这也体现了VR技术在新闻报道中的独特优势，本次“天舟一号”发射任务的VR全景直播即属于科技题材，当然其中也融合了时政、爱国主义、航天梦、中国梦等现实的主题观照和情感连接。

有学者将VR新闻实践的应用形式概括为图片式场景展现、视频展演式深度报道、现场式直播报道三种类型。②此次“天舟一号”发射任务VR全景直播属于“现场式直播报道”这一类别，主要采用VR全景视频技术将几个摄像头从不同角度拍摄的画面在后期进行拼合，最终呈现出一个360度全方位的“天舟一号”发射现场。区别于VR视频影片，通过VR进行全景直播的主要流程有全景采集、视频拼接、传输、导播切换处理、分发推送、终端收看，其关键技术点在于对现场信息的实时采集、画面的实

① 常江. 虚拟现实新闻：范式革命与观念困境[J].中国出版，2016(10):8-11.

② 李川，牛洋洋. VR技术在新闻实践中的应用路径与现实困境[J].中国广播电视学刊，2017(11):54-56.

时拼合以及实时传播。这种“实时”的特性，也要求来自不同摄像头的画面，在拼合过程中保持色彩、亮度、白平衡等画面参数一致，另外，VR信息的实时传输也需要足够的传输速率的支撑，这对采集设备、拼合技术、网络带宽提出了现实挑战。①

二、“天舟一号”发射任务 VR 直播的创新分析

表3-1对“天舟一号”发射任务VR直播的基本信息做了整理汇总，官方确定的发射时间为19时41分，VR直播时间为19:15—19:45，持续30分钟，给用户预留的时间比较充裕，便于用户通过VR捕获、阅读和理解信息。在具体看点上主要有两方面：第一是由“天舟一号”和长征七号运载火箭组成的空间站货物运输系统首次亮相；第二是以当前规定的最近距离观看火箭发射。在本次具体的VR新闻直播过程中，实现的重要创新突破如下。

表 3-1 “天舟一号”发射任务 VR 直播的基本信息

直播日期	2017 年 4 月 20 日 19:15—19:45
平台	央视影音、腾讯视频
直播内容	“天舟一号”发射任务
基本看点	·“天舟一号”货运飞船和长征七号运载火箭组成的空间站货物运输系统首次实用性亮相 ·近距离观看发射火箭点火及升空的瞬间
创新点	·开创国内航天科技领域 VR 直播的先河 ·首次最近距离（小于 100 米）全程直播火箭发射 ·首次在 VR 直播中引入专业讲解员

① 王宏达. VR新闻发展趋势浅析[J]. 中国传媒科技, 2017(9):101-102.

（一）通过 VR 进行火箭发射的近距离直播

本次VR全景直播的两个创举：一是开创国内航天科技领域VR直播的先河，二是对火箭发射进行近距离直播。“天舟一号”发射特别节目的直播中，央视前方记者金佳博也详细地介绍了现场情况：在发射前5分钟，第三批场内人员已经撤离，在3公里范围内保持无人员状态。而VR直播中最近的一组摄影设备距离实际发射地点不足100米，这是以往的电视直播中前所未有的观看距离和视角。因此，通过VR技术，观众获得最近距离观看火箭发射瞬间的全新视听觉体验。

在整个30分钟的VR直播过程中，用户通过转动身体，实现了对现场360度的全景观察，仿佛置身于火箭发射现场，拥有了以“第一人称”为主的观看视角，使新闻的接收更具选择性与灵活度。

此外，除上文提到的因“实时”特性对VR技术的应用提出挑战外，本次的近距离直播，也对设备的稳定性、突发状况的备选方案、设备的保护、画面呈现效果、设备操纵等环节提出了技术性挑战，从最终呈现效果看，制作团队完美地实现了技术突破，首次成功地完成近距离火箭发射VR直播探索。

（二）视听奇观的直播与沉浸式的视听体验

如果将本次“天舟一号”发射任务描述为一种人造景观，那么它带来的感官冲击不亚于任何自然景观，通过VR直播的全景展现，形成影像化的“视听奇观”。这种奇观的观赏与体验，也是此次进行VR直播的根本动力和现实价值。以2016年长征七号火箭首飞的数据为例，“发射平台在20秒内喷出400吨水降温和降噪。火箭点火时，尾焰直冲发射平台，让其瞬间接近3000摄氏度，大量的水会气化，并高速喷出”，足见这种奇观所带来的视听震撼。火箭发射的巨响，“天舟一号”升空的轰鸣，迎面飞来的沙石，蒸汽般滚滚而来的气流，以及耀眼的火焰，形成了“奇观化的视觉效果”。

沉浸式体验方面，用户通过与媒介发生的交互实现了对信息内容流动的控制，其参与的维度从心理层面扩展到身体行动层面，不自觉地产生认知参与和情感反应。丰富的全景式环境信息、灵活自如的观看视角挪移，表面是用户与手机间的人机交互，更深层次的是用户与发射现场的环境、在场信息的深度交互，更是一次天舟一号发射现场全息式的信息探寻、使用与满足的过程。VR直播打开了全新的新闻“阅读”方式，为用户带来感觉、视觉的全新体验和延伸。用户可根据技术配备情况，摇动手机屏幕来观看全方位信息，也可以使用VR眼镜进行更深度的沉浸式观看体验。内部与外部、场内与场外的信息交融，用户在评论区称之为“美丽的震撼”。

图 3-1　“天舟一号”发射任务 VR 全景直播画面

（三）使用专业解说，弥补用户信息不足

作为科技题材，仅有沉浸式的体验还远远不够，更重要的是知识的传播、情感的交流，以及意义的获得。货运飞船、火箭发射均属于高精尖领域，普通用户在相关的知识构成方面必然存在不足和欠缺。此次VR直播区别于以往实践案例的另一个亮点就是设置专业解说。

相比VR现场全景的一种宏大叙事，解说的话题设置更多地体现了“小切口、小视角”，对场景的宏大叙事做到了细致和有效的补充，通过对解说内容的文本分析（表3-2），可以发现其主要话题有：火箭主体构成，发射场的基本情况与名称命名由来，本次发射任务的难点和创新点，解说者的过往经验与现场感受，以及相关现象的科普（如火箭底部周边的云雾现象、火箭的燃料等）。相关知识的介绍循序渐进、由浅入深，使本次VR直播不仅是一次视听觉的全新体验，更是一次知识的补充与更新。

表 3-2 “天舟一号”发射任务 VR 直播解说词文本分析

“天舟一号”以及长征七号运载火箭整体介绍
↓
火箭周围四个建筑体的功能（照明、避雷）介绍，并结合海南地理、气候特征阐述避雷塔搭建过程中遇到的难题及解决办法
↓
文昌航天发射场基本情况介绍以及与其他发射场的优势比较（纬度优势、运输优势、安全优势）并提及世界相关类型的航天发射场
↓
“天舟一号”发射任务基本情况（创新点：零窗口发射、任务难度、任务目标）
↓
文昌发射场的命名及名称上与其他发射中心的区别
↓
解说者个人体验（长征五号、长征七号运载火箭首飞的历史情况回顾以及个人感受的比对）
↓
科普（火箭底部周边的云雾现象以及火箭燃料）
↓
火箭点火发射的时刻（视听体验的高峰时刻）

三、“天舟一号”发射任务 VR 直播的意义与启示

从本次VR直播的特殊性来看，首先是向观众提供了前所未有的奇观化体验，近距离观看火箭点火及发射的瞬间，为用户提供了新视角，甚至是新参与方式的技术接口；其次是360度的全景画面打破了传统视界的取景边框，使新闻信息的传递更加真实客观，更多的在场信息可以被用户自主地发掘、感知和理解；最后是沉浸式的直播体验，使新闻内容立体可感，配合专业解说，增强了VR新闻传播中的互动性和知识性，成为传统电视报道的有力补充，其效应在于扩大新闻作品叙事的能量和受众对信息加以感知的效度。①

当然，本次“天舟一号”发射任务的VR直播也有一定的局限性和不足。在叙事模式方面，托多罗夫将叙事中的“时空序列”划分为“连接式”“嵌入式”“交替式”三种，“天舟一号”的VR直播属于典型的连接式叙事。连接式叙事具有线性结构特点，从而保证了信息客观、自然地呈现出来。但本次直播持续30分钟，在用户长时间佩戴观看设备，或者沉浸于毫无变化的新闻场景中时，这种连接式的叙事给予用户视听上的刺激较少，仍然存在用户感官与心理不适，极易产生情绪上的烦闷与无聊，甚至是直接选择退场。此时，“嵌入式”层层嵌套的方式更容易引发叙事的多元线索和趣味性，在用户接受的心理感知和内容消费的动机上会呈现一种悬念感和期待感。“交替式”的叙事模式虽然有所差别，但在体验上亦是如此。这两种叙事的时空序列技巧，可以在今后的VR新闻直播中进一步开展尝试。

习近平总书记针对新技术在新闻生产中的运用强调,从全球范围看，

① 常江，杨奇光. 重构叙事？虚拟现实技术对传统新闻生产的影响[J].新闻记者，2016(9):29-38.

媒体智能化进入快速发展阶段。我们要增强紧迫感和使命感，推动关键核心技术自主创新不断实现突破，探索将人工智能运用在新闻采集、生产、分发、接收、反馈中，用主流价值导向驾驭“算法”，全面提高舆论引导能力。习近平总书记还指出，在信息生产领域，也要进行供给侧结构性改革，通过理念、内容、形式、方法、手段等创新，使正面宣传质量和水平有一个明显提高。[①]此次“天舟一号”发射任务的VR直播正是主流媒体运用新技术，在新闻直播的理念、内容、形式等方面进行的创新与突破，也是探索更高质量的正面宣传的技术尝试。国家加速推进媒体融合纵深发展的时代大环境中，VR新闻的探索与尝试拥有更加广阔的发展空间，也有潜力成为未来新型主流媒体结构中重要的技术配置和内容模块。

① 习近平. 加快推动媒体融合发展 构建全媒体传播格局[J].求是，2019(6).

作品三《直击7·5泰国普吉游船倾覆事故现场 救援仍在进行》

作品信息

所获奖项：第29届中国新闻奖媒体融合奖项移动直播一等奖

主管单位：浙江日报报业集团

主创人员：周莎莎、周旭辉、彭鹏、翁杰、钱璐斌、徐文迪、柳蓬

编　　辑：张敏娴

发布日期及时间：2018年7月7日18时45分

发布账号（App）：浙江新闻客户端

作品时长：2小时23分57秒

作品简介

北京时间7月5日18时45分许，两艘载有中国游客的游船在泰国普吉岛附近海域突遇特大暴风雨，发生倾覆事故，落水游客中有37人来自浙江海宁，其中18人失踪。记者得知该情况后，立即组成突发事件报道小组飞往泰国普吉岛，第一时间赶赴现场发起移动直播，连续发布了《直击普吉游船倾覆事故现场 救援仍在进行》《普吉游船倾覆事故｜泰国总理巴育慰问遇难者家属》2场滚动直播及《浙视频独家跟拍泰国总理巴育慰问遇难者家属》等10余条视频、图片新闻报道。直播同时被人民日报、中央广播电视总台等20余家媒体转载，全网直播观看量超过3000万次，评论数千条，

在国际媒体的报道中体现浙江媒体的担当。浙江日报报业集团成为国内媒体中对这一重大突发事件报道最及时、最全面、最高效的一家媒体，并以报道中蕴含的人文关怀和温暖，获得了广大读者和网友的点赞好评。

《直击普吉游船倾覆事故现场 救援仍在进行》

作品分析

2018年7月5日，两艘载有中国游客的游船——凤凰号和艾莎公主号在泰国普吉岛海域附近突遇特大暴风雨，发生倾覆事故，事发船只上有127名中国游客，其中37名是浙江省海宁市海派家具有限公司员工及其家属，另5人为阿里巴巴集团员工及其家属。此次突发灾难事件关涉公众生命安全，公众对相关信息的需求紧急迫切，又因事故发生在海外，物理距离间隔增加了公众获取相关信息的难度；两者之间的矛盾使信息传播较为复杂，存在影响社会稳定的隐患。正是在这样的情形下，浙江日报报业集团（下文简称浙报集团）作为地方党媒，担起社会守望责任，第一时间派出记者赶赴泰国普吉岛，发起移动直播，结合图文、短视频形式，对该事故进行全方位报道，借助自有平台与全网分发体系的传播渠道，保障公众知情权。该报道及时满足公众对现场信息的需求，积极回应了社会关切，服务于本乡本土。

一、利用移动直播优势，多样化满足公众信息需求

移动互联网时代，新闻呈现方式日趋多元。移动新闻直播在继承电视直播新闻性、实时性、现场感特点的基础上，呈现全新的传播语态和样态，已成为大众获取新闻的重要途径之一。浙报集团在普吉岛游船倾覆事故发生后，第一时间赶赴现场，结合突发事件特点，果断发起移动新闻直播，形成全方位报道。直播报道聚焦浙江籍游客的相关情况，记者在直播过程中与网友实时互动，增强过程感，及时回应，积极引导舆论；此外，直播团队采用“移动新闻直播+”形式，配合推出短视频及图文直播，以多种形式呈现给用户。

（一）第一时间抵达现场，第一时间回应关切

事故灾难发生后，如果关键信息缺位，谣言极易产生并扩散。在新媒体语境下，记者第一时间抵达现场传达切实、鲜活的信息，是破除谣言、维护社会稳定的有力武器。在此次游船倾覆事故发生后，浙报集团记者尽最大可能在第一时间抵达普吉岛。7月6日下午，浙江日报全媒体视频影像部直播室的周莎莎、周旭辉、彭鹏三位记者向领导请命赴泰国采访报道，分管领导高度重视，向集团社长和总编辑报告后很快得到批复。因当天没有航班，三位直播室记者同负责文字采写内容的经济新闻部记者翁杰乘坐7月7日一早的飞机，从杭州直飞普吉府。作为较早一批到达普吉岛的中国媒体，报道团队及时向国内发回现场报道。

移动互联网时代，移动新闻直播摆脱了传统电视直播需要信号铺设等繁杂的前期准备和巨大的人力、物力投入等劣势，“手机+4G”就能实现移动直播新闻的报道及收看。因此，媒体可以在第一时间提供现场信息，做突发事件的“第一定义者”，占领舆论高地。游船倾覆事故发生后，

国内关于该事件的消息繁杂，缺少主流媒体的权威发布与精确信息。正如“浙视频”直播记者周莎莎所言，党报媒体理应回应社会关切，对网络热点新闻及时权威发声。赶赴现场的四位记者分别承担出镜记者、直播摄像、视频记者、摄影记者、文字记者等角色，后方一名直播编辑、一位视频记者和两位导播协同配合开展移动直播、短视频、图文直播等报道。团队紧密合作，第一时间发起移动直播，将未经剪辑的现场素材及时、客观地呈现给公众。该直播一方面满足了公众对事故成因、中泰双方现场救援情况、责任追究等多方面信息的需求，有效掌握舆论主导权；另一方面在复杂的舆论环境中起到正本清源的作用，及时安抚国内公众的情绪。

（二）报道全面而聚焦，满足社会多元需求

突发事件新闻现场不可知要素较多，难以预料，新闻点稍纵即逝。这就要求记者根据现场即时情况，迅速反应，把握机会，及时采访。另外，在移动互联网时代，用户生产和传播信息的能力大大增强。在此背景下，新闻媒体一方面要提高对信息的整合能力，在纷繁复杂的信息中梳理出与事件相关的各方面信息，尽可能呈现事件全貌；另一方面仍需注意全面而不失焦，即针对公众的特色化需求，聚焦事件中的典型人物，挖掘故事中的珍贵细节，增强报道的公信力与感染力。

第一，具有轻量化优势的移动直播，能够迅速转换地点，记者可在新闻现场的位移中，提供全面的报道。直播团队充分利用移动直播这一优势，在一场直播中转换三次核心报道点——救援总指挥码头（查龙码头）、瓦其拉医院和普吉诺佛基特拉酒店。出镜记者周莎莎分别从灾难事故本身、受害者救治情况和事故引发的政府及社会行为等多个方面形成全方位报道。在救援总指挥码头，记者主要关注灾难事故本身，并对受害者的救援情况、后续救援安排等重要第一手信息进行报道，同时补充报道事故当天天气状况、凤凰号和艾莎公主号两艘游船的设计差异等背景信息。在瓦

其拉医院——事故受害者接受救治的定点医院，记者重点关注受害者及其家属，报道受害者的救治情况、保险理赔情况及遇难者家属到达医院后的相关安排，回应舆论中出现的中国游客购买普吉岛当地低价团，无法获得保险理赔等公众关心的问题，有效疏解国内公众的焦虑情绪。在普吉诺佛基特拉酒店，采访在此下榻的浙江省海宁市旅游局、中国救援队、浙江医院心理医生等中方人员，全方面报道我国政府应对措施，有利于平复国内公众的恐慌情绪，维护政府权威。三个地点的位移，从不同角度满足国内公众对该事件相关信息的全方位需求，解疑释惑。

第二，及时跟进采访，聚焦浙江游客。在此次移动直播中，记者聚焦浙江籍游客的密切关联信息，挖掘重大事件中的核心人物、重要细节，将满足浙江公众对相关信息的需求放在首位。记者周莎莎在救援总指挥中心楼下连线在军舰上的记者时，二楼泰方官员召开记者发布会，记者应对灵活，迅速切换直播内容，对发布会现场进行直播，并根据当时天色较暗的现实情况，向泰方官员提问晚间救援力量是否会减弱，有针对性地提问浙江籍游客家属的安置情况。此外，整场采访中，记者先后在多个场景对多个志愿者、浙江籍遇难者家属、浙江省海宁市旅游局官员、浙江医院心理医生等进行采访，共计八次，极大地提高了此次直播的针对性与信息量。

（三）强化实时互动，获得信息增量

变受众为用户，强化主动性。交互是移动直播的重要特点，移动直播新闻报道应注重与用户之间的互动，解答用户提问，同时通过用户提供的内容增强信息密度，这和传统的电视直播有着重大区别。有学者将传统电视直播报道比作抽屉式直播报道模式，主持人作为该报道模式的核心频繁与各个信源进行对话，就好比是拉抽屉。[①]在此类报道模式中，传统的“受

① 关德兵. 灾难事件的抽屉式直播报道模式——以四川汶川大地震的直播报道为例[J].国际新闻界, 2008(5):5-8.

众”相对较为被动，处于失声状态，主持人只能通过假想“受众”需求对各个信源进行提问采访。而在移动新闻直播中，“受众”已变为“用户”，用户可以通过弹幕留言与记者保持实时互动，大大增强主动性，记者可以迅速反馈并及时调整直播内容，向用户提供其真正所需信息，增强在场感。此外，移动新闻直播互动的快反馈、直接交流，打破了时空的限制，带来用户对话题内容的无限衍生，用户之间的屏内交互与直播画面一起成为同一场域的直播内容。

实时问答，记者答疑解惑。此次直播过程中，直播记者团队与网友实时互动，及时且有针对性地解答用户困惑。例如在直播海上搜救画面时，网友提问游船倾覆的原因，记者及时介绍事故当天海上天气状况欠佳、两艘游船设计差异导致不同的事故后果。在记者跟随泰国志愿者准备前往瓦其拉医院时，泰方志愿者流畅的中文引起观看直播的网友注意，并留言表示“志愿者的中文非常好，是在哪里学的”。记者随即向志愿者提问，对高度紧张、严肃的新闻直播起到一定的调节作用，缓解了观众极度紧绷的神经。

互动衍生内容，增强信息密度与用户黏性。此次直播过程中，用户与记者、用户与用户之间的互动，衍生出诸多第一手信息，在出镜记者周莎莎无提前策划采访的情况下，极大程度地丰富了直播内容，同时强化了参与感，提高了用户参与直播的积极性，增强了用户黏性。例如，在直播过程中，一位事故幸存者分享亲身经历：事故发生后，该幸存者被困在船舱，本来已经放弃了挣扎，但巨大的海浪将自己卷出船舱，努力向岸边游去无果，他通过喝海水维持体力，在海上漂浮了一夜，次日10点多才获救。后续有用户回应幸存者的故事，告诉大家在游船上一定要穿好救生衣，千万不要喝海水，因为海水含盐量大，体力消耗会更大，不利于保存体力等待救援。

（四）适时保持缄默，凸显人文关怀

随着媒体竞争的加剧，为了吸引受众注意力，争夺用户市场，一些媒体在突发事件报道中抛弃人文关怀精神，泯灭良心与公正，导致突发事件中的暴力、血腥、煽情、低俗、娱乐等媚俗化倾向。[①]这不仅有损媒体形象，更有可能使事故受害者遭受二次伤害。因此，尊重他人隐私，适时保持缄默，选择合适的角度与方式进行报道，凸显人文关怀是每个媒体的必修课。

在整个直播过程中，浙报集团记者注重保护此次事故受害者及其家属的隐私，严守新闻伦理道德。比如，直播团队率先赶往普吉瓦其拉医院，众多受害者家属在此等候，若记者上前对家属进行采访，或会获得许多极具感染力、传播性的画面。但记者团队并未如此，而是首先询问医院的具体规定。在得知需照顾家属情绪，不能进行拍摄后，摄像记者迅速将镜头转向室外，出镜记者首先向观众说明缘由，随即调整直播内容——介绍保险理赔情况，尝试联系在飞机上遇到的家属进行单独采访，对志愿活动发起人之一张磊先生进行采访，了解志愿者工作的内容等。

（五）加强协同合作，多样态作品满足需求

媒体间通力协作，提供现场第一手信息。在此次直播中，浙报集团浙视频直播室记者与集团下属钱江晚报记者通力合作，把向公众提供事故信息的任务置于首要位置。浙视频记者在开启直播时，钱江晚报记者已登上泰方军舰，目击海上救援情况。为第一时间将相关信息提供给公众，浙视频记者积极与钱江晚报记者进行视频连线，后方导播切换钱江晚报记者在泰方军舰上拍摄的画面，两位记者配合解说目前搜救情况，增加细节描

---

① 李晓红. 转型期突发事件中媒体伦理道德的得失[J].新闻爱好者(理论版), 2008(11):23-24.

述，大大增强了现场感，此举极大程度上保障了公众的知情权。

团队前后方协作，以多样态作品满足公众需求。移动新闻直播注重过程、时间相对较长，其弊端是节奏松散，若采用间断性直播的方式，在确认无关键信息呈现时关闭直播，将有利于优化直播效果，增强用户黏性。同时，“直播+”形式，即将数小时的直播拆分成多条信息量较为密集的短视频，并配合图片、文字直播的方式，能够满足用户多样化需求，达到更优的传播效果。在《直击7·5泰国普吉游船倾覆事故现场 救援仍在进行》直播过程中，浙视频记者采用间断性直播，在救援指挥中心、瓦其拉医院和中方人员下榻酒店三地之间移动时，出镜记者向用户说明路程需花费时间，简要介绍下一个地点所涉及的主要新闻点后，关闭直播。后方导播紧密配合，回放之前直播过程中的关键画面，尽量抓住用户注意力，并提示用户及时参与下一阶段直播。例如在赶赴瓦其拉医院时，记者简要介绍瓦其拉医院的基本信息，说明其为普吉最好的公立医院，此次事故的大部分游客在该医院接受救治，家属也在医院陪护，因此，记者或会采访遭遇事故的游客及其家属。随后记者关闭直播，后方团队回放此前《钱江晚报》记者提供的海上搜救画面、泰方发布会现场画面等之前直播过程中的关键信息；与此同时，后方视频记者及时拆分直播内容，推出17条信息点较为密集的短视频；直播编辑发布19组图片报道及26篇文字报道。丰富的作品形式有利于满足公众在不同场景下对事故相关信息的需求。

二、融合转型聚焦成长型业态，一核心多平台助力全方位到达

自媒体融合奖项设立以来，浙报集团在短视频和移动直播领域屡有奖项斩获，充分反映了浙报集团的融合转型思路与特色。移动互联网时代，直观、可视、便捷的视频成为人们获取新闻资讯的重要途径之一。以纸媒为代表的传统媒体借助技术打造特色作品，主动适应移动传播的叙事形态

变化，注重新闻的视觉化呈现，生产具有媒体机构典型风格、富含本地新闻资源的融媒体内容；同时注重拓宽传播渠道、增强用户对媒体的黏性。

（一）转型目标明确，着力提升突发事件直播能力

深挖本地新闻富矿，明确“新闻视频化”核心战略。第一，浙报集团于2015年以“融入基层、宣传基层、服务基层”为指导思想，启动分社体制改革。通过建立杭州、宁波、舟山、金华等11个地方分社，以“本土化新闻、本地化服务”为目标，扎根基层，锻炼新闻工作者的“脚力”，着力提升浙报集团在基层的内容生产能力、服务能力与影响力。第二，浙报集团着力推进“新闻视频化”，打造“浙视频”品牌。2016年底，浙报集团启动纸媒、PC、移动三端融合，明确“新闻视频化”核心战略，将浙江在线与原浙江日报图片中心合并成立全媒体视频影像部，打造“浙视频”品牌，主营短视频、移动直播、精品策划等。“浙视频”部门内部通过建立采访、直播和编辑三个科室，明确责任分工，提高生产效率。第三，注重推动全媒体记者转型，硬件技术保障视频生产能力充分释放。报社在2017年初给百位记者配备了4G记者包，使浙江日报文字部门的记者和11个地市的分社记者都转型为全媒体记者，具备拍视频、发起直播的能力。同时，记者可通过浙报集团采购的趣看导播台系统，前方TVU信号回传，后方接收；也可使用集团自行开发的媒立方媒资系统，通过手机App直接推流到浙江新闻客户端。

建立突发新闻应急机制，着力提升突发事件直播能力。一方面，“浙视频”直播室内部分工明确，突发新闻应急机制已建立，保障突发事故发生后团队能在第一时间发起移动直播。直播室内设出镜记者、摄像、直播编辑和导播四个工种，负责移动直播的生产与分发。日常直播通常由四人完成，前方一位出镜记者，一位直播摄像，后方一位导播负责直播技术和推流，一位编辑负责分发和图文滚动直播。突发事件的直播原则是先报

备，再由距离事发点最近的记者先行发起直播，其他记者随后增援。前文提到的4G记者包与两路直播信号回传系统，就是报社内推动全媒体记者转型的装备，给其迅速发起移动直播提供了可能。另一方面，“浙视频”内部三科室联动，“一鱼多吃”常态化。“浙视频”记者每周日上报下一周选题，值班领导根据选题内容判断是否要打通科室，协作生产内容。对于重大主题报道和突发事件，经常需要三个科室联动合作，生成不同样态的新闻作品进行传播，即采访室在前方快速发稿，直播室做连续性实时直播，编辑室根据前方记者提供的视频素材结合动画制作成精品专题片。因此，面对泰国普吉岛游船突发倾覆事故，“浙视频”团队的机制保障使记者在第一时间到达新闻现场，联动《钱江晚报》记者，提供优质、鲜活的救援现场移动直播，同时生产图文、短视频等多样态内容。

（二）传播渠道多元，构建自主核心平台与全网分发体系

新媒体时代推动了内容消费的平台化，平台是内容到达用户的多元路径、复合生态，用户被聚集到平台上，用户与用户也在平台上连接。由此可见，传统媒体在融合转型过程中，要注重拓宽传播渠道，既重视自身平台建设，也主动加强与其他聚合类信息平台的合作，即处理好“造船出海”和“借船出海”的关系，提高自有优质内容的到达率；同时依据平台特性与对应用户收视习惯量身定做，精准传播。

浙报集团在推动自身融合转型过程中，以“一核心多平台”为传播渠道，着重构建自主核心平台与全网分发体系。第一，维护浙报集团原有平台，上线“浙江新闻”客户端作为其内容传播的核心。一方面，通过在客户端上线“浙本地”栏目，充分发挥11个地市分社的特色内容生产优势，聚焦各市、县新闻，做到依据本地公众量身定做，精准传播，优化用户体验，凝聚本土用户；另一方面，在客户端“广场栏目”展示用户生产内容，激发用户参与，增强用户黏性。第二，“浙视频”借助今日头条、抖

音等多个平台，依据平台特性进行差异化、个性化内容分发。例如，在今日头条、斗鱼、抖音和快手等平台上发布内容时，团队会采用更网络化的标题和简介，与相对较为严肃的客户端有所区别。

此次《直击7·5泰国普吉游船倾覆事故现场 救援仍在进行》直播，“浙视频”团队依据各平台特性和用户视听习惯，将直播内容进行差异化分发。例如在微博平台上，“浙视频”针对泰国普吉岛游船倾覆事故发布简短文字介绍配合关键画面短视频，同时添加使用“泰国普吉岛”“普吉岛凤凰号沉船打捞出水”“普吉沉船事故致47名中国游客遇难”等标签，扩大内容到达率。

三、结语

在移动互联网时代，信息的传输速度以“秒”为单位，与此同时，用户的生产与传播能力被大大释放。在此背景下，突发公共事件发生后，地方党媒若不及时跟进报道，将会大大折损媒体甚至是政府的公信力，不利于社会的长治久安。因此，地方党媒应积极推动媒体融合改革，明确发展目标与自身定位，全媒体内容生产与传播能力两手都要抓、两手都要强。在日常新闻报道中，注意深入挖掘地方新闻富矿，增强服务意识，提高媒体在地方的影响力，积累公信力；同时，要建立起突发事件应急机制，在面对突发公共事件时，及时有效行动。第一，反应要快，即第一时间赶赴新闻现场，第一时间发起移动新闻直播，并充分利用其轻量化、现场感、互动性等特点，保障公众获取实时新闻动态、追踪事件最新进展；第二，报道要全，不能满足于对现场事件的简单描述，记者应深入挖掘事件背后的成因、后续的责任追究及带给公众的经验教训等多方面信息，助力公众全方面了解事件始末，不给谣言的扩散与传播留有任何余地；第三，讲述要有温度，记者应深入挖掘事件中的典型人物、典型故事、典型细节，但不能揭露“伤疤”，须克制公众的窥私欲，保护事故受害者，人文情怀不可失；第四，形态要丰富，即配合移动新闻直播推出文字快讯、图文直播、短视频等多样态的内容，满足公众的多样化需求；第五，传播要广，即建立全网分发信息通道，助力优质内容精准到达公众。

《直击7·5泰国普吉游船倾覆事故现场 救援仍在进行》的成功之处在于，直播团队能在第一时间到达新闻现场，率先通过移动直播，配合图文、短视频等形式给公众提供最鲜活、宝贵的现场画面，并在多个平台上进行分发，使其优质内容在社会上引发广泛关注。这都得益于浙报集团在融合转型过程中，坚持地方党媒的定位，着力提升全媒体作品生产和传播能力，建立起应对突发新闻的完善机制。

作品四《百色大暴雨引发山洪，公路塌方车辆被冲走！通讯员黄文秀发回现场视频后却不幸遇难……》

作品信息

所获奖项：第30届中国新闻奖媒体融合奖项移动直播一等奖

主管单位：广西日报社

主创人员：徐顺东、崔佐钧、陈仕平、宋春风、晏彦、刘洋洋、黄俪、何明华

编　　辑：集体（卫耀华、玉颖、沈程、张安然、黄静、梁雨芃、伍锡念、周泉）

发布日期：2019年6月17日

发布账号（App）：广西云客户端

作品简介

2019年6月16日晚，广西百色市凌云县遭受特大暴雨袭击。广西云客户端启动突发事件报道应急机制，通过一场图文、短视频结合的移动直播对灾情进行了及时、准确、完整的报道，同时第一时间记录下乐业县新化镇百坭村原驻村第一书记黄文秀同志，从拍下生前最后一段视频、投稿，到失联，最后确认不幸遇难的完整过程。

广西云客户端从两条主线持续关注和更新事件最新进展——关注灾情：17日8时46分发出第一条消息，直到19日16时40分最后一条消息，55

个小时54分钟里，一线记者与后方客户端编辑联动，通讯员投稿与权威部门发布、网友素材综合，共推出12张现场新闻图片、2个动态图、3段短视频、1张悼念海报，全方位、多信源、正能量地对灾情进行直播报道。16日晚，黄文秀同志在驾车回村途中遭遇山洪，被堵路上。23时35分，长期作为广西日报、广西云客户端通讯员的她，用手机将现场的雨大、水急、闪电之作拍摄下来，并将视频发给广西云客户端百色记者站记者。视频中传来她微弱而焦急的声音：“……现在已经过不去了……”从接获、发布黄文秀同志发回的视频，到无法联系，再到确认遇难……编辑们揪着心，以高度的专业精神和新闻敏感关注黄文秀同志的相关进展，及时、准确、权威发布信息。

《百色大暴雨引发山洪，公路塌方车辆被冲走！通讯员黄文秀发回现场视频后却不幸遇难……》

作品分析

2019年6月16日晚，广西壮族自治区百色市凌云县遭受特大暴雨袭击。广西云客户端通过图文、短视频综合移动直播对灾情进行了及时、准确、完整的报道，直播内容极具现场感和真实感，最大限度地满足用户第一时间了解该突发事件最新动向的需求。在此过程中，也记录下了通讯员黄文秀同志从失联到确认不幸遇难的过程。《百色大暴雨引发山洪，公路塌方车辆被冲走！通讯员黄文秀发回现场视频后却不幸遇难……》于2020年获得中国新闻奖媒体融合奖项移动直播一等奖，也成为广西云客户端优秀作品代表。

一、传统媒体转型："移动直播"展现全媒体传播能力

全媒体传播规定了当前媒体融合发展阶段的现实路径，提高全媒体传播能力，是构建适应现代化传播体系下新型主流媒体的必由之路。广西云积极探索全媒体传播方式，对暴雨灾情进行了图文声像影相结合的融合报道，并通过直播的形式提升了现场感和真实感。

（一）全媒体传播发力：图文、短视频结合的技巧与策略

"四全"是对全媒体分别在时空、技术、社会、生态四个维度上的阐释。其中全程媒体指为了更好地满足不同受众的个性化需求，媒体应当通过对各种媒介形态的综合利用，借助多种传播载体、平台以及渠道进行融合性、多层次、全方位的信息生产、传播以及消费，它突破了时空尺度，零时差、随时随地传播信息。全息媒体是指媒体充分利用多维成像、物联网、大数据等技术，大幅度提高物理空间智能仿真呈现度，实现信息在空间的多角度同步传播和全方位呈现，使媒体的信息传播几乎做到了无处不在，它突破了物理尺度，所有信息都可以以数据形式出现，通过手机即可获得。全员媒体是指各种智能终端的普及应用大大降低了媒体的进入门槛，从一对多传播，转换成多对多的传播，大大增强了互动性。全效媒体是指伴随媒体对各种媒体技术、载体的充分应用，文字、声音、图片、图像等信息交叉综合更立体、更丰富，有着更全面的效果，加之受众的不同程度参与，媒体能够向受众释放更强大的效能，使受众享有更加全面、深刻的体验感与获得感，它突破了生态尺度，集成了信息、内容、社交、服

务等各种功能。因此，在传统媒体转型过程中，在传播方式不断迭代的浪潮中，传统媒体一家独大的媒体格局一去不复返，舆论生态也相应地由一元主导向多元共生转变。

在作品《百色大暴雨引发山洪，公路塌方车辆被冲走！通讯员黄文秀发回现场视频后却不幸遇难……》中，广西云客户端全方位展现了传统媒体在媒体融合过程中逐渐形成的全媒体传播能力。不仅有传统的文字、图片生产能力，而且大胆突破，采用移动直播的方式，结合短视频等形式，满足了受众多方面的信息需求。

具体来看，从2019年6月17日8时46分发出第一条消息，到19日16时40分直播结束，55小时54分钟里，通过前方记者与客户端后方编辑的通力合作，直播帖共使用了12张现场新闻图片、2个动态图、3段短视频、1张悼念海报。广西壮族自治区作为地质灾害的高发地区，夏季暴雨、山洪较为常见，综观此次直播帖的全过程，广西云客户端充分发挥主流媒体的信息获取能力与高效的信息整合能力，将灾情发生的具体位置、暴雨状况、人员伤亡、救灾救援等信息及时向社会各界通报。此次直播可以说是做到了灾情的全程零时差的关注，充分展现了主流媒体在灾难性新闻报道中的责任与担当。在新闻表达技巧上，图、文、短视频的结合，充分践行了“四全媒体”的操作，使整个灾情的报道更立体、更丰富、更全面，同时受众也能感受到更为强大的传播效能。特别是短视频的采用，突破了传统媒体严格的介质划分，展现了在媒体融合中传统媒体正在构建起的新型传播样态。

广西云客户端作为广西日报新媒体矩阵中的一员，于2018年9月25日正式上线，积极参与广西日报全媒体采编中心的活动，成为“一次采集、多种作品、多媒体传播”流程再造中的一环。同时，广西云客户端又依托广西日报优质的采编资源，积极进行自身的探索。

（二）移动直播赋能：充分展现现场感与真实感

习近平总书记指出，要坚持移动优先策略，建设好自己的移动传播平台，管好用好商业化、社会化的互联网平台，让主流媒体借助移动传播，牢牢占据舆论引导、思想引领、文化传承、服务人民的传播制高点。[①]移动优先，不仅是一项传播策略，更是传播环境的现实所需。广西云客户端立足受众信息获取的需求，通过新兴的移动直播，推进主流媒体在传播时效性与传播多样态方面的进步与发展。

首先，提高新闻报道的时效性和沉浸感。传统报纸受限于采编流程以及印刷发行时间，新闻报道的时效性会受到影响，一般日报是在次日刊发。在本案例中，广西云客户端的移动直播，将传统报纸的新闻发布时间大大提前，从隔日提前到即时。可见，新型信息传输技术和移动网络技术的发展，促使媒体基本可以同步记录、传输，新闻报道、信息传播无时不有，实现了信息或事件的全程记录与同步传播。在灾难性新闻报道中，直播的形式虽然无法保证高清的画质和音效，但是直播影像的粗粝质感能够有效提升现场感和真实感，有利于强化用户对于灾难现场的沉浸感知。

其次，突破传统报纸单一的传播方式。传统报纸的传播形式主要依靠文字与图片，视频乃至直播的方式属于传统广电行业的范畴。而在媒体融合的进程中，全媒体发展模式逐渐成熟，各类传播介质之间的壁垒被打破，传统的报业涉足视频领域也不足为奇。因此，在本案例中，文字、图片、声音、图像等信息交叉综合，传播效果更丰富、更立体、更全面；同时，移动化、分众化、碎片化的融合传播使人们的感受更直观、更鲜明，效率更快捷。

---

① 习近平. 加快推动媒体融合发展 构建全媒体传播格局[J].求是，2019(6).

二、主流媒体抢占舆论制高点

从2018年《柳州融水突围记丨广西日报记者“失联”数十小时，在穿越40处塌方后发回灾区最新画面！》，到此次《百色大暴雨引发山洪，公路塌方车辆被冲走！通讯员黄文秀发回现场视频后却不幸遇难……》，广西日报的成功在于对突发事件进行了及时的应急处理，并实现了有效的舆论引导。

（一）突发事件应急机制提供保障

2019年6月16日晚，百色凌云县遭受持续暴雨袭击，广西日报社启动应急机制，推动直播报道有序展开。6月17日凌晨，乐业县新化镇百坭村驻村第一书记黄文秀在驾车返回乐业的途中遭遇山洪被堵路上，6月16日23:35，她用手机拍摄了一段现场视频，发给广西云客户端百色站记者。6月17日08:27，广西云客户端多位编辑及值班主任都收到了百色站记者发回的黄文秀拍摄的视频，视频显示，现场雨势特别大，闪电照亮远方，路面全被洪流覆盖。通过进一步沟通，广西云客户端编辑部得知，百色凌云有路段受暴雨影响，发生了塌方。值班主任根据经验判断，接下来的灾情进展必然会牵动许多人的心。为了让关心事态进展的人及时了解灾情信息，遏制可能产生的谣言，值班主任当机立断，立即进行直播，主动引导舆论，发出主流媒体声音。

在突发事件应急机制下，广西云客户端的编辑和前方记者站直接对接，这种单线而直接的对接，大大缩短了新闻稿件的编发时间。同时，新媒体部第一时间直通社委领导，报告重大事件的报道，从而确保新闻导向的正确性。

另外，广西云客户端启动突发事件应急机制后，文字、视频编辑和美编实行24小时轮班，确保能随时处理前方记者传回的图文视频，进行全媒体报道。此次直播的55小时54分钟里，一线记者与后方客户端编辑联动，通讯员投稿与权威部门发布、网友素材综合，全方位、多信源地对灾情进行直播报道。

因此，有效的机制建设对于主流媒体应对突发事件的报道具有重大意义。一方面，主流媒体可以最大范围地调用各类资源，保障新闻报道的顺利展开；另一方面，机制的建立也可帮助主流媒体在舆论引导、消弭网络谣言上占据优势。

（二）舆论引导：主流媒体及时报道消弭网络谣言

当时，黄文秀是百色市乐业县新化镇百坭村的驻村第一书记，在驾车前往乐业的途中遭遇山洪，不幸遇难。第一书记的工作十分辛苦，压力大、任务重。如果爆出第一书记在连夜返乡的路上不幸遇难，舆论压力会大幅提升。广西日报社编委办副主任晏彦介绍说："也有新闻同行提醒我们，不能在直播中报道文秀失联的事情。但我们考虑到，文秀是为了村里的灾情才连夜赶路的，这正反映了她作为第一书记牵挂百姓的优秀品质。汇报给社委领导后，我们决定真实还原事件的全过程。同时，报社迅速成立全媒体报道小组，报网端联动，全力挖掘文秀身上的闪光点。"

广西云客户端6月18日第一时间报道黄文秀遇难，6月19日推出了H5作品《我为第一书记黄文秀接力送行，扶贫精神长存！》，6月20日推出长篇通讯《心中的长征 青春的赞歌》，宣传黄文秀先进典型事迹。广西新闻网也在第一时间推出了专题报道。广西日报集团累计刊发黄文秀先进事迹报道1000多篇，总阅读量达6000多万次。

黄文秀同志不幸遇难后，广西以及全国各地的媒体都进行了大量报道，但在种种报道之中，广西云客户端的这条直播是从当时百色暴雨灾情开始，完整地记录了这一不幸事件的最早报道。这是当时国内媒体中对这一突发事件最及时、最高效、最完整的报道。

这次直播包含了黄文秀作为广西云客户端通讯员发回的珍贵的现场视频，具有特殊的意义。直播内容被多家媒体及自媒体引用、转载，对流传的谣言起到了正本清源的作用，体现了主流媒体的担当和引导力。对百坭村原驻村第一书记黄文秀从失联到确认遇难的报道，富含人文关怀，引发了媒体及社会的广泛关注。

三、新闻人物：舆论引导的符号性价值

人物在新闻报道中发挥着符号的作用，如果说新闻的视听内容是一个符号系统，那么新闻人物就是其中的主要符号构成。在本案例中，通讯员的形象具有一定的典型性和多面性，也发挥了多重的人物功能，使该人物符号兼具了目击证人和被报道主体的双重所指。

（一）新闻人物形象的典型性

新闻人物作为新闻报道的核心元素之一，因其包含的信息量、思想性、贴近性而被受众关注。黄文秀因其百坭村驻村第一书记的身份，将一场有关暴雨的灾难性报道赋予了更为深刻的思想意味。在舆论场上，报道为受众树立了一个有社会担当、有责任意识的扶贫干部形象。不仅有黄文秀因担忧灾情，连夜赶回百坭村牺牲的故事；而且从黄文秀的生平经历出发，从北京师范大学研究生毕业选择回到家乡，到加入脱贫攻坚第一线，更是树立了一个群体、一代年轻人回馈社会、自我奉献的时代新形象。因此，本报道通过前期的移动直播和后续的深度挖掘，呈现了新闻人物“以点带面”的报道思想。

（二）新闻人物选择的多面性

黄文秀的身份还具有特殊性。广西日报社编委办副主任晏彦介绍，黄文秀作为百坭村驻村第一书记，也是广西日报社的通讯员。暴雨发生时，黄文秀以一名新闻人的敏感和意识，第一时间将灾情信息传递出去，推动了此次的移动直播，为后续的救援工作争取了时间。从新闻工作者的职业素养来看，黄文秀诠释了在全媒体时代下新闻工作者应具备的“四力”——脚力、眼力、脑力、笔力，为新时代的新闻宣传工作树立了学习的榜样。黄文秀的多重身份，对此次的新闻舆论工作提出了挑战，也带来了新的突破点；特别是新闻人“永远在现场”的职业道德，不仅起到了正本清源、消除谣言的作用，更展现了时代精神，一种在平凡岗位中默默付出的信念。

四、结语

获奖作品《百色大暴雨引发山洪，公路塌方车辆被冲走！通讯员黄文秀发回现场视频后却不幸遇难……》的价值亮点是对偶然性新闻事件进行多方位的全媒体报道，但是其偶然性的背后也依托新时代新闻工作者高标准的职业素养，以及对于新闻内容进行高效捕捉和实时传达的专业能力。借助全媒体的报道形式，该作品发挥了其应有的社会意义，向大众展示了新闻工作者的职业素养，其专业水准和新闻价值值得肯定。

第四章

新媒体创意互动

导　言

根据第28届中国新闻奖评选办法，新媒体创意互动是以用户交互为主要特征，发布方与用户方形成完整新闻传播链条的新媒体作品。新媒体创意互动要求主题鲜明，特点突出；交互性强，社会反响好；技术先进，有传播力、感染力；体现新闻性、互动性、技术性的高度统一，其中，音视频类新媒体创意互动作品不超过30分钟。第30届中国新闻奖评选办法对新媒体创意互动的表述略有调整，进一步凝练明确为，作品应以用户交互为主要特征，发布方与用户方形成完整新闻传播链条的新媒体作品。要求主题鲜明，特点突出；应用互动新技术、交互性强；体现新闻性、互动性、技术性的高度统一。其中，特别强调应用互动新技术。

方法解析

新媒体创意互动作品利用H5、虚拟现实等互动新技术，让用户通过点击、虚拟对话、多向选择等方式主动参与新闻叙事，在交互中深度体验新闻主题。目前，开发日渐深入的新闻游戏等也属于交互类新闻。

新媒体创意互动新闻根据叙事和交互操作的不同，主要分为界面响应、路径选择和角色扮演三种类型。界面响应，用户根据界面提示进行点击、上下翻滚或左右滑动等界面操作，推动新闻叙事的展开。引航式界面响应基本是线性方式，在叙事路径中插入弹窗和提示按钮，适用于线性的可视化设计与内容本身结合起来，在长图、条漫里也适用比较多。路径选择，为用户提供多条叙事路径进行选择，选择的路径将指向不同的内容。这种叙事结构是非线性的结构，可以是总分结构和并列式结构，进入界面，点击不同的主题，进入子界面。同时，融合连续线性结构，把子主题延展下去，但是，每个界面都能回到总主题或跳到其他主题，能够来回切换。角色体验，用户按照某特定视角参与故事叙述，或作为参与内容生产的角色，形成用户主导的内容叙事发展，但这种主导是相对的，一定程度上也是在传播者设计的框架内进行，并非完全按照用户的意愿展开。

由此看来，以H5为主的创意互动新闻的开放度和融合度都很高，表现出技术融合的优势，但这种优势也不能成为信息呈现的绊脚石。因为一味寻求技术大于内容的炫技，过多的融合和交互手段反而会干扰内容本身的表达，从而成为形式大于内容的技术空壳。因此，H5新闻的技术运用与信息交互应该以主题内容为核心，简洁高效为基本，方便易得为指向，形成内容、技术、形态、交互和谐相生的融合体。

页面精简。总体而言，H5可视化和交互的优势非常明显，文字太多的作品或者图表信息反而不适合于以可视化和交互见长的H5，而更应该适用于一目了然的微信页面。文字图表的表达交给微信页面，可视化交互交给H5。

交互精简。叙事设计上的交互，比如问答、选择等要根据实际内容的深度和广度来设计，重要的知识点或信息点设计交互，避免明知故问、故弄玄虚的设置；形式上，动画、触屏等交互效果过多，影响用户对信息的方便易得，反而容易让用户产生反感。

融合手段精简。融合的不同介质要巧妙置于其中，形成良好搭配，合二为一，融为一体。

作品一《“军装照”H5》

作品信息

所获奖项：第28届中国新闻奖媒体融合奖项新媒体创意互动一等奖

主管单位：人民日报社

主创人员：丁伟、余荣华、倪光辉、赵明琪、喻晓雪

发布日期：2017年7月29日

发布账号（App）：人民日报客户端

作品简介

为庆祝中国人民解放军建军90周年，人民日报客户端借助人脸识别、融合成像等技术，制作互动作品《“军装照”H5》，帮助网友生成自己的虚拟“军装照”，共同表达对人民军队的喜爱之情。该作品一时间疯狂刷屏朋友圈，真正成为一款“现象级新媒体作品”。亿万网友纷纷通过这个新媒体作品，生产、展示自己的虚拟“军装照”，表达对人民解放军的向往、崇敬与热爱。情感的传递与“军装照”游戏的合理设计，突破以往重大节日点宣传工作的窠臼，创新互联网时代新媒体作品的传播思路。这一H5作品既是把爱国主义植入现象级融媒体作品的创新力作，也是融合报道的经典成功案例。

《“军装照”H5》

作品分析

一、用户思维重塑传统媒体运营逻辑

人民日报作为中国传统媒体融合发展的排头兵、领头羊，积极改变传统报纸的采编流程，重塑互联网融合状态下的采编机制。传统报纸与读者之间单向、间接、延迟的关系，正向融合媒体与用户多元、直接、即时的连接转换。人民日报客户端的诞生突破了人民日报作为一份报纸的历史意味，客户端的传播逻辑也融入了互联网时代的用户运营思维。

（一）人民群众抒发拥军情感

人民军队来自人民、人民军队为了人民。习近平总书记在庆祝中国人民解放军建军90周年大会上的讲话中指出：“历史告诉我们，有了民心所向、民意所归、民力所聚，人民军队就能无往而不胜、无敌于天下。只要始终站在人民立场上，赢得最广大人民衷心拥护，就能构筑起众志成城的

铜墙铁壁。”[①]

军民一家亲，军民鱼水情。人民群众的拥军、爱军情感已经融入基因血脉。

（二）用户传播的主体地位

建立在如此深厚情感基础之上的建军宣传工作，人民日报客户端积极探索，从人民群众的情感诉求出发，主动将人民群众纳入自身的传播链条中。用户从被动的接受者转变为主动的传播者，彰显的是互联网传播时代的用户主体地位。

根据人民日报客户端的后台数据统计，截至2017年8月12日，网友将《“军装照”H5》的链接分享给好友或微信群的次数超过4800万次，分享到朋友圈的次数超过1100万次，分享带二维码的个人“军装照”的次数更多。由此可见，在新媒体时代，新闻信息向用户的传播才刚刚开始。一个真正成功的新闻信息作品，会在用户之间不断扩散，形成“裂变式”的传播链条。

《“军装照”H5》所展现的强社交属性，助推该款作品的参与感、互动性。首先，用户上传照片到H5后端平台；其次，分享生成的军装照到社交平台；最后，形成情感互惠的驱动力。社会学家基斯乐曾提出人性互补性理论，即“每一个行动都能激发一个反应，每一个反应都适应了之前的行动。也就是说，在社交媒体中，一个节点的情感能够激发另一个节点产生相同的情感态度。同时，对于社会消息来说，积极情感能够促进转发分享”[②]。这就解释了为何充满情感正能量的“军装照”能够迅速获得10亿次浏览量。

---

① 习近平. 在庆祝中国人民解放军建军90周年大会上的讲话[N]. 人民日报, 2017-08-02(02).

② 聂书江. H5作品的情感传播及其路径选择——以人民日报客户端创意作品“军装照”为例[J]. 新闻战线, 2017(20):37-40.

同时，用户乐于在社交媒体上管理自我形象。用户在社交媒体上展现的东西代表并定义了自身，因此会倾向于分享一些使自己形象看起来更为“正面”的东西。在“军装照”转发传播的过程中，用户看到自己帅气的军装照后，不但会在朋友圈转发，而且会情不自禁地对军装照进行评价，其内在逻辑正是塑造自己的品牌和形象。

二、游戏化传播弱化宣教意味

游戏化指的是在数字、网络、移动传播环境中，通过对人机交互模拟、行为奖励、关卡与成就感体验等轻娱乐、轻互动模式的嵌入式设计，实现非游戏内容的“游戏场景”模拟，“类游戏式”交互，以及“游戏式人机体验”的获得。

《“军装照”H5》的设计，一定程度上受到了游戏化趋势的影响。人民日报客户端作为人民日报进行媒介融合的拳头作品，在建军90周年的特殊节点，试图通过新奇，充满趣味，网友易于接受、乐于分享的方式，拉近普通人与解放军的距离，增进网友对解放军发展历史的了解。

第一，易于操作的上传设置。

对于普通用户而言，简明扼要的操作规则会降低进入游戏的时间成本，增加对游戏的好感度。在《“军装照”H5》的使用过程中，用户只需要上传一张自己的照片，无须进行过多的其他操作，便可以进入军装照的变装体验中。

对于人民日报而言，简易的操作规则可以最大范围地吸引更多人参与其中。因此，《“军装照”H5》在全国范围的不同网络社交圈内不断扩散、激荡，突破了性别、年龄、地域、行业等社群壁垒，引发了一股军装照风潮。

第二，可视化的感官体验。

《“军装照”H5》强大的可视化效果可充分调动受众的感官体验，通过情感的交互，无须复杂的思考即可理解其内涵。《“军装照”H5》利用阅兵场景与翻阅相册的动态视频，产生了文字不可企及的传播效果。同时，用户并非简单被动地接收信息，而是全身心体验，直接了解《“军装照”H5》传达的内容，完成对信息的认知。加之这一主题会激发用户对强国梦、强军梦的情感渴望，更能强化用户深层次的情感体验。

第三，场景化的沉浸设计。

《“军装照”H5》以历史为线索，将用户带入各个时期的虚拟场景中，使H5使用者沉浸其中，切身体验不同时期的军装风貌。场景化的交互体验，利用情感性、需求性、参与性，有效促进用户对信息的自发关注、主动参与和乐于分享。同时，整个H5页面的情感性可从设计的故事化和场景化得以印证，一定程度上加快了信息传播的速度，拓宽了信息传播的广度。H5的参与性体现在传播过程中，作为媒介的受众，集信息接收者、使用者、制作者、传播者于一身，通过“亲自参与，置身其中”进行跨圈层的交流互动，分享从中获得的参与感和美感。

因此，人民日报客户端的《“军装照”H5》摆脱了传统意义上的宣传报道的思路，以游戏化、轻娱乐的方式展示了新传播环境下宣传思路的转型。受众变身用户，从单向传递转向多元参与，人民日报也从单纯的宣传报道化身提供用户价值认同的平台。

三、增添知识传播的趣味性

中国人民解放军建军90周年来，从名字到服装都有非常长的历史。如何有效地传播展示相关的知识，自然也成为人民日报客户端重要的节日报道工作。然而，如果按照传统的图片展示方式，其收获的传播效果也将大打折扣。H5这种互动、有趣的新媒体呈现方式，在增强受众参与性的同时，将军史、军装知识潜移默化地传递给用户。

（一）强大的采编团队

《“军装照”H5》作为一次现象级的新媒体作品，其出色的创意使这一作品从一开始就拥有了爆红的潜质。作为一次大型的新闻宣传报道作品应保证知识信息的准确性。对于人民日报而言，其强大的采访力量保障了《“军装照”H5》原始素材的准确无误。人民日报社政治文化部军事采访室共同参与制作，同时联系国防大学联合勤务学院相关专家，由其提供军史知识指导并审核照片素材。最后，依托人民日报的强大号召力，吸引更多外部团队加入其中。其中，腾讯公司的天天P图团队弥补了人民日报客户端在图像处理技术上的不足。天天P图团队使用人脸融合技术进行脸部层次融合，生成的图片效果既有用户的五官特点，也呈现出对应形象的外貌特征。同时，天天P图团队还为海量的图片上传下载提供服务器的保障。最高峰时段，部署了4000台腾讯云服务器。

（二）多渠道传播

《“军装照”H5》除了在人民日报客户端进行传播以外，还在创作团队成员的个人朋友圈进行分享。这一私人空间的分享，削弱了知识传播的严肃性，增添了社交空间传播的趣味性。这无疑也是传统媒体在进行新媒体作品探索过程中，为了获取更多关注度积极向各类新渠道靠拢的一种方式。

数据显示，《“军装照”H5》上线10天，浏览量突破10亿次。按天计算，浏览量最高峰是8月1日建军节，当天浏览次数达3.94亿次，独立访客超过5700万次。按小时计算，7月31日建军节前夜的22时至23时，1小时内浏览次数突破3000万次。即使到了H5发布两周之后的8月12日，日浏览次数仍超过400万次。这种火爆程度，促使人民日报在媒介融合的道路上探索出一条新路径。

四、结语

《“军装照”H5》作为2017年人民日报社出品的一款现象级新媒体作品，一方面在面向市场时收获了极好的传播效应，另一方面也满足了广大人民群众拥军爱军的情感诉求，在庆祝人民解放军建军90周年的重大节日时刻，达成了价值观的认同。同时，为重大节日的庆祝报道开辟了一条崭新的路径，是“看不见的宣传”的另一种思路创新。这样一个现象级的作品能否成为其他传统媒体复刻的模板?

首先，创意出彩。复盘人民日报客户端《“军装照”H5》，不禁会发现，其独特、出彩的创意让这个作品从诞生之日起，便拥有了爆红的气质。那么，能否让这样的创意更多，创造创意实现的条件，也将成为传统媒体在转型过程中面临的问题。

其次，技术支撑。人民日报联合多家外部团队，团结协作，为一个现象级的新媒体作品提供了优质的P图技术和服务器支持。那么，能否让这样的合作成为常态，或是传统媒体培养自身的技术人才体系，为将来更多的现象级新媒体作品提供条件，也是传统媒体需要考虑的重点。

最后，人才优秀。对于传统媒体而言，采编人才是其优势资源之一，发挥好人才的作用，才能在与其他各类媒体竞争时找准自己的位置、发挥自身的优势；才不会盲目陷入渠道优先、忽视内容的尴尬境地。

作品二《“点赞十九大，中国强起来”互动报道产品》

作品信息

所获奖项：第28届中国新闻奖媒体融合奖项新媒体创意互动一等奖

主管单位：新华社

主创人员：集体（何平、刘思扬、白林、刘刚、汪金福、田舒斌、陈凯星、陆小华、许基仁、冯瑛冰、李　俊、郭奔胜、李柯勇、周　杰、周红军、杨新华、曹剑杰、葛素表）

统　　筹：周瑜、田光雨、周锦帅、何悦、程旸、马轶群、吴炜玲、王龙、万方、饶力文、饶丹、姜闽、张桢、彭雪、苏姗、张淳、游娟、樊珊珊、徐步云、陈洋、吴柏辰（实习）

发布日期：2017年10月12日

发布账号（App）：新华社客户端

作品简介

2017年10月12日起，新华社客户端推出“点赞十九大，中国强起来”系列融媒体互动报道作品，将优质创意、权威内容、先进技术深度融合，集用户体验、互动、分享等多重功能于一体，紧扣党的十九大议程和关键节点，邀请党的十九大代表和百余名各行业知名人士为党的十九大录制祝福音频并引领诵读党的十九大报告。该作品第一次以音频互动为主的形态进行大型主题报道，并首次使用互联网技术推出党代会个性化纪念首日封，辅以H5轻应用传播，在互联网上有效设置“点赞十九大”“进入新时代”等议题，形成强大而持续的网络正能量。

《“点赞十九大，中国强起来”互动报道产品》

来，和你的爱豆一起为十九大打 call

袁隆平、苏炳添、郭明义邀请你为十九大点赞，已有 8600 万人次参与接力！

169 秒告诉你，十九大期间我们是怎样刷爆朋友圈的

作品分析

新媒体时代，主流媒体也需要在激烈竞争中争夺用户有限的注意力，因此必须竭尽全力打磨创意，创造出新的传播形式和传播语态。党的十九大报道题材重大，相关报道必须在创新与安全之间寻找平衡点。基于此，该系列融媒体互动报道作品能刷新纪录，在网络上持续弘扬正能量，掀起“全民点赞十九大”的热潮，对以后重大报道题材创意互动作品的开发有很大借鉴意义。

一、“音频 + 点赞”创意互动

“点赞十九大，中国强起来”系列作品首次以“音频+点赞”创意互动开启重大题材报道新玩法。媒体融合背景下，用户注意力稀缺，谁能抓住

用户的注意力，谁就拥有了话语权。因此，主流媒体在重大主题的报道上更要大力创新，以新颖的传播形式搭载重要内容，这样才能在注意力稀缺的时代抓住用户的眼球，达到高效传播的目的。

党的十九大报道题材重大，因此既要保证内容的传播效力，又要创新报道形式，以期达到以新的报道形式承载重要内容，又以新的报道形式吸引更多用户的目标。以图片、文字、视频为主，以声音为辅是以往重大主题报道H5轻应用传播的主要思路。而在本次报道中，新华社多部门、各分社合力研发创新，打破固有思路，以音频为主，以图片、文字、视频为辅，邀请党的十九大代表和百余名各行业知名人士为党的十九大录制祝福音频并引领诵读党的十九大报告。用户点开作品的H5页面即可听到名人和人大代表诵读的报告和祝福，并能为之点赞、分享，这个操作就像听微信语音、浏览微信朋友圈一样简单，充分挖掘了党的十九大和新媒体读者之间的联结因素，符合移动端受众信息收发习惯，促使用户主动点赞分享。

此外，在该系列作品迭代的第三阶段，用户还可以上传自己读报告的音频，并有机会被选中在新华社的平台上播放。从音频到点赞再到用户自发上传音频，整个流程清晰简单，不设门槛，每个人都可以参与，符合“低门槛、强议程、广覆盖”的新媒体互动传播规律，为之后新媒体创意互动作品的研发提供了可借鉴之处。

二、重大题材的内容创新

（一）甄选内容，善用名人，保证传播效率与报道安全

对于重大题材的报道，优质的创意形式必须传递出权威的内容，以此来保证报道的可信度与公信力。新华社在本系列融媒体互动作品中严格把控内容输出质量，在《我是报告诵读者》阶段，甄选了党的十九大报告内

容和读报告的各行业名人，并由和内容息息相关的名人或人大代表诵读报告。如：王源作为新生代偶像，朗读的是“青年一代有理想、有本领、有担当，国家就有前途，民族就有希望……”这段话既符合王源作为青年的身份，又使王源以“爱豆”的影响力去影响更多的青年人，使其关注党的十九大，为实现中华民族伟大复兴的中国梦而努力奋斗。甄选优质“爱豆”诵读党的十九大报告一方面将篇幅较长的党的十九大报告变得简洁、通俗易懂且有感染力；另一方面也极大地拉近了普通民众与党的十九大报告的距离，给用户营造一种“十九大就在我身边，我应关注十九大，关心国计民生”的传播氛围，以此带给用户沉浸感，激发用户的参与欲、分享欲。在网友点赞党的十九大阶段，新华社在全国各地网友上传的音频中，悉心挑选出具有各方面代表性的内容播放，用户受到音频朗读者地域、朗读内容和风格的影响，会再次产生心理上的接近性和沉浸感。一方面为之分享，另一方面参与诵读报告，由此引发下一轮传播风潮。

另外，新华社在公众人物选择上也做出了大胆的尝试，不仅选择了各个行业领军人物及人大代表，还选择了娱乐明星。娱乐明星等公众人物的影响力是把“双刃剑”，用得好即形成强大正能量，用不好就会带偏报道方向。在如此严肃的题材下引入娱乐明星参与，是对报道团队的重大考验。因此新华社严选公众人物，选择的公众人物形象积极向上，弘扬正能量，并严格控制了娱乐明星在整体人数中的占比和发布分组，实现了党代表、科学家、企业家、明星共同邀请网友点赞党的十九大的画面。

此外，新华社深谙粉丝经济，将各路大咖称为“爱豆”，为用户邀请的“爱豆”覆盖面广，既有最受年轻人喜爱的企业家“爱豆”马化腾、董明珠等，也有从小学就出现在大家教材里的“杂交水稻之父”袁隆平，还有娱乐圈形象积极的明星胡歌、王源等，并设计了“我接受某某某的邀请，为十九大点赞”的互动元素，切实增强了网友与明星大咖一起点赞党的十九大的真实感，激发网友主动进行互动分享的欲望，使作品传播基调符合预期效果。

（二）跨界传播开创了重大题材报道场景化传播的先河

该作品采用跨界传播思路突破传统传播渠道，形成线上线下联动闭环。在本系列融媒体互动报道作品中，新华社首次与共享单车合作，用户线上分享这条H5即有机会领取共享单车月卡，线下将3000万辆共享单车打造成3000万台党的十九大音频播放器，扫码骑车即可听党的十九大音频，开创了重大题材报道现实生活场景化传播的先河。同时，新华社还与中国邮政共同推出“十九大首日封”，用户打开H5点赞并手写签收《来自人民大会堂的一封信》，即可获得线上个性化首日封，如果分享给朋友就有机会获得中国邮政准备的近万封加盖人民大会堂邮戳的“十九大首日封”。本次跨界传播使线上线下紧密承接，有效形成联动闭环，促使作品覆盖更多的受众，取得更好的传播效果。

三、传播渠道创新

（一）一流平台主推，多平台宣发，形成强有力的传播矩阵

除此之外，作品一经推出就由一流平台主推，多平台宣发，形成了强有力的传播矩阵。本系列融媒体互动报道作品由新华社客户端、新华社官方微信公众号、新华网官方微博作为主平台发布，并与腾讯、新浪、蜻蜓FM、一点资讯等平台展开推广合作。由重磅级权威媒体组成的传播矩阵持续发力，在20多天的传播周期里，吸引海量用户点赞、分享、上传音频，高潮迭起。参与者年龄最小的是来自吉林长春的5岁孩童，年龄最大的是年近九旬的老人。强有力的传播矩阵使本系列融媒体互动报道作品达到了广覆盖、浅互动、高传播的效果。当然，新华社针对微信、微博、客户端和其他平台的用户特点也设计了差异化的互动策略，并根据会议议

程，四次迭代传播内容，积极探索“可互动、可体验、可分享”的互联网与社交媒体传播规律。

（二）持续发力，节奏感强，实现进阶式传播效果

重大题材的连续性报道，持续周期长，要十分注重发布的节奏感，持续发力。节奏不对，容易使用户产生阅读疲劳感，弱化传播效果。《“点赞十九大，中国强起来”互动报道产品》紧扣党的十九大会议重要时间节点，根据会议内容及时调整侧重点、迭代内容，取得了非常好的传播效果。10月13日，新华社客户端首日上线“点赞十九大，中国强起来”H5专题，同时，数位各行业领军人物的党的十九大祝福语音成为共享单车解锁音，线上线下同时为党的十九大胜利召开预热，营造了良好舆论氛围；10月18日党的十九大开幕当天，新华社新媒体平台率先在网上设置“新时代”议题，发起了“进入新时代，点赞好声音”专题以及“点赞赢取十九大首日封”活动，为“点赞十九大，中国强起来”带来了一波流量峰值；10月20日，党的十九大会期过半，又启动“用声音致敬新时代，我是报告诵读者”第三阶段话题，邀请公众人物诵读党的十九大报告，吸引大量网友参与互动，上传自己的音频，成功利用UGC唱响主旋律，弘扬正能量，掀起又一关注高潮，实现进阶式传播效果，形成UGC反哺报道作品的闭合链条。

（三）作品贯穿用户思维

对于新媒体创意互动作品的创新来说，最重要的一点是研究新媒体用户，熟知用户需求，深谙新媒体传播规律。新媒体时代，人人都有麦克风，新媒体的媒介属性为广大用户提供了相对广阔而又自由的发言空间，每个人都可以在这个虚拟空间里匿名发言。因此，当前新媒体互动创意作品的创新需要引起用户关注，激起用户的参与欲和分享欲，思考用什么样

的形式和内容让他们加入进来，自发传播，形成强大的舆论合力。党的十九大是关系国计民生的重大会议，本身就有极高的国民关注度，各级媒体更是争相报道，想方设法以新形式、新内容抢夺用户稀缺的注意力。新华社在本系列新媒体互动创意作品的设计中聚焦民众的利益交汇点、情感共鸣点、价值共生点，有效探索主流媒体社交互动模式，在新媒体平台设置“进入新时代”“点赞十九大”等议题，利用名人音频，极大地激发了人们心中的爱国情，让人们愿意为之点赞、分享。

四、结语

1.2亿点赞，2亿人次扫码，5亿人次接力，30亿页面浏览量……刷新了互联网H5传播极值。《“点赞十九大，中国强起来”互动报道产品》是党的十九大期间传播覆盖面、影响力大的主流互动作品之一，从内容到形式创造了很多第一次。它首次采用“音频+点赞”的互动形式宣传党代会，第一次用音频作为主要形态开展重大主题报道，第一次邀请党代表、公众人物和网友在线诵读党的十九大报告，积极探索“低门槛、强议程、广覆盖”的新媒体互动传播规律，为重大题材融媒体创意互动报道提供新的、可借鉴的报道思路；它第一次将互联网与现实生活场景打通，开创重大主题场景化传播的先河；并首次全流程、全平台设计党代会互动模式，针对微博、微信、客户端、“二次元”平台设计差异化互动形式；针对党代会议程，作品四次迭代，形成滚雪球效应，充分探索“可互动、可体验、可分享”的互联网与社交媒体传播规律，成为主流媒体网络正面宣传的一次重大创新探索。

作品三《父亲·我们·时代》

作品信息

所获奖项：第29届中国新闻奖媒体融合奖项新媒体创意互动一等奖

主管单位：新华社

主创人员：集体（徐壮志、郝方甲、姚竣译、魏骅、陈诺、何山、毛思倩、邱红杰、黄小希、祁蓉）

编　　辑：集体（何平、张宿堂、白林、孙承斌、汪金福）

发布日期及时间：2018年11月16日18时

发布账号（App）：新华社客户端

作品简介

庆祝改革开放40周年大会前夕，新华社“第一工作室”推出献礼改革开放40周年重磅微视频《父亲·我们·时代》系列创意互动报道。视频从父亲的眼神中“穿越”，回望40年来一幕幕“点睛”时刻，致敬改革奋斗者，鼓舞新一代开启新征程；同时，在北京、上海、深圳3地的4个改革开放标志性地点设置红色巨幅相框，推出“与时代同框”互动活动。这是新华社融媒体作品“一体化策划、共享资源渠道”模式的全新实践，最大限度强化独家创意的社会影响力，形成全媒体传播效果。

《父亲·我们·时代》

作品分析

移动互联网时代，用户的媒介使用习惯日趋碎片化、社交化、轻量化，在用户需求和数字技术的推动下，时政微视频成为主流媒体探索转型的试验田。

为庆祝改革开放40周年，新华社全媒体报道平台第一工作室精心策划微视频《父亲·我们·时代》，该作品于2019年荣获第29届中国新闻奖媒体融合奖项新媒体创意互动一等奖。作品将内容创意与先进技术深度融合，从父亲的眼神穿越，以相框为载体，回望40年来一幕幕“点睛”时刻，致敬改革奋斗者。该片以父亲之爱贯穿全篇，彰显共产党人的改革初心和历史担当。据不完全统计，截至2019年5月，《父亲·我们·时代》总浏览量超过2.1亿次，在新媒体端口被800余个头条号、微信公众号、微博账号转发，成为融媒体时代主旋律宣传精品。[①]

① 新华社.《父亲·我们·时代》系列创意互动报道[EB/OL].(2019-05-03)[2020-02-24]. http://www.xinhuanet.com/zgjx/2019-05/23/c_138082764_2.htm.

一、缘起：打通组织生产脉络，品牌影响力迭代升级

（一）平台化、一体化、立体化，流程再造机制变革

《父亲·我们·时代》从一次采集到多次加工，从跨平台到分波次持续传播，联合社内外多个平台播发，辅以矩阵推送等传播方式，形成“刷屏之效”。从单一作品的创新到形成作品研发体系，实现系统化创新，这是新华社采编流程再造与平台扩容升级的必然产物。

第一，从0到1，全媒体报道模式。《父亲·我们·时代》由新华社第一工作室推出。《父亲·我们·时代》执行导演姚竣译介绍，第一工作室起到的主要作用是项目孵化器。第一工作室通过打通采编、技术与新媒体加工各环节，重塑采编流程，研发了全新的融媒体采编系统，实现在融媒传播语境下全媒报道模式，探索出“一次采集、N次加工、多元化传播与多终端适配”的发展之道。《父亲·我们·时代》以作品创新为驱动力，从单一作品到系列化作品的探索倒逼采编流程再造，加大融媒作品创新佳作的续航力，并形成长效机制，实现重大主题可视化报道的常态化。

第二，从1到N，“1+N”跨分社联动项目制。自2015年7月正式运行以来，新华社全媒报道平台不懈探索融合发展创新之道。全媒报道平台工作集中围绕一个中心目标展开，即以全媒报道平台为“1”，社内相关部门和分社为“N”，搭建“1+N”的跨部门、跨领域、跨终端的开放式业务平台，打造适应融合发展需要的“统一指挥，多部门协同联动”模式，更加高效顺畅地整合全社报道资源。《父亲·我们·时代》在制作中发挥平台机制，采用项目制运作机制，统筹各部门各分社人力，不断纳入分社资源。《父亲·我们·时代》主创团队共有30人，历经三个制作阶段，分为脚本团队、可视化创作团队、互动团队。在整个创作过程中，全媒报道平台有来自安徽分社、黑龙江分社、广东分社以及经济参考报的记者参与项

目运营。集合优势资源，新华社全媒报道平台在作品制作上联动全国各地分社力量多线开工，从源头上保证了融媒体作品的持续供应能力。

（二）集群化、品牌化、可视化，引导主流声量

1. 三大资源共享，巧用活用媒资

《父亲·我们·时代》多元融合照片资源、报道资源和海内外分社资源，在作品创作过程中，巧用活用三大媒资，高效利用资源为作品创新助力。

第一，照片资源。作为以图片内容和采访为主的主流媒体之一，新华社拥有大量的史料图片和海内外强大的采访力量。《父亲·我们·时代》挖掘新华社影像表达的独特优势，彰显史料图片自身表现力量，照片最大的优势就是有直观的说服力，容易直达用户内心。特别是一些从未曝光过的历史照片，可以激起青年人对改革开放那段筚路蓝缕的历史的关注。

第二，报道资源。新华社拥有丰富的首发报道资源，通过发挥内容团队优势，最大化发掘内容资源优势。例如《父亲·我们·时代》片中打破大锅饭的步鑫生、个人承包国有企业第一人的马胜利都是由新华社记者记录下来的。

第三，分社资源。融合新华社海内外分社力量，各分社不再仅是采集端，也纳入创意端，参与编辑加工流程。比如，在《父亲·我们·时代》中，“第一个突破雇工数量限制的个体户”——年广久的采访由广东分社完成，中建三局职工杜先芳的采访拍摄由深圳特区支社和总社共同完成。

2. 深化集群建构，塑造系列品牌

面对传播环境的变化，影响公众的不再是单个议题或属性，而是一系列议题所组成的认知网络。从时政微视频的微观层面上来说，借助作品形成的“集群效应”，将有效强化对用户的思维引导，加强社会共识形成的实际成效和主流声音传播的渗透力。

从动漫MV《四个全面》的推出，开启重大主题可视化报道的初探，

到2016年《红色气质》等一系列重大主题可视化报道的推出，新华社不断探索，在照片资源收集、文案创意、表现手法、制作团队、技术保障和推广发行等各方面日渐成熟。《父亲·我们·时代》依托新华社时政微视频开创的品牌特征和制作经验，深度挖掘品牌效应，成为主流微视频报道的标志性作品之一。

二、聚变：内容语法新革命，多元表达新引擎

（一）极致表达，紧抓核心燃点

在《父亲·我们·时代》中，“父亲”除了是串联全片的线索，也揭示了其深刻主题。通过极致的表达方式，该时政微视频让“政能量”成为主流声音，凸显更强大的政治导向力量。

1. 线索：视觉亮点，以小见大

《父亲·我们·时代》以小见大，从油画展开开始，以父亲为人物符号串联视频线索，形成极致表达。在策划之初，主创人员就把画家罗中立的油画《父亲》放在了开头，以“渴望的眼神”这一视觉亮点带出波澜壮阔的改革开放时代。

选择这幅油画，不单是因为名字是“父亲”，更因为这幅作品的主人公是一个形象的缩影，极具标志性的作用。《父亲》原型是大巴山一位老农民，它代表了改革开放前中国人的困苦和渴望的迷惘状态。本片从油画《父亲》出发，通过一个个相框中的“父亲”，讲述一个个生动的改革故事。在结尾处，画框不断缩小，穿越40年的时光，最后又凝聚定格为《父亲》这幅画。这一环环相扣的结构展现主题——40年前，人们关注《父亲》，40年来，“父亲”这双眼睛也一直在注视着中国，见证改革开放大潮春风化雨，波澜壮阔，他将目送我们奔向新时代的征程。

2. 主题：视角转换，情感代入

屹立于改革开放潮头的代表人物，他们不仅是改革的弄潮者，也是时代背景下的普通人，是一位普通的父亲。该片从子女的角度讲述上一代人的改革故事，既可以从年青一代的立场讲述改革开放，保证故事的客观真实，与年青一代形成情感认同、共振，又能以“父亲”这一具有亲近感的概念，拉近不同年龄群体间的感情距离，促进用户以身份认同和情感归属主动实现口碑传播。

发力新媒体端传播的微视频《父亲·我们·时代》，巧妙转化视角，主动将年轻群体融入主流话语体系之中。在与用户共情的视角中，“父亲”是为子女打拼奋斗的角色，他们的付出让下一代受益。而“改革”亦是通过去除不合时宜的旧疾，助力下一代实现发展振兴。所以站在受益的角度，“父亲”和“改革”找到了共同之处。时代流转，“一代人有一代人的使命”的主题亘古未变。

（二）影像“刺点”安排，巧用多重视觉修辞

“刺点”这一概念是法国著名后现代理论家罗兰·巴尔特提出的，他在著作《明室》中提出了一对词组Studium/Punctum。学者赵毅衡将其译为“展面/刺点”。展面主要是指在系列文本和符号中属于中性情感的内容，而刺点却是属于偶然的内容，把整个展面打乱的元素，是吸引读者、打动读者观看的点。《父亲·我们·时代》通过独特视觉形式呈现，使影像“刺点”安排紧凑，视觉抓人眼球，给予用户强烈视觉冲击。

1. 把握变与不变，奇观与纪实并存

《父亲·我们·时代》用红色画框的形式承载“父亲”这一概念，见证改革开放波澜壮阔的40年，为全片增加独特记忆点。通过画框，使承载父亲的油画，也能屹立于天地和中国的土地上，见证改革开放。画框中“父亲”的形象在变，展露在改革开放潮头的代表人物形象也在不断变换，

但不变的是红框所承载的“父亲”的概念。

片中红框勾连起两代人的“时代同框”。框内是父亲，是过去的影像；框外是子女，是今天的讲述。一个框，使两个不同的时代融合在同一个画面里，让视觉奇观效果得以与客观新闻纪实相平衡，实现纪实性与艺术性的融合。

2. 挖掘影像符号，能指与所指交织

作为视觉传播符号的照片有着不同的传播形态，一张照片往往隐藏着各种类型的符号，一组照片符号组合在一起将有更多的符号意义。从照片主体、照片数量、色彩符号角度分析，整个微视频通过影像符号的搭建，不断深化了“一个时代有一个时代的使命”的主题内涵。

表 4-1 红框照片符号分析

序号	讲述者	历史意义	色彩	张数
第 1 组	罗中立	油画《父亲》引出改革开放的进程	彩色	1
第 2 组	严余山（安徽小岗村“大包干”带头人严宏昌之子）	安徽小岗村“大包干”	黑白	4
第 3 组	胡福明之女	胡福明撰写《实践是检验真理的唯一标准》	黑白 3 张 彩色 3 张	6
第 4 组	马茹（马胜利之女）	个人承包国有企业第一人	黑白 3 张 彩色 1 张	4
第 5 组	无	步鑫生——打破“大锅饭”“铁饭碗”	黑白	1
第 6 组	无	中国第一个破产国企——沈阳防爆器材厂	彩色	1
第 7 组	姜维及高原彩（姜维之女）	改革开放后第一家私营企业	彩色	2

（续表）

序号	讲述者	历史意义	色彩	张数
第 8 组	无	年广久——第一个突破雇工数量限制的个体户	黑白	1
第 9 组	无	谢高华——义乌小商品城奠基人	黑白	1
第 10 组	无	韩庆生——星期日工程师	黑白	1
第 11 组	涂俏（《袁庚传》作者）	袁庚——蛇口工业区开拓者	彩色	1
第 12 组	杜先芳及王倩倩（杜先芳之女）	杜先芳——中建三局职工	彩色	1
第 13 组	九组家庭	改革开放今昔对比	黑白 9 张 彩色 9 张	18

从该片主体的红框照片来看，照片的主体基本都选用了改革开放的代表人物。从照片的数量上来看，改革开放前的照片选用了10组，通过大量相框照片，体现漫长而艰巨的改革开放发展历程。而进入改革开放新时代，该片仅仅选用了两组相框照片及九组照片的快闪，快速展现改革开放后中国的变化与成就。可以看出，中国在改革开放之后发展迅速，不仅自身实力加强，国际地位也得到了提高。

在视觉符号领域中，色彩符号的根本目的是传达符号中的信息。从照片的色彩来看，在改革开放初期，视频中的照片普遍为黑白色彩，主要内容为回顾改革开放的发展历史。改革开放之后，视频中的照片多为彩色照片，还原了现代中国繁荣富强的画面。由此可以看出以上照片的“所指”含义——一是展示改革开放过程中实现国家富强、人民幸福所走过的道路；二是表明改革开放使人民从过去的艰苦生活过渡到现在的幸福生活。通过“所指”与“能指”的双重指向，《父亲·我们·时代》实现影像符号背后多维意蕴的搭建。

（三）创新架构——展开视觉文本叙事

1. 四大板块叙事，回环故事化手法

《父亲·我们·时代》以四个关键词——“觉醒、敢闯、巨变、出新”结构全片，打破传统时间叙事，通过非线性时间的叙事逻辑，符合历史时间的发展逻辑。从罗中立的《父亲》油画到胡福明撰写的《实践是检验真理的唯一标准》，是故事的第一章节“觉醒”。从十一届三中全会的召开，新中国首个经济代表团出访欧洲过渡到开拓者袁庚见证荒滩巨变的场景，是本片的第二章节“敢闯”。前两部分“觉醒”“敢闯”，通过展现改革开放初期发展之路，为第三个转折部分“巨变”做铺垫。第三个章节“巨变”，则讲述了改革开放迈入新时代的深圳故事和“一带一路”倡议、雄安新区建设等。最后一个章节——“出新”，昭示“一代人有一代人的使命”，进一步深化主题——每一代人都要为下一代人跑出一个好成绩。

故事的环环相扣和四大板块化结构，使全片打破时间叙事的定式，让改革开放40年的画卷在层层递进中铺陈。

2. 海量素材做减法，核心元素做加法

新媒体语境下，阅读的浅表化要求视听作品必须注重内容的时长，以求留存精髓的同时，达到主流话语的集中表达与传播深意。新华社拥有大量改革开放以来的影像资料，本片的素材选择策略则是围绕“觉醒、敢闯、巨变、出新”四个关键词，寻找合适的可视化素材，并抓出“迷茫的眼神”这一核心要素，寻求适应新媒体端的价值信息，再进行有针对性的处理，将适应互联网新型语态的叙事元素放大。比如，该片在匹配迷茫阶段的影像素材时，选用了视觉冲击力较强的改革开放前的老照片，尤其从眼神的角度切入，紧抓“迷茫的眼神”这一视觉亮点，并强化核心表达元素。

三、赋能：释放技术潜能，建构交互场域

（一）虚拟重现 + 三维动画，可视化场景再造

《父亲·我们·时代》通过技术赋能，把历史照片串起来、让历史人物动起来，实现可视化历史画面的还原。总体而言，本片在技术层面主要采用了以下三个步骤。

第一步，通过历史还原与考察，该片将老照片置于新环境之中，赋予老照片新的表达。比如改革开放初期，年广久的“傻子瓜子”还只是手工小作坊，主创者将年广久当年在手工作坊生产的黑白照片，通过历史还原再现的抠像技术，放置到第五代义乌小商品城的现代机械工厂的场景中，实现今昔对比，跨越时空，让用户领悟改革开放的巨变。

第二步，将平面的老照片三维化，即进行三维重建，二维照片转为三维立体场景。主创技术团队通过重新编辑照片，把“照片”元素做成动画的镜头运动，高度复合化，使画面镜头的信息量增加。

第三步，划分元素的重新组合、编辑，让原本缺失的场景情节得以补充、重现。在重现胡福明撰写《实践是检验真理的唯一标准》场景时，导演组借助虚拟化技术将计算机制作的虚拟三维场景与电视摄像机现场拍摄的人物活动图像进行数字化的实时合成，使人物与虚拟背景能够同步变化，呈现意象化镜头的场景连贯表达。

（二）拳头作品 + 打通线上线下，跨场景触达用户

紧抓“红色相框”这一核心元素，该片在推广阶段衍生出“拳头作品”联动呼应，打通线上线下，多场景触达广大用户群，获得更多舆论引导声量。新华社全媒报道平台联合腾讯，推出线上H5与线下合影打卡交互活动。据不完全统计，“与时代同框”的H5线上互动量已达到510万次，参

与线下合影活动的人数超过1.8万人次。

在“与时代同框”线下活动中，用户可在北京、上海、深圳看到4个红色巨幅相框，参与者可走近相框并与相框背后的改革开放标志性建筑合影。在活动期间，该合影互动还登上微博热搜，产生二次传播，成为热门网红打卡点。除了体验线下活动，用户还可参加“与时代同框”线上H5活动。系统会根据用户上传的头像，将其融合进画面中各个时代的人物上，随机生成一个跨越时空的对比相册。

线下是地标，线上是头条。微视频《父亲·我们·时代》在线上与线下“双向呼应”，为传播提供稳定、丰富的流量入口。

以新华社为代表的主流媒体，在延续品牌“集群效应”的基础上实现内容生产的持续差异化衍生，打造更多“标杆时政微视频作品”，树立起更牢固的品牌，在更广的网络舆论场空间中赢得传播的先机。

作品四《幸福照相馆》

作品信息

所获奖项：第29届中国新闻奖媒体融合奖项新媒体创意互动一等奖
主管单位：中央广播电视总台
主创人员：集体（闫维毅、胡姗姗、张晓丽、罗敏、唐珂、宋国芳、张寄予、张涵）
编　　辑：集体（陶冶、吕天翔、印振浩、石佳石、刘阳）
发布日期：2018年2月13日
发布账号（App）：央视财经客户端、央视财经微博、央视财经微信公众号

作品简介

中央广播电视总台央视财经频道创新使用互联网“多人脸融合”技术，从春节拍摄全家福照片的传统习俗切入，在2018年春节之际推出《幸福照相馆》H5，将改革开放40年来不断改善的人民生活融入各个年代的全家福照片模板中，主打“团圆”这一春节期间全网传播的核心要素，取得了较好的社会传播效果。该融媒体作品由央视财经首发，在电视屏幕端播出制作揭秘并吸引观众扫码参加；在新媒体端则由央视财经新媒体牵头，联动全国138家主要媒体、全国铁路系统385家新媒体、共青团中央宣传部和学校部，以及78家知名企业，联合转载参与活动，形成了全国性、立体

化推广策略，是全国范围内首次出现多媒体、多平台共同参与和推广的活动。《幸福照相馆》H5的用户触达173个国家和地区，PV（页面浏览量）超过1670万次，UV（访问人数）超过1012万人，帮助超过500万个家庭实现了制作全家福的梦想，用科技在阖家团聚的春节献上温暖。

《幸福照相馆》

作品分析

2018年，正值改革开放40周年，各大媒体在这一年纷纷推出回顾中国经济迅速发展、展现时代社会巨变的媒体报道。在这些形式多样、内容丰富的媒体作品中，一款名为《幸福照相馆》的H5作品，通过数字技术打造出50套衣着风格各异、家庭状况不同的全家福模板，网友只需要上传家人的单人照片，后台会利用互联网“多人脸融合”技术，自动“拍摄”出一张跨越时空、独具个性的家庭团圆照。同样是以“致敬改革开放40周年”为主题，这款融媒体作品另辟蹊径，从展示社会成就转向唤起民众个体记忆，从国家政治、经济层面的宏大叙事转向人民生活的日常叙事，真正从人民生活的细微之处见证改革开放的社会巨变。

《幸福照相馆》H5作品是由央视财经频道新媒体部与腾讯公司联手制作并在春节前夕推出的。团圆照的主题契合了中国人过节的心理需求，加之便捷易操作的形式，一经上线，就捕获万千网民的心，参与者众多。同时，央视财经打通线上线下资源，多平台、全流程推广，使《幸福照相馆》成为2018年春节的爆款融媒体作品。据统计，有500多万个家庭通过“幸福照相馆”实现了拍摄全家福的梦想，用户触达173个国家和地区，PV超过1670万次，UV超过1012万人。

有温度的作品不仅能感动用户，也能在业界获得普遍认可。《幸福照相馆》陆续斩获各种奖项，获得第29届中国新闻奖媒体融合奖项新媒体创意互动一等奖；获得由中国广告协会、现代广告杂志社举办的奖项“2018中国互动创意奖金奖”和“2018中国媒介营销奖银奖”；还获得了由经济观察报社与香港管理专业协会联合举办的奖项“2017—2018年度中国杰出品牌营销奖”。

一款优秀融媒体作品，在用户心理捕捉、新技术的应用、平台传播策略方面都有过人之处，多个传播环节的同频共振，才让《幸福照相馆》成为万千受众共同参与的温馨记忆。

一、家国团圆唤起用户共情

“用影像记录生活”，进入普通中国人的生活，与改革开放有关。20世纪80年代，在影像还属于稀缺的胶片时代，很多家庭会在春节期间特意前往照相馆，一家人穿戴正式，拍摄一张全家福。到了90年代，随着人们生活质量的提高，从傻瓜相机到数码技术的出现，以家庭为基础的群众摄影活动变得更加司空见惯，很多家庭的相册里都有一张或多张全家福。这一影像形式，保存了家庭成员在某个时间点上的样貌、神态、动作和衣着，不仅定格家庭的记忆，表达家庭成员对家庭和谐的向往和对家庭圆满的纪念，而且以视觉化的形式呈现家族的血脉相连，凝聚亲情。

随着社会的发展，都市化的进程让传统的中国大家庭走向分散，家庭成员常常分隔千里，年轻人奔忙在外，父母留守家中，春节不能相聚成为很多家庭的常态。数字技术提供了便捷记录的可能，但是变革的家庭状态却让团圆成为奢望。现代人手机里可能有无数照片，却再难觅一张全家福。央视财经频道借助新技术打造的这款《幸福照相馆》H5作品，让奔忙的现代人突破时空限制，利用数字技术重构团圆影像，弥补缺失的美满，并通过社交媒体的传播，激发更多全家互动和家庭话题。在春节这个国人期待阖家团圆的特殊日子，在网络空间提供亲情的沟通渠道，激发用户的共情，唤起人们最真实的亲情记忆。诸多网友的互动反馈令人感动。一位网友说："看着生成的照片，我笑着流泪了。今年是父亲去世20年整，真后悔没能和二老照张相。"有网友在社交平台上留言："难得全家人可以足不出户地拍上一张合影，不同主题的模板更是唤起了童年的回忆和父辈们的话题。没想到，一张小小的照片，竟可以散发出如此之大的温暖。"

家庭团圆是《幸福照相馆》的主题诉求之一，但是它更深层次的意义是将家庭团圆和国家圆满相连接。在模板设计上，作品紧扣每个时代的特征打造出四个十年的概念。据央视财经新媒体负责人张晓丽介绍，全家福模板以十年为一个跨度，一方面可以更鲜明、直观地对比经济生活、社会时代以及人的精气神的变化，另一方面暗合了国家建设的五年、十年规划，是从个人感受到国家发展目标，从小家到大家的维度考量后的设计。从家庭的微观史再到国家变革的大历史，《幸福照相馆》不仅为每一个小家实现团圆的梦想，还通过改革开放40年来具有时代特征的场景，将家庭的幸福瞬间与国家的发展记忆巧妙结合。用户在选择、测试不同年代的照片中，参与照片制作和互动分享时，不仅体会到技术带来的家庭团圆的快乐，也从潜意识里唤起历史的回忆。血脉相连不仅在家族内部，也在整个国家民族之中，牢不可破的血缘联结了个人、家庭、集体、国家。人们家庭影像的记忆与国家历史变化相关，家庭的团圆与国家的和平发展，家与国在团圆的美好憧憬中融为一体。

二、新技术助力精准的呈现

《幸福照相馆》H5作品能够吸引用户广泛参与，数字技术保障是重要的前提。页面内容的准确度、换脸技术的效果，以及高流量下页面的平稳运行，都需要强有力的技术支持。作为主流媒体的新媒体平台，央视财经频道新媒体组一直与各大网络公司技术部门有着密切的联系，关注并积极利用新技术实现媒体内容的创新，打造更具有社会责任感的新媒体作品。

腾讯优图自主研发的人脸识别、五官定位技术，以及天天P图独创的人脸融合技术为生成全家福照片提供技术支持。通过人脸检测技术，软件可以定位人脸上的眉毛、眼睛、嘴巴甚至瞳孔、轮廓等90个关键点，然后提取特征进行融合。为了达到最佳效果，创作团队与中国照相馆合作，调研了过去几十年在该馆拍摄的全家福照片。在选取了反映时代特征的场景后，团队并没有直接利用旧照片，而是特别选择了身材胖瘦高矮适中的模特，重新搭棚拍摄了50多套模板，确保提供的原始模板有尽量广泛的适用性。

在实际应用中，用户直接上传最近的照片，要打破时空限制，“穿越”回各个年代，还原他们几十年前的相貌，这需要大量的算法支持。另外，用户上传的家庭成员的个人照，很可能是在不同环境下拍摄的，颜色、光线也不一样，要完成一张完美的全家福，让大家“回到”同一时空，看起来毫无违和感，需要高科技的支持。首先，根据人脸识别去做人脸检测和关键点的定位，对用户输入的照片做一定程度的旋转，使它匹配这个模板。其次，把特征信息提取出来，并利用图片处理的算法，对它进行校正，对它的曲线、光线或者边角进行一些柔化，与底图照片进行融合，融合之后就完成了换脸。最后，全家福要在一张照片中同时呈现多张面孔，团队又运用了肤色修正办法。通过分析用户脸上的光照，设计光线的综合算法，包括亮度的调节和色温的融合，将它们调整到统一的维度之后再进行应用，使每个人脸上的光线都是一致的。

为了让计算机批量、快速生成的照片自然美观又尽最大可能贴近用户的真实相貌，创作团队充分利用最新数字技术，多措并举，不断在细节上推敲，才实现了照相馆里拍摄的全家福效果，也让用户的“穿越”之旅效果真实又充满惊喜。

三、汇聚平台的立体化传播

社交媒体时代，用户的注意力被海量信息包围，优秀的创意、出众的故事需要借助平台传播的力量抵达受众。《幸福照相馆》融媒体作品通过多媒体、多平台联动推广，打造精准诉求、优质内容协同技术创新，实现多平台资源无缝嫁接，在传播策略上可圈可点，这个“怀旧团圆照”实现了爆款级别的传播。

微信拥有约12亿活跃用户，是当下国人使用最多的社交媒体平台之一。《幸福照相馆》H5作品与腾讯公司联手打造，借助微信平台的运营能力与流量优势，能够最大限度地抵达用户。近些年，互联网促成了“指尖上的春节”新习俗：人们喜欢使用微信拜年、问候、传递感情。《幸福照相馆》面向春节推出的团圆主题，在节庆日为用户提供了一种新的传递情感的形式。全家福的美好寓意、数字特效打造的时空穿越感，吸引网民参与转发。用户在朋友圈或群聊中分享和转发时就成为一个新的传播节点，通过朋友圈、微信群形成的相互渗透的多级传播网络，推广扩散到更大的群体，让越来越多的人加入传播队伍中。

仅仅依靠不同年代全家福的设计形式，用户之间还难以实现更深层次的互动。为了更好地利用社交媒体的互动性，央视财经和腾讯联手在微信朋友圈推出春节限时定制款翻转式卡片广告。广告以新年贺卡双面内容为灵感，正面是《幸福照相馆》的推广，反面是情感丰富的文字和家庭故事，以此促进用户参与，别具一格地助推全家福H5。用户通过“点赞—翻转”阅读他人的故事，也贡献自己的故事，构建全家福情感的延续与升华，创造更深度的精神联结，大大增强了全家福的内容互动性和情感表现力。除此之外，腾讯又通过微信搜一搜助阵。春节期间，用户在微信搜索“全家福”，可直达《幸福照相馆》H5活动卡片，直接参与活动，简化进入门槛，方便活动查找，让更多的用户一起感受团圆温情。《幸福照相馆》通过群体的深度参与，为用户提供了一个建构记忆的平台，在以真实性与互动性触达用户时，其本身也被赋予了更多的社会价值。从团圆照个体的感受，到家庭故事社群的分享，再到群体对所在社会变迁的认知，人们在感受触达人心的温暖力量的同时，也在参与话题的制造和传播，在互动中参与裂变式的传播。

《幸福照相馆》在传播策略上的另一大特色，是在全国范围内实现多媒体、多平台共同参与、共同推广。

首先，在央视部门内部实现传统媒体和新媒体平台的传播共振。作为一款融媒体作品，央视财经新媒体将《幸福照相馆》在“两微一端”首发。中央广播电视总台央视财经频道同步播出相关制作背后的故事，电视端以揭秘的形式助力推广，吸引观众扫码参加。通过打通传统媒体的影响力与新媒体的传播力，央视财经将传统媒体平台的受众引流到融媒体作品，同时让《幸福照相馆》H5作品的使用者能在传统媒体平台获得更多作品幕后的故事。

其次，通过全国性、立体化推广策略实现全网覆盖。《幸福照相馆》联动全国138家主要媒体、全国铁路系统385家新媒体、共青团中央宣传部和学校部，以及78家知名企业联合参与转载活动。新媒体平台的传播，不能再是大而化之的统一标准。百家媒体的平台的联合转载，如何精准匹配、如何提高平台的积极性、如何实现个性化的传播，是央视财经新媒体组在做推广设计时特别考虑的层面。在与不同平台合作时，央视财经打造设计“联名款”来调动媒体、企业参与的积极性和能动性，实现全网推送。这也是全国范围内首次出现的多媒体、多平台共同参与和推广的统一活动。

四、建构数字时代社会记忆

用一款没有门槛的游戏，让使用者获得一种团圆的幸福感，是项目创作团队打造这款H5作品的初衷。《幸福照相馆》通过“全家福”这种视觉化的载体，在虚拟空间实现家庭成员的心理联结，为使用者提供精神上团圆的象征。更值得关注的是，这款作品提供了利用数字技术在媒体拟像世界建构社会记忆的有益尝试。

影像可以成为连接历史与现在的桥梁。家庭摄影体现了社会记忆的核心，摄影的年代顺序，也是社会集体记忆的时间顺序，人们在观看家庭影像时能够唤起过去的时代记忆。《幸福照相馆》用几十套全家福模板承载万千家庭的回忆，能获得使用者的积极参与与认可，除了数字技术提供的支持外，也可能与其用逼真的时代特征提供给使用者重返历史场景有关。项目初期，创作团队在中国照相馆调研，从该馆极具年代特征的全家福老照片中，寻找出每个时代全家福的特点，又联系到在现实中坚持拍摄全家福的家庭，通过个案采访丰富对每个时代的了解。央视财经新媒体组主要负责人张晓丽和罗敏都是80后，她们自己就是伴随改革开放成长起来的一代。因此，在选择照片模板、特色饰品等细节时，融入了项目组成员对于自己所经历时代的记忆，最终筛选确定了50套模板，从黑白到彩色，从朴素的军装到精美的华服，展现出中国改革开放40年间的时代变迁，反映了中国人生活和心态上的变化。通过对每个时代特征和精神气质的准确抓取，作品最大限度地引起用户共鸣。数字技术打造的这款融媒体作品，让使用者在一幅幅影像中重返过去、定格时间，唤起使用者过往的记忆和丰富的内在体验，凝聚社会记忆。

作为一款H5作品，《幸福照相馆》不再是由媒体单一地建构和叙述记忆，媒介在这里作为叙述框架的提供者，建立了一个开放的文化意义生成空间。在传播过程中，使用者参与制作全家福照片，通过社交媒体分享影像和故事，共同构建、书写这款融媒体作品。用户从被动地接受，转为主动地传播，在使用者共同参与的互动叙事中，新的集体记忆被凝聚、丰富和强化，在选择、组织、重述“过去”中创造群体的新的共同传统，维系群体的凝聚。

最近几十年，伴随中国社会经济的巨大变化，家庭成员的相聚时光在减少。传统的家族认同、自我和家族的联结、自我和集体的关系，在时代的变化中，需要获得新的展现和强化平台。网络时代如何利用新技术连接分散各地的家庭成员，传承传统文化，建构社会记忆，《幸福照相馆》的创新启发了媒体的思考方向。

《幸福照相馆》这款融媒体作品，从春节照全家福切入，“小镜头大情感，小切口大主题”，以独特视角、人文情怀、全新创意，记录温馨时刻，传递浓厚情感，向改革开放40年致敬，在春节期间形成了量级传播。这款以小见大的H5作品，为如何利用数字技术服务社会，打造真正契合百姓需求，有温情、有温度，反映时代民生的作品，提供了一个优秀范本和新的思路。

作品五《6397公里的守护》

作品信息

所获奖项：第30届中国新闻奖媒体融合奖项创意互动一等奖

主管单位：新华报业传媒集团

主创人员：集体（双传学、顾雷鸣、庄传伟、任松筠、田梅、孔德信、邓晓琦、朱威、丁吖、王建旸、李爽、郑玲玲、余勤雍、曹阳、王昊晨、谭倩文、高鑫、赵宇、杨玺）

编　　辑：双传学、顾雷鸣、庄传伟

发布日期及时间：2019年12月30日7时30分

发布账号（App）：交汇点新闻客户端

作品简介

《6397公里的守护》是在第30届中国新闻奖评选中获得创意互动一等奖的新媒体交互作品。该作品以习近平生态文明思想为指引，以“长江生态保护”为切入点，以相关流域的儿童参与长江生态保护活动为视角进行融媒体主题报道。

作品围绕此系列活动制作了大量音视频文本，并将文本、视频、音频、特效等互动元素在作品之中融合呈现，最终打造出能够在线上线下进行全域互动传播的优秀新闻作品。

《6397公里的守护》

作品分析

《6397公里的守护》是基于“长江大保护”这一新闻行动的阶段性成果而形成的新媒体交互作品。该作品首发于新华日报交汇点新闻客户端，在传播的过程中依靠其独有的新闻价值和传播渠道，客观上具有垂直和分众传播的属性，是省级主流媒体在主题报道方面的成功尝试。在主题上，该作品以习近平生态文明思想为指引，紧扣“长江生态保护”这一理念，以新闻行动“长江大保护，绿色共成长”中的儿童参与为视角进行内容生产。在形式上，该作品以场景为核心，围绕系列新闻行动制作了大量音视频文本，并将文本、视频、音频、特效与互动元素在作品之中融合呈现。在生产与传播上，该作品积极地对用户进行画像，主动融合了UGC与PGC，以强关系社交网络为基准，在主流媒体打造的新媒体矩阵中，形成了线上线下全域传播的良好格局。

一、紧扣重大主题，着眼独特视角

新媒体传播更需强调重大主题的聚焦式、创新式报道，通过对独特新闻视角的跨媒介延展，凸显媒体融合赋能的主流媒体传播力和影响力。

（一）政策指导下的重大主题

对于主流媒体而言，如何在以移动端为主的全新舆论场域创新视听文本的表达方式，建设适合主流媒体把握舆论和具有良好传播效果的话语模式，是在媒体融合发展过程中需要考虑的顶层设计问题。

推动长江经济带探索生态优先、绿色发展的新路子，关键是要处理好绿水青山和金山银山的关系。这不仅是实现可持续发展的内在要求，而且是推进现代化建设的重大原则。生态环境保护和经济发展不是矛盾对立的关系，而是辩证统一的关系。生态环境保护的成败归根结底取决于经济结构和经济发展方式。发展经济不能对资源和生态环境竭泽而渔，生态环境保护也不是舍弃经济发展而缘木求鱼，要坚持在发展中保护、在保护中发展，实现经济社会发展与人口、资源、环境相协调，使绿水青山产生巨大生态效益、经济效益、社会效益。[①]围绕学习贯彻习近平总书记在2018年深入推动长江经济带发展座谈会上的重要讲话精神，并向全社会传播“保护长江要从娃娃抓起”的理念，新华日报社借助“长江大保护，绿色共成长”这一基于多部门联动而展开的新闻行动，打造出《6397公里的守护》这一交互式融合新闻作品。该作品以H5的形式推出，于2019年12月30日在交汇点新闻客户端发布。

在“长江大保护”行动的纲领下，该作品的策划团队选择了在沿江11个省区生活的孩子们，组织开展长江生态保护的体验性活动，以使他们认识到保护长江生态的重要性。这些活动的形式包括组织主题班会、采集自然标本、诵读古典名篇、制作童画海报、共唱长江之歌等。整部作品以活动中使用的“江豚瓶”为线索，将沿江各个地区所开展的活动化作和谐的音符进行串联，最终构成作品结尾的“共唱长江之歌”板块。“江豚瓶”

① 习近平. 在深入推动长江经济带发展座谈会上的讲话[J].求是, 2019(17).

和“古韵新声”使整部作品的呈现形式具有整体美感，也使作品的结构更为明确。

（二）时空交错中的独特视角

整部作品体现了宏观与微观视角的有机统一。作品既有对长江流域保护行动的宏观视角的整体统摄，也有次级界面下对各地活动的细节观照。整部作品在这些活动与成果的展示中逐步推进，这些随着小场景、小切口和小活动讲述的，并在有关政策引导下的长江保护行动，构成了整个新闻作品的主体内容。此外，这样的表达形式也使不同的时空统一起来，构建了时间和空间的纵深结构。

作品还使用了一定的结构对这些媒介形式进行组织，使其具有和谐统一又出其不意的美感，增强了作品的沉浸感和趣味性，能够激发用户的好奇心。具体而言，作品开头引用了习近平总书记的重要讲话，用音频和字幕特效相融合的方式使其在作品最醒目的位置清晰展示。这既符合新媒体作品快速呈现主题内容的特点，也奠定了整部作品在视觉感知上的明快风格。在对作品逐板块的使用体验下，用户也能够从“江豚瓶”在地图中的进度了解交互作品的叙事发展，对作品进行长时间交互和深观。值得注意的是，整部作品的视角从未脱离参与活动的孩子们，考虑到整个活动的体量，这种视角选取方式除了能够在线上进行客户端投放、媒体转发等常规渠道的传播之外，也提供了基于强关系网络进行人际或群体传播的可能性，故而使该作品大规模的线上线下全域传播成为可能。

二、改进技术手段，呈现全新话语

通过对传播技术与传播语态的融汇运用，主流媒体的融合转型与发展走出了一条独具特色的创新之路。

（一）PGC与UGC的收编整合

作为新媒体交互作品，《6397公里的守护》的呈现形式与当前新闻的发展需求密切相关，也与新闻选题和技术手段密切相关。对于用户来讲，使用交互式新闻作品时，已从事实导向转向体验导向。在主题报道的融媒体中，除了大量使用交互性元素之外，也能够发现其对用户生产文本的接纳。它们起到了显示信息、串联作品的作用，是作品的重要组成部分。

“长江大保护”这一大规模的主题活动联动各个省（区、市）、各个部门和各年龄段的用户，他们不仅是活动的参与者，而且是最终版作品的素材提供者。可见，这一互动性极高的新闻行动对相关用户有着极强的吸引力，他们也应当成为新闻作品的使用者。因此，交互是最适合该选题的呈现方式。此外，作品内部也有大量UGC的痕迹。这些UGC经过专业编辑的加工，很好地融入作品的整体风格，也为整部作品提供了极强的建设性。如各个节点地区承担标志作用（重庆解放碑、上海东方明珠等）的儿童画，均由一年级小学生自主创作并由专业美编截取而成；作品中各地的诗词朗诵，也是自各地征集并优选而来的；作品结尾的“共唱长江之歌”板块，由各地小学生将音频发至编辑部，由后期编辑在剪辑软件中拼合而成。可以说，UGC的生产方式贯穿了整个新闻作品，也正是UGC在新闻生产中的大量运用，才使新闻行动的成果被更全面地表现出来。在UGC的处理和加工方面，该作品更多采用了音频、特效与字幕相互融合的形式。从生产的角度考虑，这种融合方式能够有效降低生产难度。作品中，从开始的习近平总书记的重要讲话，到穿插在整部作品中的“古韵新声”板块，这些重要的内容均采取了相对一致的形式。整部作品拥有更为统一的视觉风格和影像质量，从而形成更好的传播效果。

（二）生产和传播的技术选择

为了实现整部作品的新媒体交互，制作团队选择以H5为技术载体进行呈现。作为一种更适合在移动端呈现的技术形态，H5对素材质量的要求较低，也能使媒体在大型新闻行动中更容易完成素材的收集工作，能够简易地实现各种功能的自由编辑，有效降低了生产难度。以作品中的“古韵新声”板块为例，在与“点击守护”热键进行交互之后，界面出现由蓝色和黄色进行分隔的该地区相关古典文学作品文本与基本情况介绍。在此页面内，可以通过点击“闻古韵”聆听儿童对这些经典名篇的诵读，或点击“听新声”感受该地区野生动物的啼鸣。从界面设计上看，这两个区块被颜色、分割线以及代表性元素分割为两个部分，产生了对比而统一的美感，也有利于使用者快速理解作品结构，产生下一步的交互行为。

在传播方面，用户在使用H5作品时，往往能够对作品的叙事内容有清晰的认知，同时作品本身也具有较快的加载速度和良好的观看体验。用户在体验作品时，也更有意愿将具有新闻价值的作品进行人际传播。在H5的生产方面，这种技术手段能够承载较多的信息，也并不需要很高的技术门槛进行生产，媒体能够在保留自身作品风格的同时，较为轻易地改进表达方式，从而增强新闻的传播效果。

（三）话语和场景的作品建构

当前的社会正在目睹一场“话语技术化”（technologization of discourse）运动。这种技术在当前的媒介和技术环境下应运而生，融视频这一融合了多种技术手段的视听文本也被我国主流媒体接纳，并广泛应用于近年来的重大主题报道实践。此外，作品界面形式和功能满足了场景类型划分的重要维度。界面形式是存在于信息传播者与信息接收者之间维系关系、建立联系的关键点，既可以是物质载体的硬件，也可以是维持信息系统正常运行的软件，是对场景类型进行划分的重要依据，伴随信息技术的不断革新而时刻产生变化。

呈现形式方面，制作团队考虑到“儿童”是促使人际关系产生接近性的重要因素，儿童及其周围的人作为该作品最有接近性的用户，也天然地具有高传播意愿。所以，这也成为其采用儿童视角的重要原因。另外，这种网页的形式也可以使用户直接以链接的形式对作品进行跨平台转发。在媒体融合的当下，主流媒体纷纷建立了立体化的传播矩阵。从渠道的角度考虑，H5作为一种被各大媒体广泛接受的形态，有利于其他媒体与不同平台转发，从而更容易地在传播矩阵以及现有的社群中扩大自己的传播影响力。

除了在视觉传达方面发力以外，作品在策划时也充分考虑了用户在使用交互式作品时所天然具有的主观能动性。在兼顾用户观看感受的同时，该作品在策划时着重考虑了对用户行为的引导。这种引导包括尽量使其在作品页面停留较长时间并达成对作品主线内容的完全使用，以及主动展开对作品的探索行为。在该作品中，它们的驱动方式均为主界面上的热键。这些不同种类热键被设计了外发光的效果，更容易吸引用户的注意力，使其产生好奇心进而点击进入次级页面。在点击热键后，用户即可进入对该地区“长江大保护”活动实施情况的介绍页面，或是对该地区长江历史发展和当前保护成就的介绍页面。

以活动地点“重庆人民解放碑”为例，此处具有“看视频”和“点击保护”两个具有外发光特效的热键，其中“点击保护”热键是每个地区都有的主要剧情，点击进入“古韵新声”后能使“江豚瓶”继续向下游行进；而“看视频”热键则被放置在解放碑童画旁，可以进入观看此地区的视频，了解该地区的活动概况。可见，“点击保护”和“看视频”两个热键的设置分别完成了促使用户自主推进新闻叙事和引导用户进行探索的不同功能。作为活动驱动类型的主题报道，这种经由用户使用而达成的传播触达率，是传统的主题报道形态无法企及的。

三、打造传播矩阵，联动生产传播

多维度、多时空、多媒介化的传播场域呼唤着开拓型的多层次传播矩阵的建设，以传统媒体联动新兴媒体，以大众媒体勾连社交媒体，并由此形成丰富交融的传播舆论场，从而引领主流新闻价值观与社会认同。

（一）传播矩阵的联动打造

在传播方式上，互联网传播模式与传统的大众传播模式也存在极大差异，即存在用户参与下的多级传播，从而为作品本身的传播效果赋予了多种可能性。在转发过程中，用户个体化的态度、观点、评价成为文本的一部分，进入后续的传播路径之中。对于没有第一人称叙述者的融媒体文本而言，由于其文本本身见微知著的特点，长江生态保护这一宏大叙事化解成儿童在“长江大保护”这一行动中的所为，很容易实现个体情感与集体情感的同频共振，引起情感共鸣，加剧情感张力，从而推动网络舆论的发展。

当今，以社交媒体平台为代表的新媒体平台已经成为大众接收新闻信息的重要渠道，也成为越来越多主流媒体争相抢占的舆论高地。此前众多中央媒体率先在新媒体平台铺开诸多尝试，并在传播方面取得了一定成功。诚然，中央媒体在社会资源等方面具有相当大的优势，省级媒体在互联网传播方面有待提高，然而互联网平台在某种程度上给各级媒体提供相对均等的发声机会，各级媒体在某种程度上均存在根据自身发展路径，进行大众传播或者对特定的网络族群进行分众传播的可能性。省级媒体需要进行生产方式、传播渠道等多个维度的创新。在作品的生产方面，省级媒体需要创新作品的表达方式，以适应互联网用户的需求，进而在与众多媒体与传播作品的竞争中取得自己的一席之地。

在传播渠道方面，省级媒体在对属地资源的整合、联动本地相关部门的便利性上都有自己的优势。在这些新闻活动的举办上，也存在生态环境、教育等相关部门的资源深度联动。新华日报成功整合地方资源，广泛覆盖了新华日报的受众群。

因此，作品的策划、实施过程中，存在对传播内容、渠道、技术的多重创新，编辑团队在保持足够敏锐的判断力和资源应用能力的前提下，成功使优秀的作品本身在传播的过程中占据舆论空间的应有之地，实现了与央媒在相关主题报道中的差异性传播。具体来讲，《6397公里的守护》是“长江大保护”系列报道中的新媒体交互作品，作为主题报道，它利用新的媒介手段将新闻事件化。新华日报在整个新闻行动中策划了主题班会、诗词诵读、标本采样、童画及海报制作、滨江健走、夏令营等活动，这些活动内容也以各种形式融合于整部新闻作品中。在具体的表达方面，新华日报又巧妙地选取了孩童的视角，赋予了这些活动丰富的故事色彩。

（二）目标受众的触及扩散

这种故事化的表达也是由新媒体的属性和社群定位所决定的。显然，这部作品首先触达的人群并非未成年人，交汇点新闻客户端的受众存在许多与儿童有直接关联的成年用户。受儿童视角对用户产生天然接近性的影响，这些形式能引发成年人对生态环境保护的共鸣，唤起自身对于长江的集体记忆，进一步增加成年人对长江保护行动的参与意愿。此外，这些孩子可以串联起不同的家庭，通过孩子的视角切入，也可以唤起更广泛的社会关注。事实证明，这种新闻策划与用户画像也是相当正确的。相比于中央媒体以及自媒体的作品，主题报道中新闻事件本身所占的极大比重是整部作品的亮点，这也体现了省级媒体的特点。作品围绕“长江大保护”这一新闻行动展开，但又处处体现了各地区对于习近平总书记系列重要讲话精神的贯彻落实。该活动是重大主题驱动的新闻行动，也获得了很多国家级的荣誉。由此可见，省级媒体在建设性新闻方面可以大有作为。

该作品的成功除了作品本身优质之外，也得益于新华日报所建立的传播矩阵。通过多地多家媒体在多个平台、不同形式的密集报道，活动被设置了大量议程，这使作品和活动都具有非常大的影响力。该活动的传播以交汇点新闻客户端为主，被新华日报相关网站转发；政府系统的相关媒体、行业内媒体以及社交媒体也参与了该作品的传播，对该行动或作品进行了转发或报道。值得注意的是，大量与活动相关的学校、自媒体等也参与了活动相关报道的传播，这些以往被忽视的传播主体积极参与新闻行动，加入传播矩阵，与主流媒体一同形成强大的传播合力。这是传播矩阵中线上线下共同参与新闻生产和传播的结果，也是地方主流媒体在资源调度中对媒体融合的深度实践。

（三）发挥资源优势，挖掘长线报道潜能

近年来，有学者提出“新媒体传播即关系传播”的理念，认为新媒体不仅承担着信息传播的职能，更承载着社会关系，并明确提出“新媒介即关系”的观点。[①]该作品与其说是对新技术和新手段的运用，不如说是通过新闻行动对用户与媒体在新闻作品中新的关系的探索。

《6397公里的守护》深度联动线上线下生产和传播，充分利用了省级媒体的自身特点优势。由于该作品涉及时间跨度较长的新闻行动，在实施时，大量的线下活动可以驱动线上内容的生产，而线上内容的反馈又促使线下内容不断调整。线下的新闻行动也是整个新闻作品生产过程的重要组成部分，它们共同促成了这一持续12年的新闻活动的良性循环。在实际操作中，新华日报也不断开发线下新闻行动。对于传播效果较好的线下活

---

① 喻国明, 梁爽. 移动互联时代: 场景的凸显及其价值分析[J].当代传播, 2017(1):10-13, 56.

动，除了继续在线上进行相关报道之外，还积极对其进行研究，发现作品本身的闪光点，继续推行成功经验，并进行后续的活动调整与开发，最终成功推出数个具有IP效应的栏目。“绿色童画”栏目就是在交汇点客户端每日推荐长江保护方面的儿童画，这也是对整个行动儿童视角的贯彻实施。当发现该栏目的线下参与度和线上反馈都取得较好成效时，客户端对其进行了持续的再生产和整合。

在线上与线下形成良性互动的同时，应当观照以线下强关系社交为基础的人际或群体传播，它们对省级主流媒体新媒体矩阵建设产生不容忽视的影响。前文提到，该作品以儿童视角增强了作品的新闻价值，也唤起了不同年龄段的人群对长江生态及长江保护的集体记忆。带着这种集体记忆观看这一优秀的作品，是引起在强关系社交网络中自主转发的重要原因。

四、结语

融合传播的新闻场景在给予用户使用体验的同时，也重塑了使用者与传播机构的关系。同时，融合传播的新闻场景也依托互联网技术构建的多种形式，打造全新的体验。新闻场景的本质已然不止于微观层面上的信息适配和为受众提供服务，更是宏观层面重构社会关系、开启新型关系赋权模式的重要力量和关键推手。

未来，省级媒体可以有效利用和整合自身的资源优势，打造线上线下的传播矩阵。总体来看，以《6397公里的守护》为代表的融合新闻作品是地方主流媒体融合实践的借鉴参考。它充分发挥了媒体自身的优势，通过更新传播技术、建设传播矩阵、挖掘传播潜力，成功完成了具有高影响力的主题报道。

第五章

新媒体品牌栏目

导 言

根据第28届中国新闻奖评选办法，新媒体品牌栏目是新闻媒体在自有平台或在第三方平台官方账号持续发布且有固定名称的新闻板块（单元）。要求已持续发布一年以上（不含一年），年度内不少于48周，每周不少于3次。新媒体品牌栏目要求内容选择与栏目定位、发布平台相适应；发布量大、交互性强；编排制作精良，社会影响力较大。

第30届中国新闻奖媒体融合奖项呈现整合调整，"新媒体品牌栏目"合并到"新闻名专栏"项目，同时接收包括报纸、广播电视、网站、新媒体等多种媒体类型参评。规定为，新闻名专栏是各媒体原创并刊播有共同特征（同类主题、同类题材、同类体裁）的新闻报道的板块（单元）。要求已连续刊播一年以上（不含一年），年度内刊播不少于48周、每周不少于1次。新闻网站和新媒体专栏要求年度内每周至少更新1次，新媒体专栏应持续发布且有固定名称。新闻网站和新媒体新闻专栏要求特色突出，信息量大，受众认知度高，社会影响力大，鼓励新媒体在自有平台上设立栏目。

第31届中国新闻奖评选办法在表述上略有调整，规定为，新闻名专栏是新闻单位原创，有共同特征的新闻报道板块（单元），应连续刊播一年以上，年度内刊播不少于48周、每周不少于1次。网络媒体（含移动端）专栏要求信息量大，鼓励自有平台刊播栏目，移动端专栏应持续刊播且有固定名称。

方法解析

新媒体品牌栏目是主流媒体深耕内容，针对分众化的用户，不断汇聚优质内容的重要阵地，具有连续、稳定的品牌效应。

聚合优势资源，打造品牌效应。新媒体品牌栏目是主流媒体在自身内容资源、采编整合能力的基础上，顺势转换，聚焦移动新媒体平台，不断积累打造，形成上接“天线”、下接“地气”的品牌。比如，“侠客岛”的运作依托《人民日报海外版》，利用其国际传播的优势资源打造而成；“讲习所”是新华网集全网之力，融合强大而专业的采编、专家和技术团队打造的品牌栏目。

找准用户痛点，形成差异化竞争。主流媒体利用先占优势，确定差异化竞争领域，满足用户的需求，利用目标集中战略，形成差异化竞争。比如，“麻辣财经”深耕财经专业领域，聚焦经济垂直地带，以此辐射重大时事、民生等话题，以通俗易懂的文字、活泼幽默的文风形成自身特色。“长安街知事”利用北京日报的政治视野和资源优势，着力打造以跨地域时政时事新闻观察为特色的非典型时政叙事的深度栏目，深耕人事、反腐等自身所擅长的领域，重点体现速度与深度、犀利与克制、内容与形式等多方面的平衡，探索解决重大时政报道在新媒体转型中的难点，由此获得影响力和竞争力。

创新生产机制，形成融合表达。品牌栏目具有稳定性和聚集优势，更能反映主流媒体在媒体融合发展中的体制机制变革，在组织结构、生产机制、生产流程和创新传播上都能体现转型创新的特点。比如“光明追思”新媒体专栏，形成报纸、微博、微信、客户端和网站的联动生产和传播机制。“麻辣财经”更是利用人民日报采编人员“跨部门、跨媒体、跨地域、跨专业”的融合优势，形成工作室人才聚合模式，发挥作品的融合效应。

作品一“侠客岛”

作品信息

所获奖项：第28届中国新闻奖媒体融合奖项新媒体品牌栏目一等奖

主管单位：人民日报海外版编辑部

主创人员：集体（王树成、王咏赋、张远晴、杨凯、陈振凯、申孟哲、刘少华、李贞、姚丽娜）

发布日期：2014年2月18日

发布账号（App）：微信公众号

作品简介

“侠客岛”是《人民日报海外版》旗下的一个新媒体品牌栏目，在微信、微博、头条号、门户网站等平台均有发布。微信第三方数据显示，截至2019年2月25日，“侠客岛”累计发文1972篇，全网粉丝量逾1000万人，舆论影响力超过了99.96%的新媒体账号。

“侠客岛”

作品分析

“每有大事看侠客岛”是“侠客岛”的一句宣传语。正是因为“侠客岛”能追踪国内外时政热点、剖析社会民生领域痛点、解读国家大政方针，所以能在成立后短短五年的时间里，拥有千万级的粉丝群体，一跃成为我国舆论场中极具影响力的“轻骑兵”。

一、主流媒体的新媒体窗口

“侠客岛”的运作依托《人民日报海外版》，自其成立之日起，便成为主流媒体在新媒体平台发声的重要窗口，也成为国际传播的重要窗口。

当前，随着互联网、移动互联网的快速发展，现代人面临的信息环境变得更加复杂，不同的声音充斥在人们耳畔，影响着人们的认知、态度，甚至行动。此时，主流媒体应该肩负起舆论引导的职责，为公众提供更多真实客观、观点鲜明的信息内容，牢牢把握舆论引导的主动权。“侠客岛”的选题范围十分广泛，涉及政治、经济、军事、社会、民生等诸多领域，对国内、国际事务都有关切。无论是哪类选题，“侠客岛”都直面当下热点，积极、主动地引导社会舆论。

传统媒体和新兴媒体不是取代关系，而是迭代关系；不是谁主谁次，而是此长彼长；不是谁强谁弱，而是优势互补。在媒体融合背景下，为了使党的声音传得更开、传得更广、传得更深入，我国主流媒体纷纷进行探索和尝试。作为党报新媒体，“侠客岛”的建立依托《人民日报海外版》，充分发挥权威、丰富的信息源优势。“侠客岛”的编辑为海外版优秀、年轻的记者，他们以新颖的视角、独特的观点、优质的内容，不仅树立起“侠客岛”的品牌，而且扩大了《人民日报海外版》的传播力、引导力、影响力、公信力，吸引了数量可观的用户。作为主流媒体“报网融合”的成功尝试，“侠客岛”和《人民日报海外版》在发展上呈现相辅相成之势。

2018年8月，习近平总书记在全国宣传思想工作会议上发表重要讲话。习近平总书记强调，做好新形势下宣传思想工作，必须自觉承担起举旗帜、聚民心、育新人、兴文化、展形象的使命任务。[①]其中，“展形象”便是要加强我国媒体的国际传播能力建设，讲好中国故事，传播中国声音，在世界上展示一个真实、全面、立体的中国形象。据第三方数据统计，五年来，“侠客岛”文章被西方媒体（不含华文媒体）转引1.8万余篇次，年均3000多篇次，共计600余家外媒转引过“侠客岛”文章。“侠客岛”已经成为外媒了解中国的重要途径之一，它在国际舞台上传播中国声音方面产生的影响越发明显。

二、深耕优质内容

科学技术的创新带来传播领域的变革。伴随人工智能、5G通信、AR、VR等技术的推广应用，传播门槛、传播成本大大降低，一批商业媒体、自媒体如雨后春笋般涌现，传媒环境发生巨变。在“人人都有麦克风”的

① 举旗帜聚民心育新人兴文化展形象 更好完成新形势下宣传思想工作使命任务[N].人民日报，2018-08-23(01).

今天，主流媒体的渠道优势逐渐丧失，曾经“我说你听”的传播时代一去不复返。但是，这并不意味着主流媒体的发展会停滞不前，甚至发生倒退。根据清博大数据监测，2018年，“侠客岛”微信文章阅读总量达到5300多万次，篇均阅读量8万次以上，影响力超过99.99%的公众号，每周保持4—5篇阅读量10万+的“爆款文”，用户信任指数高达98.5%。[①]优质内容是稀缺资源，同时也是媒体的核心竞争力。“侠客岛”能够在全国数千万个微信公众号中脱颖而出，根本原因就是深耕内容，做出自己的品牌特色。

“侠客岛”的定位是解读时政新闻。通过聚焦国内外的热点事件，主动介入话题，在舆论场上发出主流声音，引导社会舆论。比如，对于山西长治、大同、临汾等地政府提交给中央的环保督察整改文件中，出现照搬照抄整改方案的现象，“侠客岛”以文章《【解局】山西，再一次被中央点名批评》锐评我国地方政府在工作中形式主义屡见不鲜的问题，发挥新闻媒体舆论监督的作用。再如，中美贸易摩擦期间，“侠客岛”持续关注中美双方最新动态，发表《【解局】“中国偷美国的钱”？什么鬼逻辑！》《【解局】美国打压华为史》《【解局】5G时代，美国到底在焦虑什么？》等多篇文章，第一时间就中美贸易摩擦问题为公众提供权威解读。

内容原创是“侠客岛”的一大特色。2013年微信推出公众号的功能，发展到今天，我国微信公众号数量激增，同类公众号之间内容同质化的问题日趋严重。在此背景之下，精品原创内容成为助力公众号“杀出重围”的一大法宝。截至2019年6月6日，“侠客岛”微信公众号上线1934天，发布原创文章1508篇。通常情况下，“侠客岛”微信公众号每天推送一次，每次发送一篇文章，如果遇到重大、突发事件，编辑部则依据实情做出相应调整。与其他时政类公众号相比，“侠客岛”日推文的数量不多，不过

---

① 阳美燕，田淼.党媒微信公众号的运营策略探析——以人民日报海外版微信公众号“侠客岛”为例[J].新闻战线，2019(7):108-110.

“少而精”是编辑部追求的目标。与商业媒体相比，“侠客岛”的文章具有难以匹敌的权威性、公信力、广度与深度，“侠客岛”凭借优质的内容产出得以在舆论场产生更加广泛的影响。

在新媒体传播环境下，时政新闻的语态也发生了变化，传统新闻中宣传、说教口吻在时下的传播环境中已经不再适用，“侠客岛”在传播语态方面同样进行了积极探索。2019年4月26日，“侠客岛”发表《【解局】当东北人穿不起貂儿，这事老严重了》，分析我国目前南北经济发展差距越来越大的现象。从文章的标题来看，“貂儿”“老”的使用显示出明显的东北特色，具有口语化、形象化、幽默化的特点。从文章内容来看，“侠客岛”采用第一人称“岛叔”，以楼市为切入点，带领用户在“岛叔”与朋友的故事中感受我国南北发展差异并展开相关思考。除了“岛叔”，“侠客岛”还塑造了“岛妹”等形象。通过人格化形象的塑造和更加接地气的表达方式，“侠客岛”一步一步打破官方话语和民间话语之间的界限，降低了用户对时政新闻的理解难度，提高了信息传播效率，并且拉近了“侠客岛”与用户之间的距离。

三、用户思维

目前，全球互联网飞速发展，传统的受众理念已经远远落后于现实情况，并且正在被用户观念逐步取代。与受众相比，用户的能动性更强、态度更鲜明、自主选择权更大。为了在用户市场占得一席之地，媒体需要在自身发展中强化用户思维，增强作品意识。2016年，“侠客岛”发起一项用户调查。调查结果显示，“侠客岛”的用户群体具有年轻、高学历、理性等特点，且具有一定的消费能力和欲望。由此，“侠客岛”根据自身作品的用户画像，从选题、语态、呈现等方面下功夫，为用户量身定制新闻作品，其内容的传播效果得到显著提升，品牌形象得以进一步树立。

基于媒介技术的驱动，用户已经从传播过程中被动接收的角色更多地向信息生产、传播等环节介入，用户生产内容已经成为互联网3.0时代的特点之一。UGC充分调动了用户的主动性、参与性、创造性，使信息传播的主体更加多元，信息环境变得越发丰富。对于媒体来说，将UGC纳入自身传播过程，既可以增强与用户之间的关联，也不失为一种获取优质内容的捷径。在内容生产中，“侠客岛”除了坚持原创以外，也重视用户生产的优质内容。在《别点了，肯定没有你》中，“岛妹”带领用户回顾了近期举办的《美国陷阱》读书打卡活动，精选的数位“岛友”的读书笔记，占据文章三分之二的篇幅。将用户生产的内容“为已所用”，不仅强化了“侠客岛”与用户间的黏性，而且进一步提升了用户的活跃程度。

身处信息爆炸的时代，人们不再面临信息资源不足的窘境，与之相反的是要处理信息冗杂、甄别难度倍增的问题。除此之外，信息的传播方式由以往的单向传播转变为现在的双向互动式传播，用户选择权增加，用户的自主性发挥着前所未有的作用。因此，媒体必须把握互联网的传播规律，提供即时、碎片、简洁、明了的内容，满足用户在移动端快速阅读的需要。“侠客岛”通过设置“解局”“岛读”“经济Ke”“岛叔说”等栏目，帮助用户快速识别文章类型，方便用户按需阅读。作为时政新闻类微信公众号，“侠客岛”排版设计十分简洁，对于重点内容采取加粗、使用下划线或者用不同颜色标注等方式以示强调，在内容呈现上力求让用户一目了然，优化用户的阅读体验。

当前，信息到达用户端并非传播过程的完结，新媒体账号（平台）若想获得长远发展，还需通过其他方式维持与用户的“亲密关系”。根据马斯洛需求层次理论，社交需求是人们在实现生理需求、安全需求之后的较高层次需求。“侠客岛”通过创立用户微信群、举办“快闪沙龙”等方式与“岛友”交流，使用户更加有归属感、参与感。2019年5月14日，“侠客岛”推出《【快闪沙龙】和非洲酋长聊天，第一次吧？》，预告当天邀请刚刚获封部落酋长的孔涛到“快闪沙龙”，通过微信群分享他在非洲当酋长的故事。5月23日，《【实录】我在非洲当酋长的那些趣事儿》是对当天现场的精彩问答的二次创作，阅读量超过10万次，进一步扩大快闪活动的影响。

四、结语

作为人民日报主账号之外的二级账号，“侠客岛”的话语空间比主账号大得多，选题范围也更加广泛。“侠客岛”第一时间关注国内外的热点、焦点，并作独家深度解读，积极回应社会关切，有力地发出主流声音，不仅扩大主流媒体在我国舆论场的影响，而且为国外媒体了解我国国情打开了一扇窗口。“侠客岛”已经成为媒体融合背景下《人民日报》矩阵式传播的关键一环。

“侠客岛”以其严肃有深度的选题、轻松活泼的表达、人格化形象的塑造，让用户对《人民日报》和《人民日报海外版》有了新的认识，以往严肃的党媒给用户留下一种平易近人、风趣幽默、理性客观的印象，大量“圈粉”。

未来，作为党报新媒体的“侠客岛”将坚持为党发声的立场、内容原创的特色和用户至上的本色，通过总结实践过程中的经验，以及对其他媒体平台运营的经验借鉴，积极探索创新，为用户生产更多有趣、有用、有料的时政新闻作品，争取早日打造成为我国主流媒体融合发展的典范。

作品二“麻辣财经”

作品信息

所获奖项：第29届中国新闻奖媒体融合奖项新媒体品牌栏目一等奖

主管单位：人民日报社

主创人员：集体（王慧敏、李丽辉、朱剑红、陆娅楠、曲哲涵、孙秀艳、高云才、冯华）

编　　辑：集体（卢新宁、许正中、李丽辉、陆娅楠、曲哲涵、孙秀艳）

发布平台：人民日报全国党媒信息公开平台客户端

作品简介

“麻辣财经”融媒体工作室是人民日报首批创立的融媒体工作室。自2016年10月24日创立以来，“麻辣财经”已发布新闻报道、评论、视频、H5等作品500多篇，其中，2018年“麻辣财经”发稿178篇，有40多篇被报纸采用刊登，相当于每4篇“麻辣财经”的稿件就有1篇刊登在报纸上，真正实现了新媒体与报纸间的融合，对新时代党报融合创新进行了有益探索。“麻辣财经”稿件落地网络平台达上百家，多数稿件在单一平台的阅读量就达数百万次，其专业性与可读性受到经济界高度肯定。

"麻辣财经"

作品分析

在传统媒体纷纷走向融合的进程中，"麻辣财经"是较早尝试转型的团队。工作室的五位主创人员立足自身优势，不断探索创新，从"摸着石头过河"逐渐发展出一套可行性强、常态化生产的成熟机制，为深度融合创新提供了宝贵的实践经验。

一、机制创新：立足主流媒体优势，探索深度融合常态化

（一）人员融合：发挥人才优势，实现"四跨"组合

媒体融合指的不是各类媒体的简单相加，而是全程、全息、全员、全效的全方面融合。其中新闻人才是新闻生产的基础，人才融合是融合的第一步。"麻辣财经"组建创作团队之初就在人员配置上下足功夫，鼓励采编人员进行"跨部门、跨媒体、跨地域、跨专业"的自由兴趣组合，将优秀人才汇集在一起，利用彼此的不同优势提升整体合作效果。

"麻辣财经"的主创团队是五名来自人民日报经济社会部的女记者：李丽辉是高级记者，在财税方面拥有丰富的报道经验；朱剑红主打宏观经济报道；曲哲涵富有家国情怀，专注民生话题，擅长用"大白话"诠释财

经专业内容；陆娅楠擅长交通、住建、宏观经济的“大杂烩”；孙秀艳则是资深环保记者。五位主创人员来自不同的领域，其报道领域更广，比一个人“单兵作战”所能关照到的领域丰富许多。主创人员李丽辉说：“我写财经领域的报道没有问题；但是如果让我写科技领域的，让我讲北斗是怎么回事，我真的不知道。每个人的能力是有限的，不可能全面地照顾每一个领域。所以五个人集合起来变成一个品牌，变成一个工作室，变成一个集体和团队的话，那这个工作室出来的稿子、出来的作品，就是丰富多彩的，它的覆盖面会更广。”

在媒体融合的大趋势下，主流媒体在人员配置方面也进行了不同的尝试。央视为进军新媒体领域而招兵买马，引入年轻人才壮大新媒体的新生力量；而人民日报选择了另一种做法，即在原有人员编制的基础上，让人民日报的各部门采编人员按照自己的报道方向等自愿结合成融媒体工作室，以此激发人民日报作为主流媒体的人才优势。“麻辣财经”的五名主编基本都有10年以上的媒体工作经验，并且长期专精于一个领域。

比起引入经验不足的新员工从零开始，这种由资深记者组建的融媒体工作室更具有专业性，也更能保证新闻的质量。李丽辉表示：“（新人）会新媒体的制作，但对新闻了解不够深，做出来的东西只能是‘小编如何如何’，很好玩很轻松，但是门道不够，力道也不够。实际上，现在一些所谓新媒体，只是变了一下内容的表达形式。都是小编把记者或作者的稿子改了一下，改成一个有网言网语风格的东西，但是缺乏‘内容为王’的内核。内容为王，难道只是形式上的改变就可以吗？”

人民日报通过详细的分析与自我审视，认识到自身在专业上是有竞争力的。而媒体融合转型，需要把这一部分能量释放出来，释放到新媒体那里去，并不是互相取代，或者放弃原有的优势。

（二）部门联动：打破“按口”写作，盘活媒体资源

人民日报虽然不是名义上的媒体集团，但实际上有着数十家社属报刊和社属企业，蕴含着潜力巨大的矩阵型传播资源。过去，界限分明的部门划分使这些媒体资源被禁锢在各自的一亩三分地里，难以发挥联动效应。而融媒体工作室的成立给了传统媒体一次新生的机会。人民日报旗下所有采编人员跨部门成立了50多个类似“麻辣财经”的工作室，人员流动打破了部门间的界限，成功盘活了各个部门之间的资源，达成“1+1>2”的效果。

“麻辣财经”的五位成员是经济社会部的一线记者，组成融媒体工作室时并没有从原有的部门中脱离出来，而是一身兼任两职。在日常工作中，她们通常会完成两个版本的稿件：一个用于见报；另一个则发到客户端、人民网，或者全国党媒平台。这就使传统采编部门的信息资源、采访资源自然而然地流动到了新兴的融媒体部门。

除了人员流动带来的“活水”，工作室日趋常态化的新闻形式创新等也推动跨部门合作的建立。以“麻辣财经”工作室的视频访谈类新闻为例，其生产过程就充分体现了各部门资源的联动：视频访谈系列作品邀请财经界的高端专家来到演播室，就经济领域的某一话题展开深入讨论，以现场对话的生动形式将深奥难懂的话题呈现出来。在这一生产过程中，话题可能来自人民网舆情数据中心；视频录制过程中所需要的演播室以及编导和摄像等都属于人民网；访谈的主持人通常是“麻辣财经”的五位主创人员；而访谈的嘉宾可能是经济社会部某一领域的专家型记者或者人大代表、政协委员等；最终节目制作完成分发出去时，需要人民网、人民日报客户端、全国党媒信息公共平台等多元渠道的合作。

打破“按口”写作的规则，既调动了各个部门的场地器材等人力物力资源，又形成了更广阔的思维层面上的互动。过去，记者往往是根据自己

手上的现有资源自行决定，思维难免有局限之处；但是因为有了“麻辣财经”的工作室机制，有了这种类似于视频作品的联动生产，很多内容就可以协同商议。而多人协商的过程，实际上强调不同角度的碰撞：专业领域的记者主编难免执着于“专”与“精”，有时会出现“钻进去出不来”的情况，让报道成为读者难以触碰和理解的“空中楼阁”；而其他领域的人既可以反馈不同方面的意见，也可以站在普通读者的角度来审视。这样碰撞出来的选题便能够做到既有深度又接地气，更具针对性。

（三）术业专攻：实现高效配合，着眼常态发展

媒体的融合转型要切实考虑具体实践操作过程中的可行性，既不能好高骛远、揠苗助长，也不能一时跟风而不顾常态化发展。媒体转型也是媒体人的转型，但对于传统主流媒体人民日报而言，长期接受传统新闻技能培训的资深记者，猛然接触新媒体技术难免会遇到困难。

让资深记者编辑们从头学起、重新起步固然也是一种可供选择的做法，但新媒体端新闻作品的生产过程中，常常需要用到H5、动画、漫画、长图、短视频等一系列技术要求较高的媒介表现形式。这些技能都需要长期的培训与实践，不可能一蹴而就。强制习惯于文字表达的记者掌握这些技能，不仅耗时长见效慢，更可能因为媒体人自身精力有限而造成人员疲惫，最终导致转型难以长期维系下去。“麻辣财经”工作室本就要求主创人员跨部门兼职，为报纸端和新媒体端提供内容的压力已然很大，再要求她们亲自去做技术方面的工作，未免“强人所难”；纵然一次两次能够做到，也难以长期推行。

在这种情况下，人民日报在建设融媒体工作室时进行了全面考量，配合形成了一套“术业专攻”的生产机制。人民日报成立了一个专门的媒体技术公司，该公司主要分为两大部分：一部分关注平台技术，例如人民日报“中央厨房”就是由这一技术团队搭建起来的；另一部分关注技术与内

容，负责将新闻内容与短视频、动漫等新媒体元素融合搭配起来，呈现最佳效果。而融媒体工作室需要做的就是和技术团队完成对接。如此一来，文字记者转型就变得非常容易了。也就是说，文字记者和内容团队相互配合完成作品，作品样态就是五花八门的，极大提升了工作效率，减轻了文字记者的畏难情绪。

每一个融媒体工作室都有负责技术对接的小助手或者是配合内容生产的小团队。“麻辣财经”的资深记者们把自己的创意表达出来，将素材提供给专业的技术人员，由技术人员进一步完成。整个过程高效合理，可行性强。这种机制实际上是在促成专业的人干专业的事：资深主编们的大脑是新人小编和制作团队取代不了的，他们负责思路策划和深度挖掘；但呈现的方式又非他们力所能及，便由专攻技术的团队来完成制作。整条生产线各司其职，有条不紊。每个人都奉献了自己最专业的能力，合到一起就能诞生有竞争力的、独特的、有深度的作品。

除了技术生产层面的精细分工，人民日报还在分发层面上减轻了采编人员的负担。“麻辣财经”工作室完成写作之后，将稿件提交给全国党媒平台的团队，由他们负责分发与传播，进行整体的统筹分配。如此一来，每个员工都可以将有限的精力投放在自己最擅长的岗位上，发挥最大的效力。融媒体工作室没有执着于将每一个员工都变成全能型的融媒体人，而是将整个报社的所有人力物力资源深度融合起来，成就全能型的融媒团队。

正是依托这种制度，“麻辣财经”工作室的新闻生产才能够长期坚持，而不是“三天打鱼两天晒网”，主创人员有空就写没空就搁置。“麻辣财经”每年诞生的新闻稿件大约有200篇，也就是一周要写4篇，实现了常态化的稳定运营。

二、题材创新：做传播形态的加法，拒绝内容深度的减法

（一）政治题材忠诚：传递国家政策，平台联动解读

《人民日报》是中共中央机关报，报道的严肃性与社会责任感是主流媒体的底色，不能为了媒体转型而去盲目适应互联网泛娱乐化的一面，而是要利用互联网广阔的报道空间让内容更丰富，让深度更深，让传播更广。“麻辣财经”作为人民日报的融媒体工作室，肩负着报道政治题材的使命，不断尝试以新媒体的形式与传统纸媒联合发力，致力于更好地传递国家重大政策。

以全国两会系列报道为例：2017年，“麻辣财经”第一次以团队方式参与全国两会报道，承担起新媒体与报纸版面融合的重任，工作室共采写了14篇报道，其中9篇实现了新媒体和报纸融合，基本上做到了纸媒和新媒体同步刊发；2019年，“麻辣财经”与经济社会部、人民网等部门深度联动合力报道，共计发稿17篇，其中8篇与报纸版面进行融合，同时推出10期“麻辣财经”视频访谈全国两会特别版，在100余家党媒平台及商业媒体进行传播。

在重大题材的报道方面，融媒体实际上激发了传统媒体潜在的能量。资深的记者和主编们在长期的报道过程中既积攒了信息资源，也有一定的表达意愿。例如重大政策、重大事件宣布之前，一些部委会召开吹风会，给记者们解读事件的背景、来龙去脉、重点、目标等。虽然记者们拿到了宝贵的第一手资料，但实际情况是，能够写出来的部分只占其所知内容的一小部分。由于报纸版面资源有限，很多东西放不下，无法透彻讲解，余下的信息便沉淀了下来。

但在融媒体平台上，报纸版面和内容分配的局限被打破了。以供给侧结构性改革中“三去一降一补”的政策报道为例，传统报道和融媒体报道

呈现不同特点，形成鲜明对比。在写作传统报纸上的稿件时，记者和编辑首先要做的是对重大政策的整体解读，将去产能、去库存、去杠杆、降成本、补短板这五大任务逐一进行介绍，让人民对政策有一个全面的、基本的理解。但版面有限，面面俱到之后，具体的每一个要点中难免就有言而未尽之处。这就出现了内容供给和读者需求之间的矛盾。读者特别想知道的，记者只能在报纸的文章中简单写几句，没办法仔细讲。此时，融媒体的优势就显现出来了。融媒体报道对于版面与字数的限制大大降低，记者可以一次只选择一个政策要点进行详细深度的解析，并利用各种媒介技术使深奥的财经专业话题更加生动易懂。2016年中央经济工作会议结束之后，《人民日报》对会议进行了全面报道；而“麻辣财经”聚焦会议中的一个要点“房子是用来住的、不是用来炒的”，在会议结束的第二天就发布了《房子是用来住的，平地起惊雷！》，就人民关注的住房问题进行深度解读。

传统媒体与融媒体在报道同一个重大政策题材时的差异，就好像影视拍摄中的全景镜头和特写镜头：全景镜头展示全貌，而特写镜头更贴近、更聚焦、更个性化。因此，面对重大的政策解读和重大的事件报道时，如果抓住一个读者关心的点并把它细化，掰开了、揉碎了说清楚，就会更受欢迎。因为读者觉得文章说得有道理，而且说得比其他媒体更透彻。更重要的是，在融媒体平台上，这种文章可以与用户交流，得到读者的直接反馈。

这也是一种整体上的融合：全景镜头和特写镜头合理搭配使用才是一部精彩的影片；传统媒体报道与新媒体报道融合发力，才能使报道内容更加丰富多彩，政策解读更加深入人心。

（二）经济题材坦诚：回应舆论争议，避免社会误读

“麻辣财经”，顾名思义，主攻财经领域报道。经济题材是融媒体工作室关注的重点。五位来自经济社会部的主创人员拥有丰富的财经报道工作经验、扎实的财经领域专业知识，并与各个经济领域的顶级专家保持联

系，经常邀请专家进行专访或解读，在经济题材上占据先天优势。同时，“麻辣财经”在报道中始终保持着坦诚的回应态度，不因优势而傲慢，不因专业而居高临下；坦然面对舆论争议，用事实和逻辑对经济话题进行权威解读、避免社会误读。

财经领域的税收问题与人民群众的切身利益直接相关，总是能够引发社会关注。但税收算法涉及一些专业知识，民众在解读过程中难免出现争议。2016年就有自媒体蹭着税务调节的热度捕风捉影，抛出“高收入”的概念，提出“年收入12万元算不算高收入？是不是应该加税？”等问题。这些言论具有一定的煽动性，在人民中引起一定的恐慌和不满。

对此“麻辣财经”及时回应，发表《12万元，收入水平高还是低?》。文章通过详细的文件解读与细致的分析，首先指出了“自媒体”公众号原文的不妥之处，再用汽车挡位的比喻形象解释了这一争议：目前个税有5档税率，而12万元的年收入对应5档中的第三档，也就相当于汽车挡位中第三挡左右。与税收问题的抽象性和专业性相比，汽车的挡位是大家都见过用过的。以此作喻，读者就能直观理解所谓12万元收入的定位，避免被谣言牵着鼻子走。

2018年修订的个人所得税法亮相之初，有一张个税调整前后的“收入表”在朋友圈疯传，称提高起征点后个税下降，但社保缴费增加，拿到手的工资不升反降。“麻辣财经”工作室迅速反应，撰写《“个税降社保缴费增”，到底是什么情况?》。该报道抓住关键词，指出“个税”与“社保”两个概念之间的区别和联系，让读者们吃了一颗“定心丸”。

这种容易引起社会恐慌、大家又不明就里的话题，就是“麻辣财经”的选题。主流媒体在融媒体平台上发挥自身专业优势，守正创新，起到了良好的舆论引导效果。

（三）群众题材热诚：关注民众热点，释放渠道潜力

融媒转型让主流媒体离民众更近，内容生产也更“接地气”。“麻辣

财经”除了完成身为党媒传递国家政策、立足专业深入经济话题的报道任务，更做到了关注民众题材，追寻民众热点。

融媒体工作室的建立大大提升了记者捕捉民众热点的反应速度。传统记者报道题材的主要来源只有报社分配的任务和自己手上的信源，而工作室机制让大家能够群策群力。主创人员李丽辉说：“五个人，十只眼睛总比两只眼睛要看得多，耳朵也多，眼睛也多。实际上就是大家首先要盯住自己跑的这个领域的热点；其次就是谁看到了，谁就在群里及时说。”

“麻辣财经”的选题很少来自专门的策划会，而是靠着大家在微信群里随时发言、随时商讨敲定下来。往往是一个人在群里提出意见和思路，大家迅速商议后判定可行性，然后委托一个负责人操刀。大多数课题都可以归到五位主创所了解的领域里，由最专业的最熟悉的人来写；如果都不熟悉，记者和编辑们则会选择对事情感触最深、最有共鸣的人执笔。这样一来，就形成了一个快速响应的机制。原本需要协调人力与时间的会议，变成了可以随时发生，不到半小时就能高效解决的线上沟通。

例如，在关系群众生命安全的滴滴顺风车事件中，“麻辣财经”就在第一时间发声，发表《约车不是“约会”，乘客个人信息岂能泄露?》。报道针对女孩遇害事件以及滴滴的整改公告，指出：“认清了问题的根源，整改才更有目标和针对性。交通出行安全是第一位的，乘客信息安全是运营安全的重要一关。”稿件发出后被上百家网站转载，在人民日报客户端上的阅读量超过230万次。

话题从群众中来，声音也要传递到群众中去。作为肩负社会责任的党媒，人民日报融媒体工作室想的是把正能量的声音传得更远。工作室自身的五位主创精力有限，考虑到具体的实践情况，她们没有形式化地追求在微信等各类平台上都注册账号进行更新，最终导致“有名无实”；而是发挥平台优势，巧借商业媒体的渠道布局，释放渠道潜力。“麻辣财经”的稿件会直接在全国党媒平台上发布，避免微信公众号等在转载方面的诸多限制；党媒平台跟多家平台都有入驻互动，新闻发出去，商业媒体、商业化的平台就都能看到，大大提升了传播效果，让群众话题出现到群众面前。

三、风格创新：麻辣报道针砭时弊，犀利语言赢得好评

（一）亲民化语言：快言快语幽默风趣，生动解说深入浅出

人民日报的整个融媒体平台是一间“中央厨房”，资深采编人员是经验丰富的厨师，报道题材也是最好的食材，但从食材到厨房里可口的“麻辣菜”还需要一些作料。从传统纸媒渠道转移到融媒体平台，难免要进行风格上的适应与转换。对“麻辣财经”来说，如何加好作料，让财经领域专业性较强的题材在互联网平台的浅阅读、快阅读的形式下吸引读者，既不为了迎合而过度娱乐，又不因太过高深而被“敬而远之”，就成为一个关键性的问题。

对此，“麻辣财经”进行了语言风格上的革新，以幽默风趣、亲民易懂的快言快语拉近与读者间的距离。所谓亲民易懂，是指不故弄玄虚炫耀知识，而是深入浅出，同时在字里行间借助文字技巧适当调节阅读节奏，考虑读者的阅读体验。比如，“麻辣财经”的采编人员在撰写稿件时经常自称“麻辣姐”，一句带点市井气息的称呼显得平易近人；每次报道开头，文章也会尽量用生活化的场景，或者是生活中常见的现象等作为引入，让读者对于即将讨论的话题产生代入感。主创人员李丽辉说：“加进去这些作料之后，让它呈现出一种麻辣味。这个麻辣可能是开几句玩笑，比如‘走过路过千万不要错过呀’。虽然有点儿不太严肃，但是轻松活泼，就让大家会心一笑。”

这种语言风格需要坚持下去一以贯之，成为“麻辣财经”的品牌特色。但深度的人才队伍整合下，“麻辣财经”的潜在作者团队实际上是非常庞大的。除了五位主创人员，还有一些年轻记者和其他各部门的采编人

员为“麻辣财经”供稿。在实际操作中，想要让每一个作者都去适应和学习“麻辣财经”的语言并不现实。在庞大的作者队伍中，大家的写作风格并不一样，也没有必要要求大家专门为“麻辣财经”写麻辣风格的东西。对其他作者来说，也有些勉为其难，他可能一两个月才给“麻辣财经”写一篇。为了解决这一问题，“麻辣财经”安排了一道“改”的工序。就像是菜肴出锅后，厨师还要试尝并加上统一的摆盘装饰；作者完稿后，“麻辣财经”也会进行审核，在深刻领会作者意图的基础上，用一些调剂性的语言对行文风格进行中和。

（二）麻辣式风格：面对谣言以理回“怼”，针对乱象大胆评述

语言风格的亲民不等同于“和风细雨”，恰恰相反，站在公众利益的这一边，急民众之所急、怒民众之所怒，才是真正贴近民众。尤其是报道与百姓切身相关的财经问题时，隔靴搔痒的软绵绵风格往往不起作用；敢说敢“怼”才能直指问题的根本与关键。“麻辣财经”在命名上就定下了犀利麻辣的基调：所谓犀利，不是指博人眼球，而是要以理性的思路与极高的笔力透过现象看本质，让读者一眼就看到“干货”；所谓麻辣，就是不进行无谓的虚与委蛇，站在公众视角实话实说、实事求是。

“铁肩担道义，辣笔著文章。”“麻辣财经”笔锋所向，既有恶意造谣混淆视听的不当言论，也有市场上切实存在的乱象。例如，2018年1月，在岁末年初各类保险公司冲业绩的时候，“麻辣财经”大胆指出市场上保险作品推销中可能存在的问题，发表《保险“开门红”促销，消费者小心被误导!》，提醒百姓保持警惕。

2018年，某知名财经公众号发布文章说：“有个朋友和我说，他已经开始囤粮了。”该文章给出结论：“粮食在中国的第十五个丰收年，将要迎来各种大幅减产。”民以食为天，关于粮食的谣言极易引发民众恐慌。针对这一言论，“麻辣财经”果断发文“怼”了过去。标题《夏粮减产要

“屯粮”？农民还怕“卖粮难”呢！》直接显示了“麻辣财经”的犀利态度。这篇回“怼”报道用事实说话，逻辑清晰地指出，原文章将粮食“收购放缓”的数据，当成粮食减产的数据；同时写明了关于收购放缓的有关部门回应，用权威解释消除了大家的疑虑。

这种“怼”的风格在回应国际问题时也格外有力。中美贸易摩擦期间，“麻辣财经”撰写了多篇报道解读中国经济，反驳美方的不实观点。其中，《麻辣财经：中国经济行稳致远，靠的是什么？》《缩小贸易逆差，美“关税大棒”无效》两篇被全网推送，舆论引导效果显著。

关于“怼”的技巧和注意事项，“麻辣财经”有所总结：找准死穴，集中火力强攻；以缜密的逻辑、准确的数据严守；站在客观的立场，实事求是，以理服人。以麻辣风格为百姓发声，让百姓看得舒心，读得畅快。

（三）解决型思路：真情实意说问题，真知灼见促进步

所谓麻辣，不是“为了辣而辣”。“麻辣财经”以犀利语言回“怼”的时候，始终记着三个要点：不居高临下、不各说各话、不阴阳怪气。写问题性报道时，“麻辣财经”也把握着这样一个原则：说问题不是展示黑暗面，而是为了解决问题。报道的重点不是渲染问题本身，而是放在如何完善制度、堵漏洞。名为“怼”，实则是真心实意地维护百姓利益；名为批判，实则是希望通过自己的专业优势提出见解，促进进步。

以2017年“中药改名”事件为例，“麻辣财经”在面对不合理现象时做出的努力可见一斑。彼时药监局推出《中成药通用名称命名技术指导原则（征求意见稿）》，其中部分规定要求中药命名“一般不采用人名、地名、企业名称命名，也不应用代号命名”“一般字数不超过8个字”，这种严苛的改名规定引发消费者困惑。传统中药“云南白药”“藏红花”都在命名中体现了地域。据推算，约涉及5000种中成药需要改名，同仁堂、贵州百灵、神威药业等知名企业未能幸免。由此产生的问题颇多：一方面，

改名之后，消费者买药认药可能产生困难，不可能一下子熟悉所有药品的新名字；另一方面，企业往往花费数年才积累下药材的知名度，骤然改名会带来巨大损失。

“麻辣财经”针对这些问题进行分析和总结，发表《中药改名代价大，政府“指导”不能越界》，对已发布的征求意见稿进行了剖析，简明扼要地总结出其不合理之处，后来改名文件也确实没有通过。

在这整个过程中，“麻辣财经”并没有因为意见稿存在问题而盲目地扣帽子、冷嘲热讽或者是激发群众的不满情绪，而是实事求是、用事实说话，从成本等各个角度进行剖析，希望推动问题的解决。同样，2017年有关校园贷的负面新闻屡屡发生，“麻辣财经”发表《校园贷“黑手”乱伸，“正规军”干嘛（吗）去了？》。在指出乱象的同时，报道更加强调如何解决问题，指出要引入“正规军”解决校园贷款问题。

四、结语

从2016年到2022年，与各类昙花一现的融媒体作品不同，“麻辣财经”经历住了时间和实践的考验，发展出行之有效的常态化融媒体工作室机制，为其他媒体转型提供了优秀范例。

下一阶段，“麻辣财经”主要的发展计划有两个：第一，进一步完善视频访谈类节目的生产机制，使其从专属于重大题材报道的特别形式转为日常形式；第二，尝试财经题材与其他媒介形式的融合，例如用原创漫画长图来诠释财经话题等，进一步开发报道的可能性。

守正创新、常态发展。“麻辣财经”在创新之路上不断探索，根据实际情况稳步前行。这道“中央厨房”里的“麻辣菜”已成为百姓餐桌上最爽口的“家常菜”。

作品三“讲习所”

作品信息

所获奖项：第29届中国新闻奖媒体融合奖项新媒体品牌栏目一等奖
主管单位：新华网
主创人员：集体（田舒斌、郭奔胜、周红军、肖阳、马轶群、王子晖、赵银平、金佳绪、张敏彦、黄玥）
编　　辑：集体（王子晖、赵银平、金佳绪、张敏彦、黄玥）
发布日期及时间：2018年11月19日10时46分
发布平台：新华社客户端、新华网客户端、手机新华网

作品简介

“讲习所”专栏是新华网举全网之力打造的品牌栏目。栏目融合创新发展的背后，是强大而专业的采编、专家和技术团队。专栏已成为广大网民学习习近平新时代中国特色社会主义思想的“学习之所”，发挥着习近平总书记相关报道网上权威来源和主渠道的重要作用，得到上级有关部门的高度评价和用户、受众的广泛称赞。

“讲习所”

作品分析

“讲习所”创办以来，新华网举全网之力，积极探索媒体融合创新发展规律，凝聚高端新闻人才，融汇先进媒介技术，以“时效快、内容深、创意新”的优质正面宣传内容抢占全网头部位置，打造领导人报道的网上主力军、主渠道、主阵地，建设广大网民学习习近平新时代中国特色社会主义思想的“学习之所”。

2019年，“讲习所”共推出原创作品310个，稿件平均转载媒体数量超过400家，单篇稿件最高转载媒体数量超过3000家，并有多部微视频传播量过亿。2020年上半年，“讲习所”紧跟习近平总书记重要活动，围绕疫情防控和经济社会发展、全国两会、五一国际劳动节、五四青年节等重大主题和重要节点，创新创意、精心策划，推出原创报道170篇，平均转载媒体近500家，近20项作品全渠道传播总量超过1亿。“讲习所”以多层次、多样态的内容布局，采取技术为翼、用户为导向的传播方式，着力旗帜鲜明、影响广泛的思想引领，为提高正面宣传的影响力、推动主流媒体的融合发展提供了参考方案。

一、融合思维：构建全景多维的重大主题报道版图

“讲习所”的栏目架构层次丰富，内容多样。专栏由五个主要部分构成：第一，权威解读（Focus），紧跟热点，精准聚焦，对习近平总书记的重要活动、重要讲话、重要思想进行系统梳理和深度阐释，立意高远、论述深刻，打造清晰、权威、响亮的主流声音；第二，平语近人（Discourse），针对重要事件关键命题，汇总和梳理习近平总书记讲话“金句”，以系统的归纳和平实的话语结构宏大主题，使政治传播在更加体系化的同时，更具方向感与亲切感；第三，习语图解（Infographic），融合图文、音频、H5等多种媒介形态制成信息图表与交互界面，基于用户体验，实现重要时政活动与重大方针政策的可视化、轻量化、互动化、社交化传播。通过报道手段与作品形态创新，增强报道的吸引力与影响力；第四，近平Style（Video），精心策划重大主题，运用前沿制作技术，打造集新闻性与艺术性于一体的高品质时政新闻短视频，使主流观点更具感染力；第五，学习评论（Comment），依托时事新闻评论栏目《新华网评》，对习近平总书记重点关注的热点时事及时跟进点评，坚守舆论高地，打造主流观点的清晰度与引导力。五大板块各具特色，优势互补，放大一体效能，形成了主流媒体正面宣传的核心竞争力。

（一）把握时度效，深化影响力

“讲习所”精准把握新媒体语境下的新闻与宣传规律，根据不同的传播阶段，灵活调整报道策略，合理策划多角度、多层次、多样态的报道内容，以满足传播时度效的要求，形成全程化的内容优势。“讲习所”始终坚持常态化的生产、研究、策划机制，保持全天候响应，紧跟习近平总书记重要活动，在通稿播发后迅速提炼重点、亮点，综合运用文字、音

频、长图、H5等各类报道形式，第一时间为网民带来权威、精准的快热解读，实现全年热点全覆盖，努力让核心报道在网上天天见、天天新、天天深。在提高响应速度的同时，准确性仍然是报道不可动摇的前提。“讲习所”所有形式的原创解读，均严格执行“三审一校”的审核流程，“一字一句一标点、一图一符一画面”，均进行严格审校、从严把关，以确保发布内容准确、权威、全面、严谨。在保证报道强时效、高质量的基础上，“讲习所”科学研判宣传时机与用户需求，“因势而谋、应势而动、顺势而为”，把握报道节奏，协调内容侧重，使信息供给贯穿重大活动始终，全程占据网上宣传的主阵地。

以2019年“讲习所”在全国两会期间的报道工作为例。全国两会召开之前，“讲习所”在全网率先开启习近平总书记“两会时间”专题，推出《政协工作，习近平高度重视》文章，结合人民政协成立70周年，盘点党的十八大以来习近平总书记对政协工作的关切，巧妙预热，达到了先声夺人的效果。全国两会期间，栏目打出“一团组一解读”的节奏，第一时间为网民提供深入细致的解读文章，如《首次“到团组”，习近平讲了4个非常重要的问题》《在福建团，习近平提出这些殷切希望》等。在习近平总书记“到团组”相关活动结束后，用户的阅读需求仍在增加。“讲习所”将在此次全国两会期间习近平总书记的金句分门别类进行梳理，接连推出主题鲜明、用户指向精准的系列报道，如《两会上，习近平反复要求把这件事抓紧做实》《两会上，习近平的这些“警句”发人深思》等。全国两会闭幕后，“讲习所”乘势而为，将习近平总书记在两会上所有的讲话整合起来，重新提炼，归纳为《六到团组，习近平不断强调一个主题》《六到团组，习近平反复强调一个时间节点》《六到团组，习近平的讲话始终贯穿一个“实”字》系列文章，这组稿件单篇最高转载量超过3000家，再次将全国两会宣传报道推向高潮。

在报道实践中，“讲习所”精准处理报道的时度效关系，既紧跟热点又延长热度，既保证质量又形成规模，不断巩固主流声音的影响力。

（二）开拓纵深，系统解读

“讲习所”的系统解读是碎片化思维与整体性思考的辩证统一。碎片化思维体现为报道高度凝练，直击主题，是更加细微的整体和系统；整体化思维则体现为报道的历史观照和多元面向。以“讲习所”2018年10月发布的《从习近平这十句话，读懂美丽中国的真谛》一文为例，该文以时间轴的形式，摘录并梳理了2013年至2018年习近平总书记关于生态文明建设的10句重要论述，简明扼要、主旨突出，同时使用户能够从总体上把握核心理念。2018年全国两会期间，“讲习所”围绕“真抓实干”四个关键字，推出了“两会新语”系列报道，标签化、系统化梳理了习近平总书记参加团组审议讨论时的重要讲话。《习近平两会新语之“真”字篇》，展现了习近平总书记“真”言论政、“真”情实意、守“真”务本的“真”风采；《习近平两会新语之“抓”字篇》，重点鲜明地总结了习近平总书记主抓的六项工作；《习近平两会新语之“实”字篇》，从实事求是、多办实事、勤于实践三个角度展现习近平总书记的人民情怀；《习近平两会新语之“干”字篇》，则从“幸福都是奋斗出来的”“奋斗本身就是一种幸福”“既要有奋斗精神也要善谋善成”三个层面，逻辑清晰、逐级深入地呈现了习近平总书记的实干方法论。

对于宏大艰深的政治主题，“讲习所”提纲挈领，系统化解读，不仅符合互联网语境下受众快节奏的信息获取习惯，降低了内容的接收门槛，又以丰富宽广的理论视野，发挥了主流媒体在思想引领层面的重要作用。

（三）巧妙立意，创新讲述

“讲习所”在保持其思想性优势的基础上，通过巧妙立意与表达创新，打造出一批具有新鲜感与吸引力的融合报道作品，使主流声音不仅“入眼入耳”，还能“入脑入心”。2020年5月，“讲习所”推出《总书记关心的小康“菜单”》图解作品。该报道通过“菜单”形式的动态交互界面，盘点了2016—2020年间习近平总书记在地方考察时关于推进产业扶贫的重要观点。伴随轻快的音乐，一张红色的菜单封面映入眼帘，简洁的文字介绍使用户能够迅速把握作品围绕的核心主题。点击“打开菜单”按钮，木耳、石斛、有机黄花、蓝莓等代表地方扶贫产业的“菜品图”随即出现在页面上。分别轻触这些图片，就可以看到习近平总书记在当地指导产业扶贫时的讲话“金句”。该作品通过新颖的切入视角与呈现方式，让重大主题报道给人以耳目一新之感。

二、融合实践：奏响移动场景的主流声音

“讲习所”积极探索融媒体传播规律，不断加强传播手段建设和创新。栏目依托先进媒介技术，不断优化报道形态；强化用户思维，提升重大主题宣传报道的受众接收体验；积极拓展传播渠道，延展内容的到达率与影响力。多措并举，奏响移动场景的主流声音。

（一）技术赋能，打造报道美学

技术手段的革新是“讲习所”报道创意策划的新引擎。近年来，“讲习所”在核心报道中全面引进大数据、云计算、MR智能演播室、MOCO拍摄等前沿媒介技术手段，推动报道质量不断提升，打造集新闻性与艺术性于一体的报道美学。2019年元宵节当天，“讲习所”推出微视频《纸短情长》，以习近平总书记向不同群体和个人写的9封信为主要线索，以对当事人深入回访、读信为主要形式，综合运用媒体创意工场的MOCO设备无缝拍摄，反转比例微缩拍摄等技术手段，增强视觉新鲜感与影像感染力。此外，该片精心选取《从前慢》的钢琴曲作为背景音乐，原曲作者刘胡轶

专门为视频重新编曲演奏，舒缓深情的曲调和令人印象深刻的歌词烘托了整体气氛，使受众产生沉浸感与强烈共鸣。

2019年，“讲习所”策划推出“讲习所开讲了”系列微视频，以《习近平谈治国理政》第一卷和第二卷为蓝本，通过MR智能演播厅的先进技术手段，以及新华睿思大数据分析平台的数据优势，打造炫酷的网上“学习课堂”。例如，在“七一”建党纪念日推出的《读懂这份初心》视频中，团队运用三维动画、混合现实等技术，搭建出上海中共一大会址、江西于都中央红军长征出发地、西柏坡党的七届二中全会会址等真实场景，让主播突破虚实界限，实现“时空穿越”，以一场令人耳目一新的“初心之旅”向用户清晰传达出“时间在变、任务在变，中国共产党人的初心永远不变”的主题。

（二）用户思维，优化接收体验

“讲习所”积极探索新媒体传播规律，强化用户思维，推动重大主题宣传“飞入寻常百姓家”。一方面，“讲习所”积极进行语态创新，将严肃、说教式的内容进行轻松、对话式的呈现，拉近用户与宏大主题内容的距离，营造亲切观感，使用户易于接受；另一方面，栏目不断提升社交化品质，为内容与用户注入社交动力。2019年元旦，“讲习所”推出了《你有一份来自中南海的祝福》交互作品，将习近平主席新年贺词中的金句以“文字+原声+主题图片”的方式组合，用户通过浏览一张张动态贺卡，就能够迅速了解习近平主席讲话精要。此外，用户还可以选择自己喜爱的金句一键生成贺卡图片，在社交媒体中进行传播。

王子晖在采访中介绍，在党的十九届四中全会精神宣传中，“讲习所”和新华媒体创意工场共同开发了填字游戏《字里行间有深意，这些要义你知道吗？》，从13个“坚持和完善”中挑选关键词语，让用户从字库中进行选择。通过层层闯关的设计，增强受众参与的吸引力与成就感。同时，为使受众更深入理解13个“坚持和完善”的具体内涵和内在逻辑，便于记忆，主创团队又针对13方面要求做出精练的阐释解读，作为每一关卡的提示信息。在闯关结束后，可选择“温故知新”按钮重新回顾，也可点击“广而告之”一键分享。这些轻松易用的交互文本，既增添了报道“颜值”，又为严肃报道注入“清新剂”，增强作品的趣味性和受众的参与度，在重大主题宣传中起到“润物细无声”的作用。

（三）平台联动，延展传播广度

“讲习所”在依托自身平台的基础上，积极开拓宣传内容的再分发渠道，有效扩大受众覆盖面，实现传播效果的最大化。除移动客户端与网页外，“讲习所”的新闻作品还向新华社新媒体专线、短视频专线、县级融媒体专线等发稿线路供稿，向用户提供服务。同时，“讲习所”还积极在新华社和新华网“学习强国号”、新华网官方微博和微信公众号等终端推送。此外，栏目还在运维“学习进行时”微信公众号、“新华社｜学习进行时”头条号等账号，视频作品也在各大视频、短视频平台进行发布，打造全方位、多层次、多声部的传播矩阵，推动主流声音传得更开、更广、更深入。

三、价值延伸：布局新时代社会主义核心价值观教育

“讲习所”依托平台与专栏的聚合效应，以强大的人才基础与栏目化策划方式延伸内容价值，布局新时代社会主义核心价值观教育。在积极构建“大人才”格局的基础上，更坚持政治铸魂，打造既朝气蓬勃又有坚定政治立场、政治方向，又能运用新创意、新语态、新技术的报道主力军、生力军，以结构优化、布局合理、能力多元、素质优良的人才队伍在守正创新上实现新作为，力求实现信息内容、技术应用、平台终端、人才队伍的共享融通，加快培养全媒体语境下的守正创新型人才。

在互联网即时性与碎片化的内容推送机制下，“讲习所”以栏目化的内容呈现方式，将栏目生产的各样态融媒体作品进行分门别类、脉络清晰的“新闻策展”，以开放、结构化的内容陈列布局，为网民开设查阅和了解习近平总书记重要活动与讲话、系统学习和把握习近平新时代中国特色社会主义思想的数字场所。

随着媒介技术的更新与媒体平台的激增，互联网内容作品的形态更复杂多样，内容分发机制也呈现出即时、灵活、分散的特点，使融媒体作品存档变得更加困难。许多作品，尤其是技术与结构复杂的交互作品，在社交媒体中实现一次传播后往往销声匿迹，逐渐淡出人们的视野和记忆。“讲习所”新闻策展的模式，发挥着对重大主题报道进行“存档”的功能，构建了习近平总书记重大活动与重要思想的“数字档案馆”，留存了珍贵的历史底稿。

四、结语

新媒体品牌栏目“讲习所”，以成熟的融合思维巧妙把握时效与质量、碎片化与整体性、思想性与趣味性三对关系，构建了全景多维的领导人报道版图。以内容为王、技术支撑、体验驱动、平台联动的融合实践，奏响移动场景的主流声音。栏目依靠守正创新的新闻人才，在不断做大做强主流舆论的同时，实现栏目的价值延伸，发挥集聚效应与一体效能，打造了网民的“数字学习档案馆”。栏目的丰富实践，为新型主流媒体的融合发展提供了宝贵的参考与借鉴。展望未来，一方面，“讲习所”亟须扩充专门的新媒体制作人才，并注意避免作品陷入程式化、套路化；另一方面，随着核心报道向各部类各端口拓展，从体制机制、力量配置、资源整合上做出全方位统筹，将是“讲习所”栏目的前进方向。

作品四“光明追思”

作品信息

所获奖项：第30届中国新闻奖新闻名专栏

主管单位：光明日报社

主创人员：吴娜、李苑、蒋新军、王子墨、叶乐峰

编　　辑：集体（张政、陆先高、蔡闯、张璋、王远方、孙金行、张永群、刘嘉丽、徐谭、常莹、孙小婷、邢妍妍、周梦爽、李娜、孙岱、张雪瑜、康薇薇、吴亚琦、孙嘉靖、王佳、宗小宁、孙晶晶、孟曼迪）

创办日期：2018年12月10日

发布账号（App）：光明日报客户端

作品简介

“光明追思”是光明日报从2018年起开设的新媒体新闻专栏，旨在第一时间通过光明日报官方微博和微信公众号、客户端和光明网，报道我国具有突出贡献的知识分子和名家大家的逝世消息，引导网友关注、追忆他们的精神品质和爱国情怀，在网络上快速形成见贤思齐、追忆名家的舆论氛围，汇聚网络正能量。该栏目定位准确、特色鲜明，具有人文关怀。栏目注重报、网、端、微各平台联动，凸显了极强的媒体融合属性。“光明追思”栏目推出后，包括人民日报、新华社等在内的中央媒体官方微博、

微信公众号，均大量转载、引用“光明追思”的内容，形成声浪式传播效果。栏目内容多次登上微博热搜前十名，多篇稿件微博阅读量超1亿、微信阅读量超10万次。

“光明追思”

作品分析

光明日报自2018年起开设了新媒体专栏“光明追思”，旨在第一时间通过光明日报微博、微信、客户端和光明网，报道我国突出贡献知识分子和名家大家的逝世消息。广大网友和人民群众自发关注、哀悼时代榜样，追忆前辈的精神品质和爱国情怀。前辈们的奋斗历程如同璀璨的明星点缀在时间长河中，他们的丰功伟绩令后人惊叹。逝世虽感怀，但体现的正能量却能给予后人无限信心和勇气继续向前。

“光明追思”栏目因定位准确，且具有鲜明特色和人文关怀，收获社会各界广泛关注；同时注重报、网、端、微各平台联动，消息、通讯、新媒体作品等多体裁呈现，凸显了极强的媒体融合属性，目前已经成为有光明日报特色的品牌栏目。

一、忆名家之事，致敬时代突出贡献者

“光明追思”栏目，以新媒体平台为文化记忆的载体，构建出中国新时代网络传播环境中独特的媒介景观。

（一）承名家之志，持初心忆奋斗历程

2018年5月28日，习近平总书记在中国科学院第十九次院士大会、中国工程院第十四次院士大会上指出：“两院院士是国家的财富、人民的骄傲、民族的光荣。”[①]如何贯彻落实习近平总书记重要指示精神，做好知识分子报道工作，成为新时代光明人的光荣使命。

2018年10月，光明日报突出贡献知识分子联络办公室（以下简称“知联办”）正式成立，专门负责与爱党爱国、为党和人民作出突出贡献的知识分子联络，并进行相关报道的工作。自此，光明日报形成机制，由知联办统筹协调，在报纸重要版面刊发突出贡献知识分子逝世消息和追思怀念文章，同时推出“光明追思”新媒体专栏，希望能经由报纸以及官方微博和微信公众号、客户端、网站等各个端口，及时报道我国突出贡献知识分子的逝世消息，追忆他们的精神品质和爱国情怀，回顾他们的卓越成绩和奋斗历程，由此传递党中央对广大知识分子的关心关怀，同时营造见贤思齐、追忆名家的社会舆论氛围，汇聚正能量。

（二）立体式的报道：消息言简意赅，通讯内容翔实

在内容表现形式层面上，栏目定位精准且能迅速切中要点，充分发挥融合新闻的特点，在利用好首发优势的前提下坚持内容的优质和可读性。

---

① 习近平. 在中国科学院第十九次院士大会、中国工程院第十四次院士大会上的讲话[N]. 人民日报, 2018-05-29(02).

当下，随着媒体融合的发展，报道更倾向以小见大，从小切口、小故事、小细节来展现母题。虽然琐碎，但栩栩如生；可能是涓涓流水的日常，却更富有人情味。

2019年12月14日，我国第一颗“风云一号”气象卫星的研发人、气象卫星专家、中国工程院院士孟执中因病逝世。几小时内，光明日报在全网首发消息《巨星陨落！孟执中院士逝世》。稿件言简意赅地报道了院士逝世情况，并简要介绍了他的生平履历、专业贡献等。此外，稿件引用了院士的生前名言：“走上航天这条路，把国家有代表性的卫星造成，并且让它走向世界，我的人生总算是干成了一件事，对国家、对社会也尽了一份力。”以直接引语的方式，展示院士的性格特征和精神追求，让一篇逝世消息具有人文关怀和情感温度。《最懂茨威格的翻译家张玉书去世》的报道收集了丰富的资料和张玉书先生生前的翻译逸事，同时介绍张玉书的生平、爱国情怀和个人追求等。此外还特别讲述了启蒙老师谭玛丽如何引导张玉书走入翻译领域的故事，张玉书如何通过翻译扭转国人对茨威格的误解，以及张玉书的翻译追求“没有不能够翻译的东西，只有没有理解的东西”等。千余字的稿件，全面、立体地展现出翻译家的专业和追求，文字洗练、材料丰富、故事动人，符合新媒体受众的阅读习惯。

（三）标注时代高度，尽显人文关怀

一个作品想要打动人，文字本身首先要和读者共情；对于融媒体作品来说，利用好多端交互优势和移动场景下的用户阅读习惯以深入用户内心，则更容易产生共鸣。优秀的人物报道需要走近人物，关注当事人的真实生活和精神世界，多角度多方位地获取尽可能完善的信息，而这也是光明日报70年沉淀出的核心竞争力。

“光明追思”栏目推出后，受到了各界的广泛回应。在刊登中国医学科学院北京协和医学院原院长顾方舟的逝世消息后，北京协和医院名誉院

长赵玉沛院士表示，感谢党中央对顾方舟院长的关注和关心，感谢光明日报的报道。赵玉沛还主动提出，希望撰写追思文章；国医大师邓铁涛逝世消息刊登后，更引来众多网友关于中西医异同的探讨和关注。随着报道的次数逐渐增加，栏目越做越大，广大网友对科学家群体的关注日益高涨。很多网友纷纷留言，话语诚恳、感人至深。“他们的时代结束了，我辈当自强。”“这才是我们应该追捧的明星！”先进人物的价值体现与时代的联系密不可分，甚至可以成为时代精神的重要组成部分。融合背景改变了传播的生态环境，技术和形式的发展使新闻的触达率和及时性大大提升，人物报道在当下更需契合新时代所要求的议程设置步骤和切入视角，做到尊重人、关心人、发展人。

二、聚融合之力，打造联动传播矩阵

连接跨越时空的文化记忆，运用新型的信息与传播技术，记录在线，并使其承载知识史志与文化史志的多重功能，是“光明追思”作为传统媒体走在媒体融合之路上，对自身文化与传播使命的探索与回答。

（一）从传统媒体走向新媒体融合：体裁多样化

目前，光明日报等主流媒体在多端融合之路上不断创新，并取得了很好的成效。在前沿技术应用趋于成熟的基础上，融合新闻需要切实在内容与表达上进行突破，实现在不同群体的“破圈”传播。“光明追思”新闻专栏采用多个平台和端口联合报道的方式，并结合多种新闻体裁和模式，全方位报道名家的闪光故事。“光明追思”将主流媒体在新闻领域所具备的引领优势彰显无遗，首发短平快的消息，第一时间准确地将信息传递给大众；接着辅以翔实的通讯及其他图文内容形成人物专栏报道，以丰富的语言文字材料和生动的视觉化信息完整呈现被报道人物的立体形象。

2019年1月16日，中国科学院院士、中国核武器事业重要奠基人、中国工程物理研究院研究员于敏逝世后，团队与报社科技部合作，第一时间通过各个端口首发了逝世消息，并配发了光明日报在2015年报道于敏院士的人物特稿，让整个报道既迅速及时，又丰富可读，引发了全网关注。《最懂茨威格的翻译家张玉书去世》专栏报道中，首发200余字的消息稿，包含了最重要的几条信息：逝世消息、最著名成就、读者评价、最后译作出版情况。这符合新媒体专栏的要求，快速、准确。同日刊发的通讯，则包含了更丰富的内容，结合微博话题发酵、微信公众号发文评论，在互联网形成一定的热度和讨论趋势。在内容不变的情况下，社交媒体平台为宣发创造了更大的传播空间，信息的多元呈现和交互接口弥补了单一媒体的局限，表达形式上有了更大的突破。对于人物报道来说，全面、深刻、真实地传递人物细节，由浅及深，让读者从多个层次了解其生平，从而达到传播效果的新高度。

（二）顶层设计下的融合之路：默契配合，多端联动

在探索新媒体融合的发展之路上，传统媒体从初期的报网融合到如今移动端的普及和发展，光明日报始终以自身品牌定位为出发点，努力打造具有价值和影响力的内容，铭记“服务知识分子”的初心。回看光明日报的媒体融合发展历程，从2004年以“突出文化品位，服务知识分子”为理念实施一系列改革开始，到2009年光明日报手机报定位为“知识分子的掌上家园，无线时代的随身顾问”，到2010年再次改革并以“知识分子网上精神家园、权威思想理论文化网站”为宗旨，[①]“光明追思”等一系列特色栏目上线，进一步丰富了内容的多元化呈现，但也如一根定海神针般在茫茫信息流红海中巩固了传统媒体在当代的特色调性和重要地位。

① 陈旭管. 坚守舆论阵地 提升主流媒体传播力——《光明日报》副总编辑陆先高谈传统媒体的资源凝聚能力建设[J].中国传媒科技, 2018(10):8-9.

报社顶层设计完善，编委会支持，各个部门、端口协同配合，工作流程顺畅。几百字的消息背后，有一套严格的工作流程作为支撑，要经过10人以上的工作团队层层把关。对内工作网络是依托报社各专业部和记者站的力量搭建完成的。每个部门“守土有责”，一旦获取相关信息，会第一时间与知联办联系沟通。如此，既在横向上涵盖了各个领域，又在纵向上囊括了全国各个地方。在对外工作方面，报社与中国科学院、中国工程院、中共中央党校（国家行政学院）、中国社会科学院、中国文学艺术界联合会、中国作家协会等知识分子聚集的单位，均建立起了畅通的沟通渠道。

基于此，“光明追思”专栏在各个端口收获颇丰。栏目内容多次登上微博热搜前十名，多篇稿件微博阅读量超1亿次、微信公众号文章阅读量超10万次。

（三）内容与设计并行：触达移动分发和场景布局

深厚的文化底蕴带给“光明追思”专栏以品牌性和优质内容的保障，创作者不断探索技术、语态、创意和形态方面的进步，利用移动技术的创新争取在优势领域内聚合元素，既能传达信息流，又能产生服务性，满足新闻报道作品在媒体融合环境下传播的新要求。

对于微博微信等短消息平台来说，文字报道内嵌图文是大部分媒体的首选报道形式。而对一些时效性要求较高的新闻，“光明追思”专栏采用要闻简写的消息，便于第一时间在移动端的传播和分发，相较于后续发出的通讯和人物报道来说，更容易跻身头部新闻。消息一经发出就得到广泛关注，多次被人民日报、新华社等中央媒体的官方微博、微信公众号转载、引用，形成声浪式的传播效果。在后续采编到足够的信息和材料后，文字的有效编辑和故事的共情讲述则成为下一个重点。以“光明追思”的网页端设计为例，主页背景为夜空下的点点繁星，代表了一位位逝去的知识分子。通过滑动鼠标，可以看到以时间轴排序的人物专题，配有相对应的生卒日期和人像。点击跳转子网页，映入眼帘的是详尽的报道内容，图文并茂展现名家风貌。文末设计了三个交互按钮，分别是祈愿、献花、燃蜡，设计增加了阅读的互动性和沉浸感。下方还有补充的图片画廊，可视化的设计便于读者更好走近人物、了解人物。页面底端的评论板块链接到微博平台，读者可以阅读相关话题的实时讨论并发表自己的观点，再次彰显多端联动的优势。

三、凝家国之思，共情正向价值引领

数字化的文化追思与在线化的人物追述，交融在“光明追思”的融媒体文本中，凝练着新时代祖国和人民的深情；突破传统时空的局限、拓展新型的生命与知识记载的模式，成为“光明追思”融合网上网下共情共鸣传播空间、延伸融合文化传播职责的鲜明特征。

（一）积极承担社会责任

两年多来，“光明追思”不断收到来自社会各界的积极反馈，特别是那些在各自领域贡献卓著却默默耕耘少有人知的院士、科学家逝世后，光明日报第一时间在重要位置刊发其生平事迹，他们的家属亲友以及所在单位、所在领域的同事和后辈纷纷表示，对党中央的关怀深感温暖，对“光明追思”的报道积极肯定。

中国科学院学部工作局相关负责人表示，“光明追思”栏目产生了很好的社会影响，充分体现了党中央对院士群体的高度认可和诚挚关心。“党的十八大以来，以习近平同志为核心的党中央对广大知识分子饱含深情厚爱，把工作做到了广大知识分子心坎上，我们高校师生深受感动，备受鼓舞。”东北大学党委书记熊晓梅说，“光明追思”致敬突出贡献知识分子、传承科学家精神，留下了宝贵的精神财富，标注了新时代价值高度，凝聚起广大知识分子的人心和力量。于敏院士生前所在单位中国工程物理研究院在来信中写道：“光明日报刊发于敏同志去世的消息和追思文章，体现了党中央对以于敏同志为代表的国防科技工作者的尊重。通过阅读报道，我院广大干部职工对于敏同志的事迹有了更深入的了解，对于敏同志去世带来的悲痛与缅怀有所寄托。”中国工程院院士、原解放军信息工程大学导航与空天目标工程学院教授许其凤去世后，光明日报及时刊发了他的生平事迹和追思文章。夫人林素婉看到后说：“许其凤是党和军队培养出来的，在自己喜欢的岗位上工作了一辈子，组织给了他很多的关心和荣誉。老许生前最喜欢的事就是钻研卫星导航和指导学生，十分感谢光明日报，让他的经历为更多的人所了解。如果能够给人们一些启发，也算是延续了老许教书育人的本职。”

（二）引导正向舆论氛围

在第一时间报道逝世消息的同时，网络虚拟环境给予信息更多传播扩大的空间。区别于传统媒体传递信息的方式，新媒体环境在与现实的交互中所产生的影响力旋涡深不可测，因此更加需要主流媒体对其进行科学有效的引导，而“光明追思”很好地做到了这一点。报纸版面之外，“光明追思”的新媒体平台评论区里，网友们在感动之余纷纷留言，“愿每一位默默奉献、刻苦钻研的科学家都能受到社会的最高尊敬。真正的社会主流精神应是对科学的尊敬、对祖国建设者们的尊敬”“大师远去，我辈当自强”等。专栏所能反映的社情民意在媒体融合的大背景下如同“滚雪球”一般变得声势浩大，积极正面的舆论效应带动现实社会形成正向的凝聚力和向心力，从而推动社会治理向上向善发展。随着技术的发展，新闻信息移动化成为各个传统媒体试水的发力点，用户反馈是体现影响力的重要参考因素。借助光明日报在理论思想和意识形态领域内的沉淀积累，配合“三微一端”的正面宣传和信息公开，“光明追思”一方面引导广大用户对名家逝世表示哀悼，另一方面通过生平事迹和人物画像做好正面宣传，营造正向积极的舆论氛围。主流媒体具备一定的公信力和影响力，民众更倾向信任其发布的信息，配合新媒体强大的传播和分发能力，专栏在垂直领域具备的专业性和权威性发挥最大效用，以强大的说服力营造正向舆论引导氛围。

（三）立足当下，追捧时代“明”星

“光明追思”栏目之所以能在众多新闻专栏中脱颖而出，首先是因为它与光明日报的调性相符。在相当程度上，它是光明日报70多年来深耕知识界、不断沉淀的结果。因此，它才能得到广大知识分子的认可，被认为“一眼望去，就是只有光明日报才能办的栏目”。其次，进入“光明追思”视野的知识分子皆为当代贡献突出、声望卓著的专家，将这些已故名家大家的故事和风采长留纸间、心间，本身即具有厚重感。最后，在报道新闻消息方面，栏目有网络首发优势。光明日报在日常工作中，就特别注重对知识分子意见的征集，这些意见为下一步的工作提供了基础。例如，中国工程院办公厅副主任黎青山就曾这样表达对“光明追思”工作的新期待：“‘光明追思’品牌对于我院院士的宣传起到了积极的作用，让更多的社会大众了解院士、尊重院士，希望今后能以更丰富的展现形式，全方位记录院士科研生涯，讲好院士故事，弘扬新时代科学家精神。”

四、结语

在媒体融合已成大势所趋的当下，“光明追思”这一具有代表性的获奖新闻作品的创作者，也在思考“光明追思”的成功原因，以及对未来作品的启示与借鉴意义。专栏的成功归结为如下三个方面：一是融媒体作品要立足自身优势，体现自身特色；二是跨部门联动，以大调度机制整合

部门力量；三是建设良好的信息枢纽，在“光明追思”策采编发的各个环节，知联办对内统筹协调，对外沟通联络，保证信息流通顺畅。优质内容建设始终是新闻作品的内核与灵魂，但如何运用好技术发展和融合打通的优势，为未来的新闻行业探索更多发展的可行性并开创进步空间，是一代又一代新闻人需要不断思考和付出行动的命题。

第六章

新媒体报道界面

导 言

根据第28届中国新闻奖评选办法，新媒体报道界面是在移动端发布的新闻作品界面。具体要求为，体现新闻性与艺术性的统一，运用图片、漫画、音视频等手段表达新闻主题、展现新闻内容，版面语言丰富，界面设计主题鲜明、风格独特、布局合理、互动性强、色彩协调，便于阅读。

自第30届中国新闻奖开始，媒体融合奖项的“新媒体报道界面”和网络作品的“网页设计”合并为“页（界）面设计”，不再纳入媒体融合奖项范畴，该项目既接受网络媒体参评，又容纳移动端发布的新闻作品界面参评。规定为，页（界）面设计是新闻网站首页、新闻频道首页或新闻专题首页，包括移动端发布的新闻作品界面。具体要求为，主题鲜明，体现新闻性、艺术性与网络特点的完美统一，运用多种手段表达、展示新闻主题和内容，语言丰富；较好体现页（界）面功能。

第31届中国新闻奖评选办法把“体现新闻性、艺术性与网络特点的完美统一”调整为“体现新闻性、艺术性与网络特点的有机统一”。

方法解析

无论是网页、短视频、H5、长图、海报组图，还是VR全景新闻或纪录片，用户选择的自主性和多元性在增强，但确立叙事的主线和重点仍然是精确呈现主题、清晰传达信息的手段。新媒体作品要有故事的连续性和段落感，在可视化成为信息传播普遍形态的语境下，叙事与可视化融合交织在一起。

形式是为内容服务，报道界面与叙事表达相辅相成，具体而言，新媒体报道界面有三类布局和叙事模式。第一种布局和模式为主线串珠或以藤带瓜的模式。这是普遍的叙事模式，以具象的线索，串起不同表现形态的信息。比如，《天渠：遵义老村支书黄大发36年引水修渠记》采用下拉式长幅连环画，以水为主线，连缀起音频采访、视频专题、360度全景视频、现场图片，形成黄大发和村民修筑“天渠”的故事经历。H5的竖屏滚动技术把信息的呈现与过渡充分融入线性叙事中，通过视差滚动让信息的线性阅读自然流畅，向下渲染的渐进式动画增强了视觉连贯性，渠水、裂纹、树枝、河流、落石等图形线条形成纵向延展，方便竖屏阅读。《震撼，一张长图带你领略港珠澳大桥》《大国工匠朱恒银：向地球深部进军》《改革开放40年·长沙有多“长”》等作品，或是利用物理的线条，或是利用时间之线来展开叙事。这样的叙事模式要求报道者充分利用场景中的具象线条来结构叙事。第二种布局和模式为卡片式模式。卡片式叙事模式又可以理解为组合型叙事[①]，是一种供用户选择性点击阅读或收看的模式。每一个重点以卡片的方式呈现，用户根据信息界面的标签吸引度，根据自己的兴趣选择点击。每一部分不是时间的线性关系，而是并列式或相互补充的关系，共同组成整体的叙事。比如《海拔四千米之上》全景H5，内部结构为三章，分别是黄河源、澜沧江源和长江源，采用卡片选择的模式。第三种布局和模式为瀑布流式。适应移动端竖屏的方式，信息纵向排列展开，采用上划方式，信息仿佛瀑布流一样展开。交互网页模式、微信推文模式、抖音模式都是这样的瀑布流的方式。有的作品界面，在瀑布流的基础上还有多层结构，把可视化图片与文字形成叠加，设计成叙事清晰、视觉丰富、体验友好的界面。

从方法论而言，新媒体报道界面设计需把握三个核心要点。第一个要点，把握融合创新。技术赋能带来表达形态和界面元素的丰富性，要充分利用技术赋予的融合效能，展现表达和呈现的多元丰富性，让新媒体界面达到空间呈现与时间表达的有效融合，使空间展开的信息（文字、图片）与时间呈现的信息（视频、音频）相得益彰。第二个要点，简洁高效。界面的信息呈现丰富但不是杂乱无章的堆砌，而是主次分明，取舍得当，重点突出。在界面设计、视觉元素布局、色彩搭配上体现出新闻事件或人物的重点，以及记者编辑选取的角度。同时，界面要具备用户体验的友好性，在突出阅读丰富和交互的基础上，减少用户体验和使用的成本，高效获取信息和体验。第三个要点，创意新颖。充分开发技术实现的可能，让技术为创意和创新服务，把创意元素和创新表达有效结合起来。在参考优秀媒体融合作品的创作理念和方法基础之上，避免陈词滥调，摒弃简单效仿，要有独立的创意和创新意识，使界面呈现新颖、有趣、有吸引力。

① 许向东. 转向、解构与重构：数据新闻可视化叙事研究[J].国际新闻界，2019(11):151.

作品一《天渠：遵义老村支书黄大发36年引水修渠记》

作品信息

所获奖项：第28届中国新闻奖媒体融合奖项新媒体报道界面一等奖

主管单位：上海报业集团

主创人员：黄杨、王辰、李媛、官雪晖、姜昊珏、季国亮、藺涛、顾一帆

发布日期：2017年4月23日

发布账号（App）：澎湃新闻

作品简介

澎湃新闻推出的H5作品《天渠：遵义老村支书黄大发36年引水修渠记》（以下简称《天渠》），生动讲述了贵州省遵义市播州区（原遵义县）平正仡佬族乡草王坝村党支部原书记黄大发历经三十六载，凭着百折不挠的愚公移山精神，带领群众绝壁凿天渠，解决当地缺水问题，走上脱贫致富道路的故事。

该作品兼具丰富的故事性、思想性与艺术性。开篇“天渠”二字，浮衬于千米绝壁之上，磅礴画面烘托出报道氛围；而后伴随着恢宏壮阔的背景音乐，用69个文字简明扼要概述报道内容，其中“过三个村子，绕三重大山，穿三处绝壁，越三道险崖”等排比式表达叩击人心。《天渠》以“渠水”为主线，以下拉式长幅连环画、渐进式动画为主要表现形式，在

自上而下的流水式的阅读体验中，将这一感人至深的时代故事娓娓道来。故事内容节奏紧凑却不失细节，嵌入可交互的360度全景照片、图集、音频、视频，立体化、全方位地展现黄大发之坚守及天渠修建之艰难。

《天渠：遵义老村支书黄大发 36 年引水修渠记》

作品分析

《天渠》H5作品通过融合新闻的理念，创新新闻表达，充分发挥新闻媒体的社会责任感，用人文关怀浓墨绘就当地发展历程的时代长卷，大大提升了新闻报道的传播力、引导力、影响力与公信力。该作品是在融合环境下加强话语权、传播主旋律的有益启示，为媒介融合创新表达提供了新的思路。

一、创新叙事，讲好新时代典型故事

典型人物报道是具有中国特色的新闻报道体裁。通过对一个时期内代表时代精神、凝聚社会主义核心价值观的典型人物进行重点报道，宣传先进人物，反映时代特征，弘扬正确价值观念。“今天，中国正在发生日新月异的变化，我们比历史上任何时期都更加接近实现中华民族伟大复兴的目标。实现我们的目标，需要英雄，需要英雄精神。”[①]英雄是人民的优秀代表，是推动社会进步的强大精神力量。因此，媒体如何充分发挥媒介技术优势，讲好新时代典型故事，温情书写专业文章，发挥典型示范作用，加强对社会精神与时代价值的引领，成为业界与学界积极探讨的重要话题。

然而在一段时间内，我国媒体部分典型人物报道出现了人物形象平面化、人物选择片面化、人物报道程式化等问题，塑造了过于完美的“高大全”典型人物形象，过分强调宏观价值品质，缺乏生活气息，不够“接地气”，使典型人物报道的效果不尽如人意，传播力与影响力受到严峻挑战。澎湃新闻的《天渠》H5作品基于团队深入基层、深入群众的采访调研，创新叙事内容与形式，真实记录，真情撰写，真挚讲述，真诚传播，将典型形象“立”起来，典型事迹深入人心，为新时代典型人物报道提供了新的思路。

（一）线性叙事书写新媒体深度题材

网络媒体非线性、碎片化的传播特性打破了时间与空间的界限，移动网络的广泛应用更加强了传播的流动性。用户穿梭于层次丰富的信息之中，解构了传统媒体的线性叙事逻辑。我国现有的融媒体作品多采用“游戏化”设计，迎合了用户非线性点阅的使用习惯，依托社交网络快速扩散传播，取得了极好的成绩，但却依然未能解决严肃报道、深度报道面对的困境。《天渠》H5作品则重新回归线性叙事，以时间为主、空间为辅的叙事逻辑重构融媒体叙事模式。

1. 线性叙事铺开历时故事

《天渠》讲述的故事始于数十年前，历时较长，而网络传播环境的属性又要求融媒体作品在最短时间抓住用户的注意力。因此，叙事策略既要

① 习近平. 在颁发“中国人民抗日战争胜利70周年”纪念章仪式上的讲话[N].人民日报，2015-09-03(02).

在有限的时间内最大限度还原事件真实度，又要避免受众阅读过程中产生的时空混乱感。最终，《天渠》选择以时间轴递进呈现信息的叙事结构，通过天渠与黄大发鲜明的时间线索，将叙事的时间跨度联结起来，突出强化时间节点和关键信息，为用户带来强逻辑性与强连贯性的阅读体验，更好地还原了事件的真实度。在线性阅读中，用户看到了修渠路上的点点滴滴：为险峻自然环境而惊呼，为修渠频频失败而失落，为黄大发不忘初心而感动，为主渠终于修通而欣喜。黄大发的典型形象在一个个事件中累积叠加，人物形象渐渐丰满立体，唤起用户的情感认同。

2. 竖屏阅读符合移动传播

H5作品的竖屏滚动技术符合了当代人使用手机的阅读习惯，给用户带来了视觉上与心理上的自上而下、方向性的使用体验。《天渠》充分利用了这一新媒体特性，将信息的呈现与过渡充分融入线性叙事中。创作团队以“渠水”作为主线，以下拉式长幅连环画、向下渲染的渐进式动画加强视觉连贯性。渠水、裂纹、树枝、河流、落石等图形线条皆是纵向延展，也与竖屏纵向阅读相得益彰。通过视差滚动保证信息的自然流畅，保持了观众的线性阅读体验。场景的动态变化，突破了许多H5作品幻灯片式的呈现，在二维平面作品塑造三维立体形象，更容易激发用户的阅读兴趣，达到更好的传播效果。

（二）“章节 + 细节”结构叙事内容

移动用户碎片化、快节奏的阅读习惯，在拇指滑动间扫描式地完成信息的快速浏览。而《天渠》所要引导的，则是以“慢阅读”的形式为用户带来更全面立体、更轻松，却更震撼的阅读体验。

制作团队根据采访素材及采访对象的意见，最终决定将该H5作品划分为7个章节，平均每个章节用两页的长度来描述一个主题，通过层层递进，最终构成一个完整的故事。清晰有致的主题分布构成了故事的起承转合，弥补了因事件时间跨度大而资料缺失的状况。详略得当的叙事布局一方面确保了叙事内在的张力，另一方面避免因冗长拖沓而造成的用户流失。

除了对于主线故事的宏观呈现，《天渠》也十分善于选用有视觉冲击力的细节，放大用户的体验。干涸的大地，枯死的禾苗，展现了当地常年缺水的恶劣自然状况；干枯的河口，掉落的碎石，指的是人心的散落及修渠的失败；错杂的长串脚步，紧闭的门户，流露出黄大发坚定不移的信念；斜落的光线照出黄大发伟岸的身影，暗喻着其终将带领群众成功修渠，打开脱贫致富的大门。通过这些符号化的视觉文本，诗意地建构出传播者想要表达的主旋律意义，便于用户接受，并使其留下深刻的印象。多种细节营造出浸润式的精神感受，让主旋律新闻作品更符合用户的审美旨趣。

（三）视觉形式记录生命真实

《天渠》采用的传统连环画形式，兴起于20世纪初期。连环画是文学与绘画相结合的综合性艺术，具有鲜明的艺术特点与繁盛的艺术生命力。连环画内容通俗易懂，在新中国成立初期成为文化普及的重要传播载体，顺应了大众强烈的文化需求，是大众喜闻乐见的艺术表现形式。在典型形象的塑造与传播方面，连环画有着其不可取代的优势。从抗战英雄到劳动模范，从知识分子到普通百姓，连环画通过典型形象反映社会生活，用真实情感打动人心。20世纪80年代后，连环画这一艺术形式日渐式微。

近年来，随着信息技术的快速发展，当代文化开始向视觉文化转变。图像的直观性、时效性在“读图时代”被发挥得淋漓尽致。具有连续性、通俗性、娱乐性、故事性的连环画形式，也借助微信公众号平台重新回归大众的视线。

《天渠》H5作品沿用传统连环画的艺术风格，以黑白色调为主，配以金色点缀；画面背景与人物主体关系黑白布局得体，风格大气稳重又极具视觉张力，将社会主义核心价值观转变为人性化的视觉符号，用纪实性的艺术语言实现历史与现实的深度交织。

二、融合赋能，助力主旋律传播

澎湃新闻在新一轮的媒体融合中，加强传播手段建设和创新，通过融合赋能，让主旋律题材“飞入寻常百姓家”。

（一）内容融合

在媒体融合的大时代里，传统媒体保持自身的专业优势，深谙用户消费心理，充分把握数字技术、互联网技术，为作品内容注入新元素、新创意、新玩法。通过对文字、音频、视频等媒介形态的有机重组，加强作品的可看性，赋予受众全新的视听体验。

《天渠》H5作品的出彩之处，除了创新叙事，采用适合竖屏线性观看的长连环画外，还在作品中融合了其他视听元素，帮助实现人物形象的可视化呈现和艺术化展示，让用户获得更加立体化、沉浸化的体验效果。民谣、山洪、炸药等音效，360度全景悬崖图等，大大加强了报道的接近性与受众的“在场感”，全面立体地激活读者观感；采访录音与历史影像资料，则增强了报道的真实性。在作品最后，青年人的采访与黄大发的自白，更体现了新时期愚公移山精神在两代人之间的传承，令读者感动。

更为可贵的是，该H5作品并不只是简单的炫技式的相“加”，而是走向了技术与内涵并重的相“融”阶段。在媒介形态的选择与使用上，皆为点睛之笔。避免了用户在阅读过程中出现感官与情绪的割裂，恰到好处地烘托氛围，传递信息，传达高尚精神品质。

（二）团队融合

移动化是当下媒介生态的重要特征。媒介融合的移动优先战略，需要正确把握移动传播的规律，注重即时、随时、轻量、互动等特性，准确掌握用户的个性化需求，实施更精准的用户管理。因此，媒体机构必须对工作流程、组织架构、管理习惯做出调整，将新媒体生产与媒介融合嵌入组织架构。

澎湃新闻通过插画形式完成的典型人物报道H5作品已有三部，在实践中形成了一套驾轻就熟的团队协作方式。澎湃新闻此次成立的报道项目组中，包含了政治新闻部、视频新闻部、视觉设计部、交互设计部等部门成员。在创作过程中，前方拍摄、采访与后方编辑、设计同步进行，紧密协作，在最短时间内完成作品。

从《天渠》H5作品的插画编辑李媛的策划笔记可以看出，总监、文字编辑、插画编辑、交互技术人员、摄像记者与编导共同完成创作选题，明确主题报道与分工。而后的每一步，也都需要大量的沟通协调，而非埋头苦干。这种小组化、扁平化的集群操作模式，促进了组织运作效率，大大激发了团队成员的活力与行动力。

（三）矩阵融合

习近平总书记强调，推动传统媒体和新兴媒体融合发展，要遵循新闻传播规律和新兴媒体发展规律，强化互联网思维，坚持传统媒体和新兴媒体优势互补、一体发展，坚持先进技术为支撑、内容建设为根本，推动传统媒体和新兴媒体在内容、渠道、平台、经营、管理等方面的深度融合，着力打造一批形态多样、手段先进、具有竞争力的新型主流媒体，建成几家拥有强大实力和传播力、公信力、影响力的新型媒体集团，形成立体多样、融合发展的现代传播体系。[①]

随着信息技术的飞速发展，媒体格局、舆论环境、传播方式正在发生深刻变化。全媒体时代“一次创作、多种生成、立体传播、持续发酵”的传播格局，要求媒体拓宽固有的传播渠道，积极构建全媒体矩阵，增强可持续传播的能力。全媒体平台相互借势，共同打造融媒体作品的影响力与传播力。澎湃新闻在刊发《天渠》H5作品后，还相继推出了文字特稿《遵义老支书黄大发36年“拿命修渠”，激励年轻村民返乡创业》、视频《创业记：遵义年轻村民续写“天渠精神”》、360度VR视频《全景视频｜行走千米高“天渠”，感受老村支书绝壁凿渠天险》，与H5作品相辅相成。在横向上补充了翔实的资料，视角多元；在纵向上穿越时间维度，回归当下。跨平台、跨形式的组合作品，获得了读者的肯定，呼唤受众对典型人物的价值认同与情感共鸣，增强了传播效果。

三、结语

澎湃新闻的《天渠》H5作品，专注新闻严谨和专业表达，技术与艺术共同为作品服务，创新表达讲好新时代中国典型人物的故事。《天渠》创新叙事内容与形式，用适当的线性叙事逻辑，适应竖屏时代用户的使用习惯，并“复古”地选择了连环画这一视觉形式，强化用户阅读体验。澎湃新闻从融合转型转向融合赋能，利用内容、团队与传播矩阵上的深度相融，建构立体化的传播框架，全方位深挖主旋律题材的内涵，打造高质量的头部内容。

《天渠》的英文报道也被世界经济官网转载，被法国国家电视二台购买落地播放，在世界舞台展现民族精神，传播中国声音。

---

① 共同为改革想招一起为改革发力 群策群力把各项改革工作抓到位[N].人民日报，2014-08-19(01).

《天渠》H5作品的成功是在融合环境下加强话语权、传播主旋律的有益启示，为媒体融合创新表达提供了新的思路。未来，媒体机构还应继续肩负社会责任，坚持正确的政治方向、舆论导向与价值取向，推陈出新，回归专业化与主流化，生产出更多符合用户多元化需求的优质作品，在媒体融合深度发展中守正创新，引领媒介生态的可持续健康发展。

作品二《改革开放40年·长沙有多“长”》

作品信息

所获奖项：第29届中国新闻奖媒体融合奖项新媒体报道界面一等奖

主管单位：湖南红网新媒体集团

主创人员：贺弘联、周珞、谭忠欣、李蕙蕙、王娉娉、黎娜、罗紫嫣、李美燕

编　　辑：李蕙蕙、黎娜

发布日期及时间：2018年12月12日11时49分

发布账号（App）：时刻新闻客户端

作品简介

改革开放40周年之际，红网推出新媒体《改革开放40年·长沙有多“长”》，以手绘长卷+动画+视频+拼图的融媒体表达形式，新颖灵动、全面呈现40年改革开放之路、长沙崛起之道。该作品综合运用多媒体表现形式，实现新闻作品从可读到可视、从静态到动态、从一维到多维的升级，满足多元深度体验需求，精彩呈现长沙改革开放40年的璀璨成就，形式多样、别具一格的融媒体作品让人耳目一新。作品刷爆了朋友圈，点击量高达459.24万次，社会各界反响热烈。

《改革开放40年·长沙有多“长”》

作品分析

重大主题报道是集中传递党和国家的声音、展现社会发展与人民风貌的重要形式，在主流舆论引导中发挥着关键性的作用。当前，推动全媒体融合发展、建设新型主流媒体已成为新闻宣传工作面临的一项紧迫课题。随着媒体融合转型的深入，新闻报道的理念与技术不断革新，越来越多的重大主题报道突破传统的话语表达与传播形态。短视频、H5、移动直播、VR、AR等新技术手段层出不穷，为重大主题报道开掘出丰富的想象空间，使“硬主题”搭载着移动融媒体“软着陆”，让党的声音“飞入寻常百姓家”。其中，H5成为移动端主题主线报道的主要形式之一。基于H5技术，主流媒体在融合改革创新中创作出了众多“现象级”的新闻作品，在新媒体移动端形成“刷屏”之势。湖南红网的H5作品《改革开放40年·长沙有多“长”》（以下简称《长沙有多“长”》）就是2018年末为庆祝改革开放40周年而创作的融媒体主题报道。该作品发布8小时后就有400多万网友参与互动，成为主题宣传报道的典型案例。

在第29届中国新闻奖评选中，《长沙有多“长”》获得新媒体报道界面一等奖。该作品利用H5技术，将手绘长卷、动画、短视频、拼图游戏等多元媒体融合在一起，借用“长沙”的“长”所承载的多元话语意涵，以“长”字连通古今，对长沙改革开放40年的伟大创举进行了高度的概括与提炼。面对“改革开放”的宏大主题，该作品选取了多个具体直观的维度，从历史之长、城市之长、经济之长、交通之长和速度之长等改革开放的纵切面入手，通过数据化表达、场景化展示、交互式体验，建构起长沙改革开放40年的历史叙事，也映射出中国改革开放的宏伟图景。主创人员表示，近年来，红网人深入践行习近平总书记关于新闻舆论工作系列重要讲话精神，在内容生产上遵循“红、鲜、甜”的三字选题方向，在转型目标上尝试数据化表达、场景化呈现、抖音化思维，用看家本领构筑强大主流舆论，努力把有意义的宏大叙事讲得有意思，努力把重大主题讲得更清新。获奖作品《长沙有多“长”》正是红网推动内容创新、技术引领的沉淀之果。

一、放大一体化效能，探索新型主流媒体融合机制

习近平总书记强调，全媒体不断发展，出现了全程媒体、全息媒体、全员媒体、全效媒体，信息无处不在、无所不及、无人不用，导致舆论生态、媒体格局、传播方式发生深刻变化，新闻舆论工作面临新的挑战。[①]进入全媒体时代，主流媒体相继探索与新的媒介生态格局相适应的体制机制创新。其中，“中央厨房”式的新闻生产模式已成为当前主流媒体融合创新的共识。它改变了传统编辑部纵向联结、各部门分割的新闻生产生态格局，通过整合采编资源、聚合传播优势，根据新兴媒体的传播规律优化生产方式，取得了良好的传播效果。

《长沙有多“长”》的产生就得益于“中央厨房”式的生产模式，这次改革开放40周年主题报道被视为一次“‘中央厨房’跨部门协同作业的融媒体生产实践”。《长沙有多“长”》中所涉及的手绘、动画、视频、拼

① 习近平. 加快推动媒体融合发展 构建全媒体传播格局[J].求是，2019(6).

图等多元表达形式，分属于多个不同部门的工作范畴。为了将“十八般武艺”融会贯通，编辑部展开了多岗位的协同作业，促使采编、技术、运营等多方形成合力。生产流程的再造并不仅仅是工作形式上的协同，更是一次融合作品思维的碰撞。在信息采集与文本编创的过程中，创作者便将用户互动与运营传播的需求考虑在内，实现了从生产链到传播链的“一条龙式”融合探索。通过新闻作品的组织策划、流程再造，编辑部能够集中指挥，使各岗位实现理念互通、高度协调。制作团队做到了让美工、技术人员深入理解作品生产的要义，让文本表达更加贴近技术实践的程度，从而真正实现了重大主题宣传在高度、广度、深度、温度、效度上的同频共振。

一体化的组织模式不仅为融媒体作品的制作生产提供了协同机制，也为融媒体作品的宣传推广搭建了渠道和平台。习近平总书记指出，推动媒体融合发展，要坚持一体化发展方向，通过流程优化、平台再造，实现各种媒介资源、生产要素有效整合，实现信息内容、技术应用、平台终端、管理手段共融互通，催化融合质变，放大一体效能，打造一批具有强大影响力、竞争力的新型主流媒体。①在《长沙有多“长”》作品的传播推广中，创作团队坚持移动优先策略，以全媒体矩阵放大主流声音。基于红网多年来积累的用户规模与品牌影响力，《长沙有多“长”》以自有新媒体客户端“时刻新闻”为基础平台，并借力广泛的互联网移动终端，引发用户在社交媒体圈中的转发、分享、评论，实现了传播资源的导流与转移。湖南红网的传播实践为打造新型主流媒体提供了借鉴思路。在全媒体环境中，要构建面向未来的现代传播体系，必须打通各个层级的媒体资源，通过多元主体的优势互补，建设资源集约、结构合理、差异发展、协同高效的全媒体传播体系，扩大主流价值影响力的版图。

① 推动媒体融合向纵深发展 巩固全党全国人民共同思想基础[N].人民日报，2019-01-26(01).

二、传受双方合作叙事，以用户思维结构宏大主题

叙事是包括新闻生产、游戏、视听影像在内的各类意义生成系统的核心。而在互联网语境中，除了聚焦内容的文本叙事之外，基于媒介技术的互动叙事也能够实现信息的传达、意义的生成。这种互动叙事不像文本叙事那样可以独立存在，它依赖传受双方及媒介界面组成的整体系统。通过在互动中抉择，受众将结构出个人化的叙事路径，在一定程度上打破传统文本叙事的线性关系。《长沙有多“长”》的新媒体作品就通过文本与互动的双重叙事，不断强化用户思维导向，搭建起良好的传受关系。

一方面，讲述40年改革开放成就的文字与图像信息构成了新闻报道的文本叙事。在这一叙事层面中，“长沙有多‘长’”的设问成为贯穿新闻作品始终的叙事线索，围绕历史、社会、经济、艺术等领域所展开的叙事都是对这一设问的回应。为了适应当前移动端受众的阅读习惯，《长沙有多“长”》的叙事文本简练、精确、重点突出。在每一屏新闻界面中，文字均为简短的四五行，有效抓住了手机用户碎片化、浅阅读的信息消费特征。同时，大量的数字文本将抽象的改革开放时代进程具象化。例如，为了概括长沙经济的巨大增速，该作品列出如下的一系列数据：“1978年至2017年，长沙GDP以12.9%的平均增速攀升，经济总量增长624倍，增幅在全国31个重点城市中居第二位。”这些数据中，既有权威、精准的GDP数字，又有形象化、代表性的倍数与排名，体现出新闻生产的专业性与生动性。此外，在当前的信息社会中，关键词已成为用户信息获取、检索、记忆的重要方式。该作品的文本叙事善于利用具有典型意义的关键词，比如“电视湘军”“万亿俱乐部”“湘江时代”“新一线”，这些高度概括性、标签性的话语加深了受众对长沙改革开放成就的印象，从而在快速的信息消费中提升主题宣传的时、度、效。

另一方面，以H5技术语言为中介，新闻生产者与用户在拼图游戏中展开互动叙事。在新闻界面的每一个“长”字当中，都有一块拼图碎片，用户在阅读文本的同时可以收集到一片片碎片，并在最后拼成一整张长沙夜景图，从而触发短视频“彩蛋”。在这条互动叙事线中，拼图游戏的任务是核心线索，用户通过收集拼图获得通关的快感，并对新闻作品最终的“彩蛋”产生期待。两条叙事线的交融促成了这则新媒体报道的内在逻辑：新闻文本叙事建构起长沙之“长”的具体含义，而游戏化的新闻互动则强化了用户探寻文本意涵的主动性，使这则新闻作品成为用户与主流媒体的“合作叙事”。在这一过程中，用户仿佛见证了长沙40年改革开放的历史性成就，文本与游戏的双重叙事相勾连，使用户既乐于参与新闻的阅读与互动，又乐于在移动端、社交圈中分享新闻，有效强化了宏大主题宣传的传播效果。

三、技术与艺术深度融合，营造场景化的视听美学

媒体融合不是各类媒介类型的简单相加，而是多元媒介形态的边界交融、化零为整。相较于文字媒介，视听媒介更能直观、形象地传递新闻信息，并借助视觉符号丰富的表意系统，拓宽新闻界面的表意空间。在新闻生产中，H5技术已成为新闻图像化、可视化最常见的呈现形式。通过技术与艺术的融合，H5新闻作品形成不同于传统视听语言的美学特征，为新闻生产提供了更广泛的创新手段，从而不断拓展着新闻报道形态的边界。

《长沙有多“长”》的创作团队认为，创新力决定了新闻报道的传播力和影响力。为了做好这次报道，团队经过几次专题策划会，将报道形式从最初的手绘长卷，变成了手绘长卷、动画、视频、拼图相结合的融合媒体形式，实现了从一维到多维、从可读到可视的传播升级，力图传达长沙“时尚之都、活力之城”的独特魅力。为实现视听美学的创新，创作者对

新闻作品展开了艺术化的雕琢。在创作中，团队确定了极简化文本表述和解构性画面表达的风格定位。《长沙有多“长”》的新闻界面如同一幅画卷徐徐展开，由与长沙相关的动画符号组成的11个“长”字次第出现，文字信息分列其右，界面简洁、抓人眼球。其中，“长”既代表着“长沙”，又可以理解为“长度”与“长处”。每一个“长”字都充满着创作者的设计巧思，不仅将新闻信息巧妙地融入动画元素，更在多元媒介符号的相互呼应中呈现出艺术美感。比如，在历史之“长”的界面中，为了营造岳麓书院千年学府的历史气氛，“长”字以传统书院的青檐和院墙作为笔画的框架，其中点缀着马王堆汉墓的典型文物、三国孙吴纪年简牍和铜官窑的代表性符号。同时，诵读的古代文人、毛笔、流云等动态元素环绕其间，强化了视觉呈现的动感，成为新闻界面的点睛之笔；在交通之“长”的界面中，穿梭的地铁、车流涌动的高架桥、冲上云霄的飞机等动画元素形象化地描绘出长沙繁忙的交通场景；而活力之“长”的界面则选取了流动的汽车生产线、商务写字楼的玻璃幕墙、会议室等一系列象征符号，以此来凸显长沙企业生产、商业投资的生机活力。《长沙有多“长”》的文化符号线条简洁又灵动鲜活，成为长沙改革开放历史巨变的生动表征。

而除了符号表征功能外，艺术化的界面呈现还为新闻作品营造出场景化的阅读体验。在《长沙有多“长”》的H5新闻作品中，场景化的体验源自媒介与多维空间的融合。在参与界面互动的过程中，富有层次的空间感让受众深度置身于新闻场景之中。具体来看，该作品中存在三重空间。第一是纵贯改革开放40年的社会历史空间。从“五一路时代”到“湘江时代”，该作品以庆祝改革开放40周年为核心主题，带领用户回顾了长沙40年的光阴变迁，尤其通过日常交通、信息智能、娱乐文化、幸福城市等百姓生活中具体可感的情境，受众与自我的生活记忆相勾连，产生强烈的共鸣感。第二是基于技术平台之上的媒介空间。《长沙有多“长”》采用横屏的界面形式，手指拖动可以流畅、无缝地将界面向右滑动，形成不断延展的视听长卷，为用户创造出溢出屏幕的宽阔横轴空间。岳麓山、长沙火车站、湖南广播电视台等众多长沙的典型符号共同讲述着长沙故事，使长沙这个地域性的城市概念浓缩于媒介化的虚拟空间之中。第三是新闻叙事构建起的想象性的表意空间。它基于前两层空间的搭建，让用户置身于文化符号的遐想之中，充分调动用户的情感因素，从而使新闻作品所秉持的核心主题与价值观深入人心。在作品的最后界面中，一段“我爱长沙”的纪实短视频则再度将受众带回长沙蓬勃发展的现实空间。视频中呈现的长沙地标性的建筑、代表性的城市形象，与媒介空间中的文化符号形成呼应，三重空间得到融合和统一。《长沙有多“长”》内容与形式的有机结合，为受众的新闻阅读提供了具有沉浸感、代入感的空间场景，强化了新闻作品的影响力和引导力。

总体而言，要做好全媒体时代的重大主题报道，技术是支撑，形式为抓手，内容为根本。《长沙有多“长”》融媒体报道案例的成功，首先，有赖于编辑部的流程再造与协同创新，为新闻作品的生产与传播释放了一体化的效能；其次，作品以用户为中心，围绕着用户的信息消费习惯与需求，将文本叙事与互动叙事两条叙事线索相互勾连，让游戏为叙事服务，让叙事为主题服务；最后，《长沙有多“长”》的匠心巧思使技术与艺术相互碰撞，形成了独特的、富有整体感的审美体验，生动的界面设计延伸着新闻场景，给用户带来了改革开放40年沧桑巨变的无限遐想。媒体融合是媒介技术手段、视听艺术表征与核心价值观念的化学反应，单一放大其中的任何一个元素都无法取得良好的传播效果。而要处理好融媒体作品各元素之间的关系，必须首先创新理念、业态、体制、机制，才能让党的声音传得更开、传得更广、传得更深入。

第七章

融合创新

导 言

根据第28届中国新闻奖评选办法，融合创新是在媒体融合报道方面有重大创新的新闻作品。融合创新要求作品在报道内容、报道形式、传播渠道等方面有所突破或创新，传播效果好，社会影响大，对推动媒体融合发展有积极引领和示范效应。

第30届中国新闻奖评选办法对融合创新项目要求有所调整，规定为，在媒体融合报道方面具有示范性，产生强烈社会反响的重大创新新闻作品。具体要求作品在内容表达、报道形式、技术应用、传播渠道等方面有所突破或创新，传播效果好，社会影响大，对推动媒体融合发展有积极引领和示范效应。

第31届中国新闻奖评选办法进一步明确，融合创新是移动端首发结合运用多媒体技术生产的新闻作品。要求在内容表达、报道形式、技术应用、传播渠道等方面有重大创新，传播效果好，社会反响强烈，对推动媒体融合发展具有积极引领和示范效应。

方法解析

融合创新作品体现了媒体融合发展的综合成果，作品在内容、技术、形态、传播等方面形成全面创新创优，其主流价值引领、技术开发运用、创意创新表达、叙事完整度乃至作品背后所呈现出的体制机制都成为引领标杆。

主流价值引领。作品主题重大或重要，既反映党中央要求，围绕中心，服务大局，又回应群众关切，直面老百姓关心的问题，在主流价值引领、问题引导上发挥重要功能。比如《新中国密码：15665，611612！》《2019对话1949：时代变了 初心未变》《“央广主播的朋友圈”系列H5报道》等，无不紧扣时代主题，与国家发展同向同行。

技术开发运用。充分开发利用新媒体技术，把传统形态的报道进行新媒体样态的转化和转换，适应互联网传播逻辑和表达。比如《“央广主播的朋友圈”系列H5报道》，把H5技术运用与朋友圈形态结合起来，形成很强的社交传播。又如，《2019对话1949：时代变了 初心未变》创新使用了“分屏互动”技术，实现多维时空、虚拟现实的交互，构建历史和当下的对话场景。

创意创新表达。能够勇于突破已有的叙述方式和表达形态，努力把新闻价值和报道角度以富有想象力的表现形式和样态呈现给用户，在阅读、观看和交互上给用户以全新的体验。比如《新中国密码：15665，

611612！》，用平面的五线谱符号、动态的数字符号和流动的声音旋律，娴熟地运用视听符号传达主题，并与用户产生共鸣。

叙事完整清晰。首先，这类作品叙事完整度高，不是单一的技术炫技，而是内容和技术紧密结合，起承转合精巧构思；其次，综合度高，策划详细严整，采编挖掘深入，流程较为复杂，充分体现了生产体制机制的创新。比如《海拔四千米之上》的16位主创人员多次到三江源国家公园进行采访拍摄，并对大量素材进行遴选、剪辑、设计、制作和程序开发，最终呈现出直播、视频、文字和H5等全媒体、多互动的作品。又如《ofo迷途》，可以称为完整的调查性全媒体报道。针对2018年共享单车在我国迅速发展三年，行业进入深度调整期这一背景，深度调查领军企业ofo资金链断裂的问题，报道调动了11个城市的记者，包括北京、上海、广州、深圳、重庆、杭州、成都、武汉、南京、西安、济南，基本涵盖了共享单车竞争的主要城市。在扎实的实地采访和数据收集的基础上，制作成多媒体作品。

融合创新作品犹如最佳影片，体现出媒体融合发展的最新方向，引领融合新闻发展趋势。

作品一《“央广主播的朋友圈”系列H5报道》

作品信息

所获奖项：第28届中国新闻奖媒体融合奖项融合创新一等奖

主创人员：夏文、王艺、马文佳、江晓晨、徐冰、马烨

发布日期：2017年3月2日

发布账号（App）：“中国之声”微信公众号

作品简介

《“央广主播的朋友圈”系列H5报道》是中央人民广播电台“中国之声”于2017年推出的全国两会报道作品，该作品创造性地运用“朋友圈+主播”的呈现方式，采用“H5+视频抠像+虚拟朋友圈”的技术手段宣传和报道全国两会议题。该作品总共包括四期，首期作品发布后24小时内，点击量便超过100万次，其中97.3%的点击量来源于用户分享，新颖独特的创意与全国两会内容相结合，使作品极具社交动力，引发公众广泛的关注和讨论，成为2017年全国两会报道的刷屏之作。

《“央广主播的朋友圈”系列H5报道》

作品分析

《“央广主播的朋友圈”系列H5报道》在形态和内容上的融合创新试验为主流媒体探索新媒体传播的新形式、新思路提供了借鉴，是主流媒体在媒体融合深入发展下内容与新技术创新结合的有益尝试。

一、立意民生，语态创新

（一）以小见大，宏观议题向民生话题转换

以小见大，将全国两会的宏大主题聚焦在“朋友圈”中的身边事。普通人关注的身边事，实际上就是国家大事、民生问题。《“央广主播的朋友圈”系列H5报道》在构想之初便从小切口入手，将全国两会报道涉及的宏大议题转换为公众能够理解和接受的民生话题。因此，在具体议题的呈现上，从日常生活中人们经常交流的话题和熟悉的人两方面入手，从而提升与用户之间的亲近感。首先，在朋友圈呈现的话题选择上，主要选择育儿、教育、学区房等私人朋友圈经常出现和讨论的话题。如在第一期朋友圈的内容呈现中，便选择以育儿达人晒孩子照片的一条朋友圈为切口，通过下方评论的留言互动以及主播的讲解介绍，进一步观照全国两会中的生

育政策、教育等民生问题。其次，在人物的选择上也是选择主播日常生活中的同事、朋友，因此在运用朋友圈的内容进行全国两会报道时，就更像是主播自己叙述身边朋友的故事。亲近的朋友圈内容加上主播对话式的交流，使整个话题的呈现如同用户和亲近的朋友聊天，用户与全国两会议题的距离一下被拉近了。

宏观议题向民生话题的转化，使全国两会议题与公众之间的联系变得更加具体可感，增强亲近感的同时具有宏观层面的观照，从而使全国两会议题真正抵达公众的日常生活。

（二）点面结合，议题呈现重点突出

《“央广主播的朋友圈”系列H5报道》的四期作品在报道的主题上具有阶段性，与全国两会议程紧密配合，在全国两会整体宣传与重点议题报道两个层面共同发力，有力助推了主流媒体占据网络宣传主导地位。

首先，朋友圈的呈现方式为不同议题的呈现提供了空间，多个全国两会议题在朋友圈中得到同屏呈现。伴随全国两会的会议议程，朋友圈分别涵盖节目预热、全国两会重点议题呈现、政府工作报告、节目制作花絮等多个话题，内容包括生育、教育、环境、蓝天保卫战、饮食用药安全等多个公众关心的问题，对全国两会报道的整体内容有一个全面的观照。

其次，作品还运用不同的呈现方式，在整体、全面报道全国两会的同时，突出重要内容，如主持人运用串场和对话的形式，详细阐释与全国两会相关的朋友圈以及与民生问题相关的朋友圈内容，从而达到了节目预热和报道重要议题的效果。此外，还通过新颖的形式突出呈现重点内容，如通过短视频的方式呈现了“双随机、一公开”的监管模式，运用抢红包的方式呈现“移动资费”相关政策等，充分回应了公众关注的话题。

作品由面到点，点面结合，既让用户对全国两会议题有了整体的把握，又对重要议题进行了集中呈现，提升了其在全国两会议题报道中的传

播力和影响力。

（三）话语亲近，场景构建提升用户接受度

场景化的传播思维不仅体现在技术层面，也体现在内容层面。从内容上来说，文字、语态等变化为用户创造出“共时”“在场”“面对面”的体验，通过话语的亲近呈现实现了对人的互动模式的虚拟呈现，从而使用户对于传播内容更具亲近感、更易接受。

团队在策划之初，便想着力打造主流媒体“生动、拟人、贴近真实的形象”。在《“央广主播的朋友圈”系列H5报道》中，充分采用了亲近的话语形态和方式，尽可能地贴近用户的日常对话，从而提升用户的接受度。首先，在朋友圈的内容呈现上，主动将网络文化元素纳入考量，融合晒娃、晒自拍、晒美食等典型的社交平台内容，自然地拉近与用户的距离。同时，使用表情包这种明显带有网络气质的亚文化呈现形态，将“硬核”的时政话题转换为人们日常交流中经常使用的表情包，激发了作品的社交动力。其次，在呈现的语态上，主播采用日常交流的口吻，直接与屏幕外的用户对话，增强了用户的在场感和参与感，在对话中自然传达了全国两会议题的主要内容。最后，主播与“朋友圈”中的朋友之间的互动也带有明显的生活化的特征。在引出全国两会相关节目预告以及全国两会具体内容时，并没有采用传统的播报方式，而是在闲聊中用口语化的方式自然引出；朋友圈中的回复也各有特点，极具个人气质，真实还原了朋友圈中的社交模式，使用户感受更加真实，进而提升了用户的接受度。

二、移动场景重构，技术加权传播

（一）重视细节，熟悉场景的创新性运用

《“央广主播的朋友圈”系列H5报道》这一作品最突出的亮点便是

“朋友圈+主播”的呈现方式，将虚拟的朋友圈与运用抠像技术呈现的真实主播相结合，构建了真人主播“融入”朋友圈的体验。

在朋友圈场景的呈现上，着力还原最真实的朋友圈界面，从而使用户直接对接实际使用的朋友圈，增加用户天然的亲近感和熟悉感。在具体操作层面，朋友圈的界面严格遵照真实朋友圈的界面设计，在字体字号、配色、评论点赞模式、图标等方面都尽力做到一一对应，着力呈现人们日常生活中使用的朋友圈原貌，为用户搭建起熟悉的场景，使其更加熟悉信息的接收模式。在熟悉的基础上，该作品创新性地让主播走进朋友圈，真人与朋友圈虚拟界面结合，给予受众新颖的阅读体验，主播在与身后的朋友圈互动的滑动、点击、切换的手势，配合以相应的音效，给用户立体直观的感受。此外，朋友圈的呈现不仅仅局限于朋友圈界面本身。在第二期的作品中，还加入了群聊和私聊界面，将朋友圈的呈现范围延伸至聊天界面，呈现空间扩大，主播从朋友圈的讲解者到聊天的参与者，身份不断转变，对话的方式和人称也不断发生变化，从而更全面地模拟了公众在日常生活中的微信互动情况，在熟悉的日常社交行为中获得创新体验。最后，朋友圈的最终呈现通过细节的完善变得更加真实可感。在朋友圈的部分内容设计上，并没有只呈现全国两会相关内容，而是增加了一些“调味品”，如朋友圈在线求助、微信群催交作业等形式，这些内容虽与全国两会报道关联不大，但是更真实地模拟了人们日常中可能出现的情况，使朋友圈的搭建更加真实。

（二）人格化传播，虚实结合增强沉浸体验

互联网的传播中，人格化的传播成为目前行业中不少主流媒体探索和尝试的一种形式。通过拟人化的方式与用户建立直接联系，从而获得更好的传播效果和转发分享红利，提升主流媒体在网络中的传播优势。《“央广主播的朋友圈”系列H5报道》将主播个人的虚拟朋友圈与主播自身的解说

相结合，在扩展朋友圈内容的同时，也赋予这个报道全国两会的作品以人格化的意义，通过“王小艺”的朋友圈，整个全国两会报道便化为“王小艺”朋友圈中的身边事，用户以关注的视角进入朋友圈，配合主播以“讲故事”形式呈现的背景介绍，用户能够产生自身与朋友圈中的“人”和“事”有所关联的感觉，从而沉浸其中。

此外，主播不仅是朋友圈的讲述者，还是代替用户浏览朋友圈的体验者，主播在作品中与朋友圈界面交互的行为实际上成为用户体验的延伸，因此，作品中主播在虚实场景中不断切换，也给用户带来了虚实交替的感受，提升了其沉浸体验。如在第二期作品中，主播先从朋友圈背景图片中的人民大会堂的直播现场走出，再进入自己的朋友圈，形成了朋友圈与现实生活的场景关联。同时，作品还以20世纪八九十年代的共同童年记忆《超级玛丽》游戏中的“顶箱子”为灵感设计了发红包环节，从虚拟朋友圈界面到真实主播跳跃顶箱子，从满屏幕飘散虚拟红包再到真人主播拿到实体红包发朋友圈并呈现在虚拟朋友圈界面中，整个过程中，虚实场景不断切换甚至同屏呈现，虚实之间深度融合，带给用户更加深入的沉浸式体验。

（三）竖视频呈现，交互设计提升用户参与度

从呈现形式上来看，朋友圈的内容呈现样态决定了整个作品的竖屏呈现。竖视频更加贴近用户日常的移动端使用习惯，增加了用户在操作层面的熟悉感；同时竖视频给用户提供了一个面对面的观感，使用户与作品之间的对话感更加强烈，用户的临场感、亲近感和参与度得到提升。

同时，交互设计是提升用户参与度，增强用户沉浸式体验的有利形式。在四期作品的呈现中，其交互设计是不断递进的，从中可以看到《“央广主播的朋友圈”系列H5报道》的团队在实际策划中对于作品传播效果以及与用户互动上的考量。《“央广主播的朋友圈”系列H5报道》作品在逐期的呈现中，交互形式不断创新，交互程度不断深化，尽力挖掘用

户在使用朋友圈时的交互状态，从而尽可能地提升用户的沉浸体验。如在第二期中，运用发送语音的形式，与朋友圈中的记者同事直接对话，既呈现了全国两会期间记者跑两会的采访实况，又巧妙地引出全国两会重要议题，通过短视频的形式进一步呈现，信息传达在对话中完成；同时采用多人视频聊天的方式，远程呈现了人民大会堂直播间的现场工作画面，朋友圈的呈现空间扩大，充分体现了社交平台“异地共时”的特点，增加了用户的真实感。第三期，交互形式创新地将用户选择纳入考量，设计了“加好友”的方式。无论用户选择“通过验证”还是“拒绝”，均有相应内容呈现，给予用户充分的选择权，提升了用户的参与程度。最后一期，交互设计层次更加深入，朋友圈的内容呈现和阅读的控制权交给用户，主播不再干预用户看什么、看多久、怎么看，经过简短的朋友圈介绍之后直接将自己的朋友圈开放给用户。用户的自主选择性得到极大的提升，更加乐于参与其中。同时，朋友圈的内容呈现容量也因为交互时间的自主掌控得到扩充。

三、融合创新的借鉴思路

总体而言，《“央广主播的朋友圈”系列H5报道》这一作品，在全国两会报道中以话题的贴近性、语态的亲近性以及形式的创新性，获得了很好的传播效果。伴随全国两会进程，起到了节目预热、全国两会宣传以及总结盘点的作用，对主流媒体的融合创新传播具有很好的借鉴意义和指导意义。主流媒体如何运用新技术与内容融合创新，从而提升自身传播影响力，可以从以下四个方面得到启发。

（一）神形兼备，寻求形式与内容的契合

在主流媒体的传播过程中，如何把报道的内容精准地传达给更广泛的

用户是其最终目的，报道形态的选择也是为内容的传达服务的。因此，在寻求新颖形式的同时，更要注意与内容本身的契合，从而以形式服务内容，获得最大的传播效益。

从微观层面上看，“朋友圈”充分考虑了内容本身和呈现形态的适配度，在每一条朋友圈、群聊、私聊所要呈现的内容上，都认真考虑适合呈现这一内容的形态，使其获得最好的传播效果。如在引出李克强总理对于“两随机、一公开”管理模式的讲话时，便采用记者同事在私聊对话框中发送视频的方式，在短视频的剪辑和呈现上也符合互联网碎片化的传播逻辑，重点呈现李克强总理讲话的“金句”。此外，在展现政府工作报告时，则选取报告中的重点，以漫画的形式在朋友圈中呈现，以简单易懂的漫画配合报告解读的核心关键字，化宏观的报告文本为简洁明晰的亲近表达，促进用户对于政府工作报告的理解。而在第四期用户自主浏览朋友圈的设计中，便充分考虑开放朋友圈的信息交代是否充分的问题，其每一条朋友圈的文案都比前几期更详细，对每一条朋友圈的主要内容都进行了凝练的概括，便于用户理解和把握。从中可以看到，团队在整个作品策划中对于内容和形式融合的理解，以及其在实际操作上做出的努力。

（二）思维转变，从用户逻辑出发

形式创新是表层的，思维的转变才是作品真正具有传播动力的根本原因。严肃的时政报道内容如何更易被用户接受，是《“央广主播的朋友圈”系列H5报道》团队在前期策划中始终思考的问题，形态创新的背后更多的是对于用户的理解，以及对于如何做出吸引用户内容的探索。

在前期策划的讨论过程中，团队的思考逻辑始终是从内容到形式的逻辑。在对内容的把控上，首先考虑的是与用户密切相关的全国两会内容，转换思考视角，从用户逻辑出发，真正考虑用户想要看什么，用户真正关切的问题有哪些。从收集公众身边的关注点入手，再结合全国两会的宏观议题，由此最终确定朋友圈的呈现形式。从内容逻辑出发，使形式与内容能够做到真正意义的融合，避免了形式与内容“两层皮”的情况。朋友圈的形态选择充分体现了用户的社交化、互动性需求，从用户的日常生活出发，寻求公众关心的民生问题以及公众易于接受的信息呈现形式，从而使内容更具贴近性，更好满足用户的信息需求。

（三）立体呈现，重视声音的引导作用

在媒体融合创新中，多种媒体形式的运用使报道全方位立体地呈现给用户，而其中声音的引导作用被大大低估。《“央广主播的朋友圈”系列H5报道》作品是一个综合运用文字、图片、视频、音频的多媒体作品，充分发挥了不同媒体形式的作用，立体呈现出全国两会中的各个侧面。其中，声音在整个朋友圈的内容呈现以及主线把握上起到了重要的作用。首先，主播运用声音的解说，对朋友圈的信息进行了背景介绍和补充说明，在阐述中将其与全国两会议题的关联呈现出来，从而使报道的主题得到深化，如在介绍记者同事朋友圈中的图片时，主播的解说便为图片增添了大量的背景信息，使其构成一个完整的全国两会报道内容。同时，朋友圈的内容是一个并列性的呈现，朋友圈中的重点内容不够突出，而配合声音的解说，不仅说明了内容之间的联系，而且间接证明其内容的重要程度，从而突出朋友圈中的重点内容。全国两会内容的呈现是通过朋友圈的界面内容和主播的解说共同完成的，因此在一些内容关联性不强、重点不够突出的综合性内容呈现上，应当重视声音补充信息以及串联内容的作用，从而使作品更完整。

（四）增强交互，提升用户注意力

移动互联网时代，用户的注意力不断被分散，因此如何吸引用户注意力是提升作品传播效益亟须思考的问题。报道中的交互设计，使用户在参

与式的沉浸体验中，自然地获取报道内容，从而获得更好的传播效果。

在《“央广主播的朋友圈”系列H5报道》四期作品中，不断设计惊喜框架，从虚拟抢红包、添加微信好友，到加入群聊、自主浏览朋友圈，其交互性在不断提升，但总体来说，交互形式还相对简单，用户的参与程度有限，交互的形式创新和节奏把握还需要更进一步调整和改善。2018年的全国两会报道作品《王小艺跑两会，一切听你的》，便从更高的层次提升交互体验。首先设置了人脸识别自拍进行观看内容的选择，让用户能够“指挥”主播，观看其想看的全国两会内容；并且在不同场景中设置不同的选项，每一个选项都对应一个实景拍摄的视频，让用户在虚实之间来回切换，运用游戏选择的方式，使用户了解全国两会采访背后的方方面面。

四、结语

《“央广主播的朋友圈”系列H5报道》借助新技术的创造性使用，使严肃的时政议题获得互联网的传播动力，取得了良好的传播效果。在媒体融合创新中，形态的创新可以是多种多样的，但报道的最终目的是将内容传达给公众。主流媒体要真正做好内容传播，提升自身的传播影响力，最终还是要转变思维。形态创新只是外在的，只有思维真正契合了互联网时代的传播逻辑，从内容出发，从用户出发，主流媒体的报道才能贴近用户，获得社交动力，真正成为用户愿意讨论和分享的社交话题。

作品二《ofo迷途》

作品信息

所获奖项：第29届中国新闻奖媒体融合奖项融合创新一等奖

主管单位：成都传媒集团

主创人员：集体（岳琦、李少婷、彭斐、刘晨光、靳水平、黄鑫磊、王帆、查道坤、叶晓丹、陈晴、王琳、帅灵茜、李佳穗、孙久朋、朱星运、韩阳）

编　　辑：卢祥勇、余进

发布日期及时间：2018年12月6日21时

发布账号（App）：每日经济新闻客户端

作品简介

《ofo迷途》H5作品，集动画、视频、可视化数据图以及文字深度报道于一体。通过数据可视化的方式，ofo的诉讼、消费者投诉以及欠款情况一目了然；动画、视频及交互设计，让该作品在内容丰富性和互动体验上均远远超过单纯的图文稿件。每日经济新闻官方微博以#ofo迷途11城#以及#ofo黄了么（吗）#为话题标签，将11城图文视频报道陆续发出，全网阅读量超过600万次，引起网络上就ofo运营问题的讨论。报道中的独家新闻点，#ofo杭州分公司被列入经营异常名录#进入当日微博热搜榜。

《ofo 迷途》

作品分析

每日经济新闻（以下简称“每经”）的融媒体作品《ofo迷途》聚焦曾备受青睐、用户留存率行业第一的共享单车品牌。针对消费者押金退还不畅、投诉量大幅增长等问题，记者在北京、上海、广州、深圳、重庆、杭州、成都、武汉、南京、西安、济南共计11座城市开展调查，力求呈现小黄车运营状况，直击ofo的收缩与困顿。

一、平台融合，机制创新

每经相关负责人表示，《ofo迷途》的获奖，是每经在“四全媒体”时代“新闻决定影响力”的践行成果，也是媒体融合的成功范例之一。融合创新作品的成功，离不开每经在内容、平台、渠道、管理等多方面的深度融合、技术支持下的媒体转型升级、全媒体采编流程再造，以及幕后主创团队的通力协作。

（一）报网联动，打造财经媒体新生态

《每日经济新闻》于2004年12月创刊，2008年实现了从单一报纸向全

媒体平台发展的转变，形成了一报、两网两端的新布局。另外，每经还在微信、微博等社交平台布局自己的融媒体矩阵，拥有多个行业细分传播阵列，在原有作品的基础上，积极推进报网联动的一体化发展，打造财经媒体融合新生态。移动优先的策略，很大程度上解放了记者和编辑的生产力，以更丰富的形式实现报道的融合创新。

每经在充分发挥自身优势、挖掘经济生活中与社会热点相关话题的同时，着力打造“每经牛眼”“NBD汽车”“镁刻地产”“每经影视”等覆盖金融、汽车、地产等多个行业、有针对性的融媒体作品，根据不同细分人群的特点，发布更具贴近性、可读性的信息，将专业化与分众化、差异化相结合。

《ofo迷途》在每日经济新闻客户端首发，整体遵循互联网作品的制作思路。在多家媒体都关注ofo运营问题时，每经利用财经媒体自身的专业化优势，回归最原始的“到现场去”的方式，结合图片、视频、文字报道等多种受众喜闻乐见的方式，对作品进行包装。作品还利用互联网传播的特点，在多渠道实现推广。新闻内容的生产和制作不再受到传统呈现形式的限制，针对不同的端口，结合新闻内容本身，采编人员与技术、设计人员共同商讨、设计有针对性的作品。

以微博平台为例，每经官方微博以#ofo迷途11城#以及#ofo黄了么（吗）#为话题标签，将11个城市的图文视频报道陆续发出，引起网民对ofo运营问题的讨论。内容和形式的高度创新，让作品收获了全网超过600万次的阅读量，报道中的独家新闻点，#ofo杭州分公司被列入经营异常名录#也进入当日微博热搜榜。

（二）流程再造，前后端协同发展

随着媒体融合的不断发展，以报道深刻性、专业性见长的每经加强高度专业化的采编队伍，同时不断探索与创新，积极推动“中央厨房”流程再造，打造全新采编生产系统。每经在已有的专业化采编流程的基础上，实施跨部门、跨区域的协同机制，将采集、分配、撰稿、审核过程整体前移，并保证全程在线，让原本部门制的内容生产体系得以重构，各个专业环节同频共振，形成合力。

融合创新作品《ofo迷途》跨越了地域、部门的局限，全流程打通，实现前后端协作的集约化生产。作品采用项目制，由采编部门策划牵头，调动技术支持、视觉设计、运营等多部门、多岗位的人员，以小组的方式推进新闻生产的各个环节，实现了新闻部门与支撑部门的无缝衔接，让技术理念、运营思维和作品导向更早地参与新闻生产。

报道由一位前端新闻指挥者规划统筹，既保证前端记者与后端专业人员保持密切联系，又促使后端各部门间相互配合、通力协作。对于报道的各个环节，在相关领域最专业、最有经验的人员拥有更大的发言权。对于项目的主创人员而言，如何让新闻更生动、更贴近用户、更有深度是所有人共同的目标。

此外，复合型的交叉人才在融合报道的创作过程中也起到至关重要的作用。《ofo迷途》的主创人员岳琦在接受课题组采访时表示，如果要做一个融合类的作品，需要一个既懂得在采编流程中判断新闻价值，又能够理解目前可以使用的技术路线、呈现形式、视觉包装的策划人或作品经理。他能够根据新闻事件和选题的特点进行构思，匹配更好的传播途径、呈现方式，协调后端的技术部门、视觉部门，将创新落地变为现实。

（三）放眼全球，创新引领融合发展

目前，每经团队已经在北京、上海、深圳、广州、成都等国内中心城市落地，每经旗下的每经智库也在2019年完成了纽约中心和洛杉矶中心的挂牌，未来还计划在伦敦、新加坡、东京等国际金融中心布局。正如每日经济新闻董事长、总编辑闻达所言："每经团队正逐步实现覆盖全球

核心城市。”

国内外新闻中心的整体布局，让每经的采编团队关注全球估值最高的共享单车平台，并在短时间内实现11个城市的深度调查与采访。借助每经全国覆盖和联合指挥协作的新闻操作模式，《ofo迷途》的采编团队在全国主要城市将现场调查做好、做实、做全面，从贴近性、本土化方面实现了与其他媒体对于ofo公司危机报道的差异化。另外，不断完善的组织架构以及专业化的团队，使每经在媒体融合的大潮中增强自身传播力、引导力、影响力、公信力，勇于探索、勇于变革，以技术引领媒体融合发展。

二、专注内容，多元拓展

报网融合带来的互联网思维，让每经形成了具有自身专业特色的媒体新生态、采编流程再造的一体化生产，以及放眼全球的国际化视野，每经的融合创新发展为爆款作品的生产奠定了良好的组织架构基础。而随着互联网技术的不断发展，在“人人都有麦克风”的全媒体时代，“内容为王”成为主流媒体讲好中国故事、发挥自身优势的重要手段。《ofo迷途》主创人员宋思艰在分析作品成功之处时表示，融合创新报道的核心应该是有价值、有现场感的新闻，技术和手段应该为新闻服务。因此，每经在进行融合创新发展的同时，依然坚持从专业化的视角，进行深度的调查性内容报道。

（一）紧扣事件，挖掘新闻背后的真相

一直以来，调查报道常常与揭露负面丑闻联系在一起。美国记者杰克·海敦就提出：“调查性报道是暴露新闻。它暴露政府和公共机构中的

腐化行为和丑事。”[①]而随着新闻报道内容不断丰富，形式日益多样化，调查性报道的范围也随之扩大。调查的对象不再局限于政府等公共部门，调查的内容也不再只是揭丑、暴露内幕。

《ofo迷途》避免了走入负面报道引起广泛维权的怪圈，客观呈现了各主要城市ofo的真实运营状况。早在当年7月，每经就曾关注并报道ofo的一家智能锁供应商因被拖欠服务费决定暂停对ofo的服务。针对下半年出现的因拖欠货款ofo多次被物流方、自行车供货方推上法庭，以及消费者押金退还不畅导致ofo的投诉量大幅增长等问题，每经在不做预设的情况下，透过现象，从消费者、供应商、投资者等多个角度进行客观的报道呈现，深挖ofo市场地位下滑、问题频发的本质原因。

每经充分发挥作为专业财经媒体的舆论监督功能，利用微博、微信等社交平台的传播优势，突破传统媒体的局限，进行监督类创新报道。一方面，报道直击ofo的真实情况，实地走访多个ofo的办公地，采访了ofo的工作人员，证实ofo多地投放量确有大幅下滑，但“ofo运营一切正常”，以回应“跑路”的不实传言；另一方面，报道也向投资机构和供应链企业提示了风险，同时保障了消费者的知情权，促进消费者的维权进程，也督促ofo方面尽快研究对策、解决问题，保障消费者的合法权益。

（二）以小见大，贴近群众

对新闻媒体来说，无论时代如何变迁，“内容为王”始终是做好新闻报道的根本所在，而做好内容的关键在于坚持贴近实际、贴近生活、贴近群众的作风。只有真正扎根基层、用心用情去采写的报道，才能让群众爱听爱看；只有源于生活、源于群众、源于实践的报道，才能真正打动人心，发挥弘扬主旋律、传播正能量的作用。

---

①〔美〕海敦. 怎样当好新闻记者[M]. 伍任, 译. 北京: 新华出版社, 1980.

每经作为财经类媒体，一直致力于深耕公司、行业、金融领域的专业报道，让复杂、晦涩的财经消息变得更通俗易懂，更加贴近生活、贴近群众。媒介转型后，每经由最早全国公开发行的财经类日报，发展为拥有千万用户的全媒体品牌。变的是媒介形式，不变的是持续保证内容深刻性、专业性，致力于严肃调查、推动市场正义。融合了新创意、新思路的每经作品，拥有了更丰富的内容表达形式，不仅增加了内容可读性，也加强了与用户之间的互动、交流。

《ofo迷途》将"消费者押金退回难"的热点现象作为切口，以现场走访的方式对ofo的经营状况展开深入调查，以平民化的视角对调查结果进行剖析，最终放眼共享经济行业和创业公司，为他们提供镜鉴。对全国11个主要城市的走访调查，不仅增加了报道内容的维度、深度，呈现出不同城市ofo在运营过程中所面临的问题，而且以更加贴近用户的方式，集中反馈用户最关心的问题，让用户了解自己所在城市ofo押金退还的最新进展。

三、形式创新，技术赋能

当新闻传播逐渐由单向的依靠纸媒传递信息走向互联网时代的多元互动，作品的融合创新就更多地加入了新形式、新技术。技术不是单纯地吸引用户的噱头，而是以用户为中心，为内容服务的重要手段。正如《ofo迷途》的主创人员岳琦所说，新闻的内核决定了记者挖掘新闻的方式，而不是用已有的手段在新闻上"套用"。《ofo迷途》正是在优质内容的基础上，利用技术手段创新报道形式，使作品呈现更直观清晰，作品形态更易于传播，做到新闻内核够硬，传播手段够软。

（一）短视频发力，应对碎片化阅读

移动互联网时代，碎片化阅读让人们快速浏览新闻、获取信息，也使深度调查报道逐渐失去了一定的市场优势。这就对主流媒体的内容生产提出了更高要求。一方面，主流媒体应当避免走入“标题党”引流量、博眼球的误区，或者停留在一味地进行简单的内容堆砌和观点输出；另一方面，主流媒体也应在保证内容深刻性、全面性的基础上，转变叙事风格以适应社交化、移动化传播。

《ofo迷途》H5作品，除了文字深度报道外，还融入了大量的视频、图片、动画，围绕ofo办公地点搬迁、押金难退引来用户投诉、市场占有率下滑等问题，结合11个地区的实际情况，选择适合的呈现角度和方式展开报道。

在内容呈现方面，作品融合了每经全媒体布局下的品牌“每经视频”，将各地采编团队实拍画面以及采访录音，以“ofo迎寒冬，小黄车如何越冬《每日经济新闻》记者国内11城调研”为主题，剪辑成一至两分钟的新闻短视频，概括性地呈现各地ofo真实的运营情况。内容短小精悍，重点突出，便于用户快速抓取新闻信息，吸引读者进一步了解新闻调查内容。

（二）可视化呈现，深挖大数据价值

早在2016年的品牌战略发布会上，每经就推出财经数据可视化作品和基于大数据的指数作品及服务。每经的全媒体作品“NBD图数馆”便是以数说新闻、图解真相的方式，基于大数据的可视化，挖掘数据背后的价值。

《ofo迷途》汇集一系列可视化数据产品，直观反映了ofo各地运营数据、ofo与供应商的纠纷，以及涉及ofo押金的投诉。从纵向上来看，报道以柱状图的形式对比了过去与现在ofo的员工数量（图7-1），客户端月活用户数量（图7-2）也总体呈现下降的趋势。

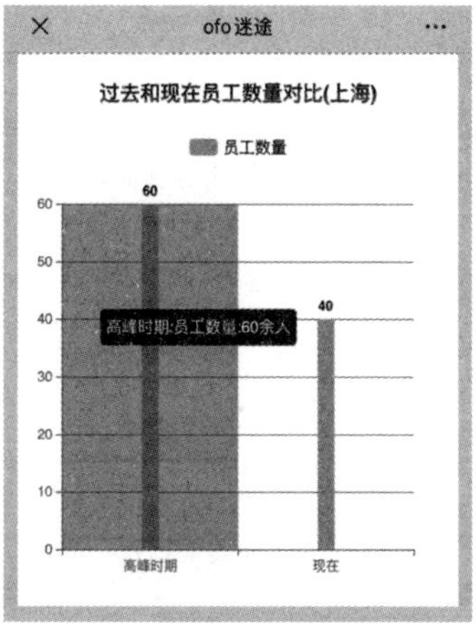

图 7-1　ofo 员工数量对比

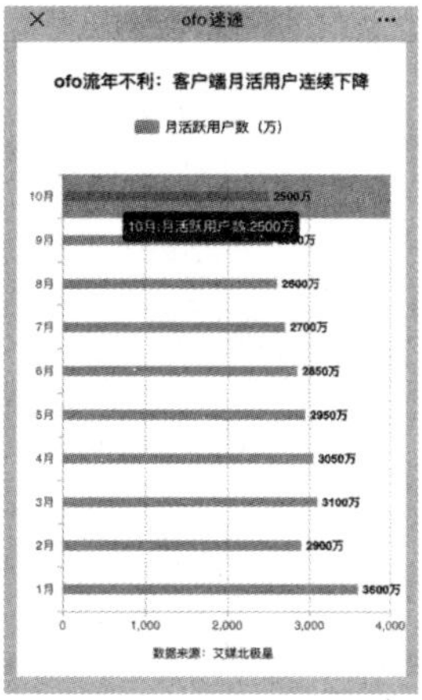

图 7-2　ofo 客户端月活用户数量

从横向上看，对于消费者普遍关心的押金难退的问题，作品通过图表的形式展示了记者以亲身体验或采访用户的方式验证ofo申请押金退还后几日到账的结果（图7–3）。数据显示，济南、广州、北京、武汉这四个城市的用户，在经历了7—60个工作日的等待后，均未收到平台退还的押金。这也就不难说明，报道中折线图所反映的投诉平台内涉ofo投诉一个月飙升1324%（图7–4）的原因。

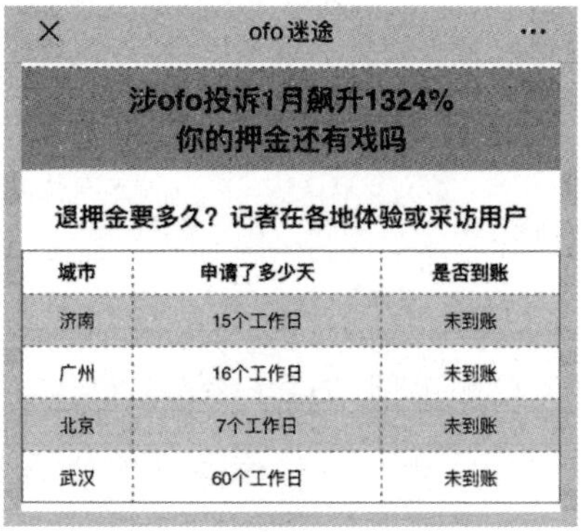

城市	申请了多少天	是否到账
济南	15个工作日	未到账
广州	16个工作日	未到账
北京	7个工作日	未到账
武汉	60个工作日	未到账

图 7-3　ofo 退还押金情况

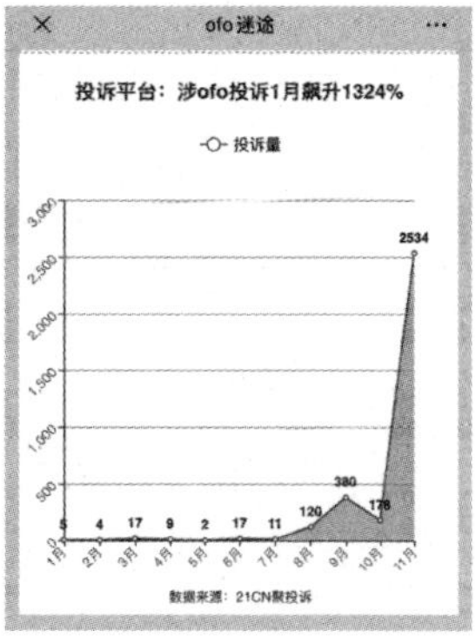

图 7-4　涉 ofo 投诉情况

除了运用图表的方式对最新数据进行整体呈现,《ofo迷途》还将从ofo内部工作人员、交管部门、各地消费者协会等多方面获得的数据融入视频以及文字报道中,对数据进行深入的分析和阐释,还原11个城市最真实的ofo运营状况。

(三)交互设计,提升用户体验

《ofo迷途》采用H5的形式,迎合了受众竖屏手机阅读和传播的习惯。界面设计聚焦在主题"每经记者11城直击小黄车寒冬"中"小黄车"与"寒冬"两个关键词,通过"自行车"以及"雪花"的意象予以呈现。11个城市的报道索引界面,依旧以冬日场景为背景,以一条自行车道串联起记者走访的城市,贴合主题的设计也方便用户选择阅读的内容。针对各个城市的具体报道,作品采用模拟微信对话的形式,还原了记者在各地走访过程中,与当地的ofo区域负责人、运维人员、街头用户、监管部门等相关人士的对话场景。无论是内容丰富性、场景的营造,还是用户的阅读体验,《ofo迷途》的交互式设计,都超过了传统的图文报道。

作品还专门设置了"参与网友吐槽"的部分,收集了来自互联网投诉平台"21CN聚投诉"上用户关于ofo的投诉信息,从消费者的角度出发,真实反映了ofo押金难退、客服忙线甚至无法联系上的状况,更能与用户产生互动和共鸣。这一部分的设计,也为用户参与话题讨论、表达观点开辟了渠道,转变了传统媒体时代单向的信息输出模式,以一种更有利于双向互动的传播形式,增加用户的参与感。

另外,每经还充分利用不同平台的优势,在报纸、客户端、网站、微博上针对不同用户的阅读习惯,各有侧重地阐释了"ofo迷途"的现状及原因,充分体现了传统媒体与新媒体在生产过程中的内容融合与技术创新。

四、结语

每经一直在坚持“新闻决定影响力”的理念，通过记录、调查，带领读者不断接近事件真相。《ofo迷途》正是在这种理念下创作出的一个具有代表性的融合创新作品。作品成功最根本的原因还是每经的全媒体矩阵建设以及不断完善的采编生产系统下前后端一体化协作的生产模式。而作品最核心之处是每经始终坚持的有深度的调查性报道，通过专业化的视角，解读群众最关注的热点经济话题。新技术、新形式的加持，应该更好地为新闻内容服务，提升用户体验和助力作品传播。

面对未来，主流媒体在加快推动媒体融合向纵深发展的同时，应该不断强化自身的专业优势，深耕优质内容，探索新创意、新思路、新方法，以用户为导向，创作出内容丰富、形式多样的融合创新作品。

作品三《海拔四千米之上》

作品信息

所获奖项：第29届中国新闻奖媒体融合奖项融合创新一等奖

主管单位：上海报业集团

主创人员：集体（刘霁、温潇潇、唐筱岚、孙鹏程、郭诗悦、张新燕、史含伟、张成杰、王辰、宋蒋萱、柳婧文、陈兴王、崔彩云、赵丽颖、郁斐、江勇）

编　　辑：集体（季国亮、黄杨、李云芳、张泽红、许海峰、龙景）

发布日期及时间：2018年11月19日10时46分

发布账号（App）：澎湃新闻客户端

作品简介

该作品内容丰富，包含4部精美的微纪录片、9个360°全景视频、9个小环境展示视频。4部微纪录片，每部时长在4—6分钟；3篇深度文字报道和4场大型直播，让人身临其境地感受三江源国家公园的每一个角落、每一处细节。其中，专项项目中最重磅的作品《海拔四千米之上｜极致体验·三江源国家公园重磅实景互动H5》，使用了视频（普通拍摄+航拍+延时拍摄）、360°全景图片、定点VR视频、漫游VR视频、互动热点、延时拍摄等方式，移动端封面采用了随机打开可变技术，最终实现了多种技术和表现形式的大融合。该H5作品因其360°可见的细节和可互动的贴近性，获得了广泛的关注和体验，点击量最终达1896万次。这些作品，让千万读者“触摸”到位于青藏高原腹地的三江源国家公园的原真之美，感知到国家公园体制试点探索工作的筚路蓝缕。

《海拔四千米之上》

作品分析

2018年1月，国家发改委公布了《三江源国家公园总体规划》，作为全国首个国家公园体制试点，三江源国家公园的建设得到了社会各界的广泛关注。融合创新项目《海拔四千米之上》便是澎湃新闻为见录国家公园体制在三江源落地的过程而策划的专题报道。作为全媒体作品，《海拔四千米之上》由3篇深度报道、4场大型直播、4条微纪录片和1个实景H5构成，对媒体融合时代的新闻专题创作有着很好的借鉴意义。

一、紧跟热点，在地报道，践行“四力”

2018年8月，习近平总书记在全国宣传思想工作会议上强调，宣传思想干部要不断掌握新知识、熟悉新领域、开拓新视野，增强本领能力，加强调查研究，不断增强脚力、眼力、脑力、笔力，努力打造一支政治过硬、本领高强、求实创新、能打胜仗的宣传思想工作队伍。①《海拔四千米之上》在创作过程中，讲求实地调研、巧妙选择角度、积极综合思考、力求多样输出，较好地体现了新闻创作对“四力”的践行。

（一）不吝“脚力”，在地报道带来亲临体验

在现场，是对新闻工作者的基本要求，不吝“脚力”，是践行“四力”的基础。只有亲身贴近、植根群众、深入调研、用心感受，才能制作出有温度、有诚意的新闻报道。

三江源地处青藏高原腹地，具有独特的自然地理特征，平均海拔超过3500米，交通和通信不便，氧气稀薄。特殊的自然环境和不易到达的地理位置成为新闻报道的阻碍，也增加了读者、观众对“亲临”现场的诉求。在该项目的实际创作中，制作团队亲赴现场，不吝脚力，坚持“在地报道”，累计约40人参与该项目，到一线参加采拍的就有25人，之后又花了一个月时间进行后期制作，历经拍摄、重新拍摄、修正拍摄、补充拍摄、海选资料、反复剪辑、设计包装、解说配音、画面调色、文案撰写、内容敲定、模块开发、调试优化和设计海报等一系列流程。在直播中，记者跟随科考人员走近玉珠峰，探索冰川退化的秘密；拍摄微纪录片《牧民新生》时，记者跟随管护员进入三江源国家公园的最深处，找寻雪豹的痕迹；团队还深入三江源无人到访过的秘境，利用全景视频呈现独特风景。而在最终呈现的内容里，出镜记者急促的呼吸也从侧面反映了报道现场氧气稀薄、条件恶劣的情况。这些“脚力”的付出，为读者和观众带来身临其境的体验。

① 举旗帜聚民心育新人兴文化展形象 更好完成新形势下宣传思想工作使命任务[N].人民日报，2018-08-23(01).

（二）发挥“眼力”，深入生活巧妙选择视角

新闻报道中的“眼力”，即观察事物的方式与角度。所谓新闻角度，指的是新闻报道中发现事实、挖掘事实、表现事实的着眼点或入手处。对于网络新闻专题来说，角度是使选题增值的一种方式。对于非事件类专题来说，角度的策划显得尤为重要。

三江源地区恶劣和脆弱的自然环境引发了人与自然的矛盾，其特殊的生态地位又使矛盾面临升级的危险。通过百度搜索引擎，用户可以在互联网上查到各类媒体机构发布的有关“三江源”的资讯超过7万篇，内容集中在自然风貌、生态保护、政策体制等方面的介绍，角度单一，深度不足。而《海拔四千米之上》则从共性的问题出发，着眼三个地区的差异性，单独设置三个地方的核心问题，比如长江源的冰川融化、黄河源的人兽冲突以及澜沧江源的雪豹保护，以打造维度丰富、角度全面的报道。

《海拔四千米之上》充分利用了辛苦付出的“脚力”，深入实地，从当地居民的日常生活中寻找细节，从普通人的视角表现人与自然的矛盾和为解决矛盾付出的努力。例如，在微纪录片《矿“疤”初愈》中，记者跟随牧民白玛昂秋回到因开矿被弃置的老房子，满地大块碎石、被震倒的羊圈、寸草不生的地面等细节，直观地呈现出开矿对当地人生活和环境产生的巨大影响，表现了人与社会生产的矛盾；通过玉树州治多县副县长才仁闹布讲述《矿山地质环境综合治理方案》，用户可感受到当地为恢复生态，实现可持续发展所做出的多方努力。

在“脚力”所及之处充分发挥“眼力”，深入生活，从普通人的视角和情感出发，避免了选题的同质化。

（三）迸发“脑力”，拓宽维度树立正确价值

不局限于表面现象，悉心取舍、广泛联系、提出问题、深入思考，拓宽报道维度的同时，实现正确价值观的引领，是“脑力”实践的关键。

深度报道《人兽冲突升级待解，事前预防迫在眉睫》中，首先生动形象地描写了一个凌晨，棕熊造访才仁多杰住处的场景，引出当地牧民被野生动物“侵扰”的现状，再由才仁多杰讲述自己熊口逃生的故事，生动直观地从微观细节层面让观众体会到人与自然之间的“矛盾”；通过当地公安局局长介绍野生动物保护和牧民补偿政策的内容和执行情况，从宏观视角体现了解决矛盾的策略。在报道的后半部分，结合政策背景和数据，全面分析了造成人熊冲突的潜在驱动因素，指出以暴制暴的危险，以及事前预防与事后补偿相结合的重要性。文章以因野生动物活动屡遭经济损失的牧民扎西达瓦的朴实感悟结束，又体现了人与自然从矛盾冲突走向和谐共生的趋势。多维度的信息共同构建出国家公园体制改革的重要意义，引导出人与自然和谐发展的价值观。

（四）挥洒“笔力”，创新形式实现综合表达

笔力来自真实，也来自平实；来自真情，也来自鲜活。[①]“笔力”凝聚着新闻工作者的“脚力”“脑力”和“眼力”，在融合创新项目里，打造融合多种形式的创新作品，就是“笔力”的落脚点。

据项目主创介绍，澎湃新闻自上线以来，在内容的策划阶段一直有意突破传统报纸的呈现形式，借鉴国外媒体报道案例，结合当时的技术能力，进行集图片、视频、声音和文字于一体的融合创新性报道。《海拔四千米之上》有四种呈现形式——实景H5、微纪录片、现场直播和深度报

① 许宝健. 宣传思想工作者应具备哪“四力”[J]. 理论导报, 2018(9):47.

道。实景H5以地域为线索呈现全貌，信息量大，具有互动性；其他三种类型各有所长、侧重不同。在实景H5中，所有内容均由视频或VR视频构成，这在澎湃新闻以往的H5项目中也是从未采用过的；而且将普通视频与VR视频相结合的呈现方式，同时保证用户在两种类型的切换过程中顺滑无卡顿，对技术的开发也有极大的要求。在内容与技术配合下，《海拔四千米之上》多形式的“落笔”，将H5的综合性、微纪录片的生动性、直播的现场感、深度报道的信息量相结合，最终实现了较为理想的主题呈现。

二、全媒体手段综合运用，形式与内容相得益彰

一个多媒体报道应该是一个完整的报道方案：每一种手段发挥其特长，不同手段之间取长补短，真正产生“1+1>2”的效果。如前文所述，《海拔四千米之上》有针对性地运用了四种不同的技术手段，为不同的内容服务。团队主创认为，故事是核心，四种内容形式都是以讲故事为目的，都是故事内容的包装。在现在的全媒体或者融媒体环境下，人们获得信息的途径更容易，速度也更快，渠道更加多样化，媒体也需要利用各种内容形式来更加全面和丰富地报道新闻故事。

（一）微纪录片讲述人物故事，具体直观

随着网络通信技术的飞速发展和媒介形态的重塑，用户的观看偏好也产生了改变。在这种背景下诞生的微纪录片时长短、节奏快、内容简洁、重点突出，具备网络传播特性，适应用户碎片化观看习惯。在《海拔四千米之上》系列报道中，三江源地区的特殊地理位置，也给微纪录片独特的视听语言提供了很好的发挥空间。因此，制作团队用4个微纪录片来表现三江源地区人与社会、人与自然之间的关系。

四个微纪录片的主要人物都是牧民，也都是森林公园管护员，但他们

面临着不同的自然与生活问题：扎西达瓦30多年来饱受熊、雪豹、狼的袭击，俄索要与雪豹朝夕相处20多天，盗采让多尔玛村牧民白玛昂秋家的草场成了寸草不生的矿“疤”，才仁尼玛为了孩子教育频繁往来牧区和县城。透过四个故事，三江源地区的生活、教育、环境、生态等元素如同一幅画卷缓缓展开，故事之间的共性与差异自然呈现，具体而直观。

（二）直播报道注重现场体验，身临其境

直播报道真实、直接、贴近现场，互动性、体验感强，是新闻报道常用的形式之一。《海拔四千米之上》的选题并非突发事件或真正意义上的重大题材，采用直播形式时，对主题和内容的策划就显得尤为重要。《“重生”格萨尔王狮龙宫殿，赏藏式彩绘和建筑》《看酥油雕塑、听藏戏，探访三江源格萨尔史诗第一村》《攀登玉珠峰，溯源三江源冰川逐年退化的秘密》《穿峡谷、探丹霞、追雪豹，揭秘澜沧江源生物多样性》四场直播，分别走进黄河源、长江源、澜沧江源，从文化、自然环境、生态保护三个角度，以体验式报道的形式，丰富了用户对于三江源的认识。同时，直播结束后，视频内容仍以录像的形式供用户随时调阅，扩展了直播的外延。

相比专题中的其他内容，直播视频的时长最长、内容最显真实生动，这一方面得益于直播实时、连续的拍摄手法：以单机位跟拍的长镜头为主，镜头切换较少，真实还原了现场情况，并带给观众真实的时间流逝感；另一方面，记者在报道中扮演着双重角色，既要发挥引导作用，对背景信息进行讲解，又要从观众的角度出发，代替观众进行现场体验，分享感受，发掘问题。例如，在《“重生”格萨尔王狮龙宫殿，赏藏式彩绘和建筑》中，记者既是“导游”，也是“游客”，与达日县文化局干部，同时也是《格萨尔藏戏》的编剧、导演东强一起，以现场导览的形式，带领观众从内到外地参观了即将对外开放的格萨尔王狮龙宫殿，讲述了许多和格

萨尔文化有关的知识。观看完50多分钟的直播，观众似乎亲身经历了格萨尔王狮龙宫殿一游。

（三）深度报道探索纵深，图文直播丰富信息

与微纪录片碎片化的传播模式、点到为止的叙事方式不同，也与直播注重现场、真实体验的理念不同，图文特稿则是就某一个特定话题深度聚焦。《海拔四千米之上》三篇图文特稿报道角度和人物选择与微纪录片有一定重合，在相互配合的基础上，图文特稿更多地探讨了现象背后的问题，提升了内容深度。例如，《逾万牧民变身管护员：兼顾生态和增收》中提到主动迁入县城定居的牧民面临城里开销大、工作难找、饮食无法自给自足等现实问题，以及牧民营收过分依赖虫草、缺乏就业主动性等社会问题，指出生态移民后续产业发展“极为困难”，“一刀切”的简单移民并不是最好的选择。结合数据和多方观点，最终印证了提高管护员的专业素养和管护积极性，从草原利用者变为环境保护者，才是吻合青藏高原几千年文化体系的保护模式。

《海拔四千米之上》在进行直播报道时，还结合了图文直播的形式，为用户提供了更丰富的信息。例如，在直播《穿峡谷、探丹霞、追雪豹，揭秘澜沧江源生物多样性》中，使用了三江源国家公园地形地貌图、雪豹调查分布图、江源国家公园珍稀野生植物分布图等统计图表，并配以野生动物照片和文字介绍，很好地提升了单位时间里的信息量。此外，图文直播也通过颇具网感的口语化表达，增强了互动性和贴近性。例如，在直播《攀登玉珠峰，溯源三江源冰川逐年退化的秘密》的结尾部分，图文直播用了“好累哦，但是还要科考”的表情包，配以“湃君感慨：科考实属不易，喜悦与艰辛并行”的评论，以诙谐幽默的形式为直播做了结尾。

（四）H5 聚合多媒体，新技术应用需完善

据主创团队介绍，《海拔四千米之上》是一个整体项目，在澎湃新闻的两微一端中也同步发布，仅H5的点击量就累计达1896万次。

H5的发布意味着系列报道在全媒体上完成贯通，相比于以上三种表现形式，H5重在对三江源地区的全景式呈现。大量全景视频自然风光欣赏是现阶段全景视频的一个主要内容，借助全景视频的沉浸性，给观众带来强烈、逼真的视觉奇观和身临其境的现场感。

这则H5由4段引子视频、9个全景视频和9个弹窗视频组成，以地点为线索分为黄河源、长江源、澜沧江源三个部分。以“澜沧江源”部分为例，首先，扎西东周概括介绍了澜沧江的地貌和生物多样性，当地牧民对生态保护作出的贡献等内容；随后，画面改为全景视频，用户跟随扎西东周，查看放置在山上的红外摄像机拍到的内容；在360度领略山上的风景之后，就可以通过点击弹窗的方式，到达下一个内容上更加深入的场景：“雪豹路径”。在那里，扎西东周查看了摄影机，并表示自己看到了雪豹，这一场景中，又有三个弹窗视频，其中“雪豹护食”“牧民救护雪豹”都是红外相机拍到的内容，“江水奔腾”则会带领用户走到下一站，用户可以根据自己的喜好点击观看；来到河边，可以点击看小视频“涉水上岸的大秃鹫”，选择“登山巡查”，则会回到第一个全景视频的场景。视频中大量的航拍镜头增添了视觉维度，带用户走进了不曾有人问津的神秘世界，与全景视频配合，共同展现了三江源的自然奇观。

H5的新媒体属性提升了新闻作品的趣味性和用户体验。在新技术的应用实践中，也有些需要继续完善之处。例如，在内容选取上，作品过于集中在自然风光呈现，丰富性有待加强；在路径设计上，作品的每一部分都是单向闭环结构，在体验的过程中，只能不断“前进”却不能“后退”去查看已经观看过的内容，只能在最后一个场景之后回到第一个场景；在

实际场景中，对不同终端的适配性有待提高，如使用手机竖屏观看，视觉范围偏小，观看体验和电脑终端呈现出较大的差距。

三、结语

在媒体融合日益深化的今天，单一的媒介形式已经不能满足媒体报道和用户观看的需求。提高媒体融合时代作品的丰富性，要充分利用数字化所赋予的作品组合的灵活性。《海拔四千米之上》团队精心策划选题，灵活运用技术，深刻践行“四力”，在这一大型选题的报道中实现了内容与技术的有机结合。

5G时代的到来为新兴技术的发展创造了条件，未来势必会涌现出更丰富的媒介形式。而在花样百出的呈现形式中，内容始终是王道。新兴技术的运用是为了更好地服务于内容，一味追求技术的丰富和巧妙，没有优质内容为支撑，不以符合媒介规律的手法呈现，便会喧宾夺主，缺乏灵魂。世上并无“万能媒介”，唯有充分发挥各个媒介形式的特点，为优质内容选取最合适的承载形式，组合发力，才能呈现出更具影响力的作品。

作品四《新中国密码：15665，611612！》

作品信息

所获奖项：第30届中国新闻奖媒体融合奖项融合创新特别奖

主管单位：新华社

主创人员：徐壮志、姚竣译、卜多门、魏董华、熊琦、杨依军、彭卓、陈子夏、徐润南、贾远琨

编　　辑：集体（何平、白林、孙承斌、汪金福）

发布日期：2019年9月27日

发布账号（App）：新华社客户端

作品简介

微电影《新中国密码：15665，611612！》是新华社自2018年第28届中国新闻奖设立媒体融合奖项以来，首次获得该奖项特别奖的作品，获奖项目为“融合创新”。《新中国密码：15665，611612！》是“主力军全面挺进主战场”的一次生动实践，该作品获融合创新特别奖可谓实至名归。

《新中国密码：15665，611612！》

作品分析

“15665，611612”是“没有共产党就没有新中国”这句歌词所对应的简谱，是一串可以为新中国成立70周年“打call”的电话号码，更是一串解开内容融合创新的“密码”。

2020年底，第30届中国新闻奖评选结果揭晓，由新华社制作发布的微视频《新中国密码：15665，611612！》获得“融合创新”特别奖。《新中国密码：15665，611612！》在内容、技术、形式、传播等方面可圈可点，取得了优良的社会效果，具有内容融合和作品运维的示范性，其背后的融合生产机制更具借鉴意义，作品获融合创新特别奖可谓实至名归。本文从内容融合、作品运维、品牌打造三个角度，试以“术”和“道”两个层面，分析该作品的优势和特色，总结其背后的策略、理念乃至机制。

一、神形一体，找到内容融合的“密码”

《新中国密码：15665，611612！》格局宏大、主线明确、人物鲜明、节点典型，是主流媒体在全媒体环境下对内容融合的深度探索。具体而言，该作品实现了主题立意、人物故事、情节节奏、表现形态等微视频创作要素的高度融合，真正找到了内容融合的密码。

以尽精微展现致广大，微视频需要在高度压缩的时空内，呈现至为丰富的信息，以一当十，紧紧抓住观众的注意力并完成影像故事叙述。在主题立意方面，《新中国密码：15665，611612！》的主体微视频《新生（1949—2019）》思想深、格局大、站位高，作品将中国共产党领导下新中国砥砺奋进70年的光辉历程融汇在13分14秒的影像叙事中，为用户营造了史诗风格的现场感和代入感，引导用户读懂中国共产党的初心和使命。

“人”是故事的核心，故事需要人去承载，需要中心人物去讲述。新华社多部短视频作品具有共同点，先在屏幕上放一张能讲故事的脸，以现实的人和物带出生动的历史记忆，这也是主流媒体在媒体融合时代对中心人物的鲜活运用。在人物选择方面，创作团队找到了曹红雯女士——年过七旬的她正是《没有共产党就没有新中国》的作曲者曹火星的女儿，人物的典型性不言而喻。在新华社的其他微视频作品中，《红色气质》选择了与中国共产党同龄的瞿独伊，《父亲·我们·时代》将画家罗中立的油画《父亲》作为影片的开头，并且设置了贯穿始终的画框元素，这些无不体现出内容融合创新中的经典报道理念与方法，这便是媒体融合时代的“不变”。

以曹红雯为主线，《新中国密码：15665，611612！》串联起了响应脱贫政策、组织船民上岸并成立工程队的江城财，汶川地震中被困56个小时后获救的幸存者贾正娇，治沙英雄王友德，等等。他们是平凡的英雄，在努力奋斗中成就了自我，他们的经历浓缩了时代发展的印记。作品很好地把握了点和面的关系、微观中心人物和群像的关系、细节和宏观背景的关系。这也是媒体融合时代微视频发展出的独特叙事策略，核心要义在于“多而浅”，即在短时间内对某些元素进行大量表现。“多而浅”的策略颠覆了传统的叙事原则，情节在每一个事件中相对独立，事件之间多为平行的弱联系，而非因果、递进等强联系。

在情节方面，作品的融媒叙事节奏也十分到位，13分14秒的微视频叙事跌宕起伏、张弛有度。作品的主体部分用抗日战争、开国大典、解放军进军西藏、首颗原子弹爆炸、恢复高考、深圳特区建设、汶川地震、脱贫攻坚等节点性事件，串联起中华民族的时代记忆；最后当音符、字符从纸面浮起，在《没有共产党就没有新中国》的合唱声中，作品用快闪的形式呈现了近年来中国经济、科技、外交等领域的成就，生动展现了中国共产党带领人民不懈奋斗的光辉历程。

在表现形态方面，作品通过平面的五线谱符号、动态的数字符号以及流动的声音旋律，以《没有共产党就没有新中国》一曲串起3D投射图片、历史影像和人物口述，把各种视听媒介表达有机融为一体：歌曲的演绎、故事的讲述、人物的表现手法、历史背景的穿插、色调的处理、字幕的出现方式都经过精心雕琢。例如，《没有共产党就没有新中国》的五线谱是微视频的重要元素；画面里的每一个故事都与曲谱里的歌词一一对应，例如董振堂将军的故事用歌词“他一心救中国”，余新元的故事用歌词“他坚持抗战八年多”，等等，这些有机的字幕信息，与画面空间巧妙地融为一体。正如同微视频的名字《新生（1949—2019）》，主创团队的巧思创意让耳熟能详的老歌又获得了“新生”。

二、运维兼备，探求用户连接的“密码”

“在融媒时代，没有好的包装推广，再好的内容也极有可能被埋没”①，这或许是许多一线新闻工作者的心声。《新中国密码：15665，611612！》一经推出，海内外总播放量就达7.28亿次，收获点赞4036万次，由该报道

① 魏董华. 这段旋律为谁而歌？微纪录片《新中国密码：15665, 611612 ！》的“新生”之路[EB/OL].(2021-01-05)[2021-03-02].https：//mp.weixin.qq.com/s/TTNdbUcp6LM2WQS R0o1HJQ.

就引发的两个热搜“读懂父亲要从这首歌开始”“新中国密码”均在微博热搜榜置顶并入围前八，热搜话题阅读量达4.8亿次，成为全网爆款，是主力军全面挺进主阵地的一次生动实践。[①]

谈及媒体融合时代主流媒体如何打造爆款作品，作品主创新华社全媒编辑中心编辑姚竣译认为有两个要点：其一，内容优质；其二，把握好节点时机。该作品的主体微视频从策划到上线，经历了近4个月的制作和打磨，除了内容融合创新之外，在宣发推广方面也进行了有益尝试，总体可以归纳为三个方面。

首先，主创团队在作品制作之初就确定采取“梯队式传播”策略：以13分14秒的微视频作为主打作品，并针对不同传播平台和不同传播阶段，进行差异化的延伸作品设计，包括“猜谜版”和“解密版”两种标题，海报、图文和微视频等多种作品形态，以及碎片化、高浓缩的短视频等。

其次，充分挖掘作品创意，将《没有共产党就没有新中国》的歌词简谱与手机号码对应，在新中国成立70周年的背景下，动员用户为新中国“打call”。

最后，提前与其他媒体沟通联系，并在微博平台进行联合推广，一些明星自愿加入转发，进一步为优质内容传播注入社交动力。

马尔科姆·格拉德威尔在《引爆点》中提出“流行理论”，归纳出爆发流行、形成引爆点的三大法则，即“附着力因素法则”“环境威力法则”和“个别人物法则”，分别强调内容与形式、环境因素和关键人物对引发流行的重要性。《新中国密码：15665，611612 ！》在新中国成立70周年的背景下，以优质内容与差异化形式，并借助明星等知名公众人物的转发支持，成功地为作品打造了“引爆点”，成为各大媒体平台上的“刷屏”之作。

---

① 截至2019年10月9日的统计数据。

三、品牌战略，融合生产机制的“密码”

（一）三部作品：叙事风格重连贯

新华社对媒体融合的探索具有连续性，融媒体叙事也具有显著的特色，某种程度上可称为全媒体时代下的新“新华体”。《新中国密码：15665，611612！》与此前新华社的《红色气质》《父亲·我们·时代》两部微视频在风格上具有一脉相承的连贯性。《红色气质》《父亲·我们·时代》和《新中国密码：15665，611612！》三部微视频着眼时代主题，分别作为建党95周年、改革开放40周年和新中国成立70周年的献礼之作。《红色气质》通过历史照片讲述与三维特效结合，回顾了中国共产党近一个世纪以来从争取民族独立、人民解放到实现国家富强、人民幸福所走过的道路；《父亲·我们·时代》以37年前的油画《父亲》开篇，从父辈的眼神穿越，回望40年来一幕幕“点睛”时刻，致敬改革奋斗者；《新中国密码：15665，611612！》则以歌曲《没有共产党就没有新中国》为主线，以作曲者曹火星女儿的讲述、曲谱特效为意象贯穿全片，展现了中国共产党带领人民不懈奋斗，迎来从站起来、富起来到强起来伟大飞跃的光辉历程。三部作品以具体独到的视角讲述史诗般的鸿篇，叙事内容由小见大、由点及面，人文气息与现代感共存、平凡与伟大并重。

（二）四个策略：融媒创作有技巧

对三部作品进行横向比较，可以发现新华社在微视频创作中的一些共性。其融媒叙事技巧，大致可以总结为以下四个方面。其一，叙事节奏上，短小精悍，用一张能讲故事的脸，快速进入主题。其二，人物选择上，巧用典型人物，以自述的方式娓娓道来。《红色气质》选用了与中国共产党同龄的瞿独伊作为中心人物；《父亲·我们·时代》选用了罗中立的油画《父亲》作为中心人物；《新中国密码：15665，611612！》选用了《没有共产党就没有新中国》的作曲者曹火星之女曹红雯作为中心人物。每一个人物都承载着丰厚的历史。其三，叙事媒介上，动用音乐、音效、影像等多种方式，构建视听场景。其四，开屏的黑屏白字、党和国家领导人的原声、历史人物影像长廊、微视频时长的特殊含义等都是新华社钟爱的形式。

（三）两项优势：资源技术巧利用

随着融合转型进入深水区，主流媒体应当打磨核心优质内容和服务，寻求标准化融合、差异化发展，构建核心竞争力。新华社在向视听传播迈进的过程中，依托自身优势资源不断开拓进取，体现出其守正创新的思路。

新华社作为国家通讯社，其两项特色优势在作品中得到了有效发挥。一方面，新华社积累了大量珍贵的历史图片，这是其宝贵的资源优势，也是新华社设计历史人物长廊的有力支撑；另一方面，新华社始终重视技术开发与应用，其在融媒技术方面具有探索性和引领力。《新中国密码：15665，611612！》的可视化制作非常精细，曲谱的位置、人物的透视、影调关系等都被视为影响画面的因素，从而被悉心设计。此外，《新中国密码：15665，611612！》使用了三维抠图技术，实现了老照片的视频化，两项优势相结合，汇聚成内容创作的新力量。

兼顾技术性和思想性是《新中国密码：15665，611612！》的一项突出特征，在这背后是“内容为王”的创作理念。在作品制作前期，主创团队并没有先选定呈现方式，而是以文字脚本走向创作可视化。在分享后期制作的经验时，主创团队认为“特效画面不在多，而在精，设计制作只在最恰当的位置出现特效，以便更好地诠释故事内容，而不是用炫技的手段去讲故事，影响实拍本身的真实情感”。这恰好体现了如何处理好内容与技术的关系。

（四）一套机制：揭榜挂帅激活力

新闻媒体竞争的关键是人才竞争，媒体优势的核心是人才优势。随着媒体融合的纵深发展，全媒体人才成为优质内容生产、融合创新发展的重要动力来源。《新中国密码：15665，611612！》获得第30届中国新闻奖融合创新特别奖，其背后不仅有高业务能力的人才保障，而且有新华社的项目制为融媒作品创新提供的有力支撑。

《新中国密码：15665，611612！》微视频的主创专班由总编室徐壮志牵头，由总编室姚竣译、对外部卜多门、浙江分社魏董华、湖北分社熊琦、国内部杨依军、音视频部彭卓、新媒体中心陈子夏、参编部徐润南和上海分社贾远琨组成。一方面，组建一支跨内容、技术等部门的创作专班，有利于任人唯贤，发挥专业优势。在酝酿组建团队时，新华社就重视人员的专业优势，不仅注重作品的思想深度，也考虑技术的实现和团队的配合。另一方面，主创团队汇聚了多个省级分社，为跨地域调动资源、落实采访提供了便捷。例如，在初步确定了采访人物和故事后，创作团队兵分五路同步采访收集资料，上海分社贾远琨在上海采访复旦大学1982级毕业生，对外部卜多门和参编部徐润南利用新华社的海外分社资源，采访生活在奥克兰的钱三强的女儿钱民协和在巴黎居住的埃莱娜·朗之万·约里奥（居里夫人的外孙女）。这些重要的一手资料和人物采访，使故事更加鲜活生动，具有感染力。“为了短短几分钟的画面，北京—巴黎—惠灵顿，从东方到西方，从北半球到南半球，从北京总社到海外分社……大家同心协力，没有一个人掉队。”这是主创团队的真实感受，也是由项目制注入的一剂新活力。

小智治事，大智治制。《关于加快推进媒体深度融合发展的意见》明确指出，要深化主流媒体体制机制改革，建立适应全媒体生产传播的一体化组织架构。2020年底，新华社将项目制进一步做强做实，推出了“揭榜挂帅第一榜”。“揭榜挂帅”机制意味着团队的创意一旦被采纳，一支跨部门、跨“兵种”的全媒体报道团队就可以迅速集结，以项目制方式，打造文、图、视协同作战的融媒“集团军”，为优质内容生产创作提供了源源不断的创造力。新华社的采编项目制实行双线运作模式，即媒体业务人员可以在日常的采编工作之外，自行成立或加入项目，打破部门樊篱、激发人员活力、实现团队的高效配合。新华社还建立了系统化的人才队伍建设机制。例如，优化人才队伍结构，加强引进平面设计、可视化技术的人员，使之与全媒体发展情势相匹配；建立人才资源库，鼓励社内员工提交学历专业、爱好专长等信息，为知人善用、多工种人才匹配合作提供了有效的信息参考。此外，新华社结合工作实际制定了《新华社“人才强社”战略三年行动方案》，并以相配套的评估考核作为激励机制，在社内营造人人努力成才、人人皆可成才、人人尽展其才的浓厚氛围。

四、结语

“打捞历史钩沉，首先要在高处俯瞰，先看森林再看树木。”[①]《新中国密码：15665，611612！》作为新中国成立70周年献礼之作，以鲜明的时代标识绘就了中国共产党守初心、得民心、有信心的壮伟图景，彰显了中国共产党领导核心地位。从“术”的层面，新华社创新探索内容融合、作品运维、品牌打造的新思路、新方法；更重要的是，从“道”的层面，新华社以集约高效的人员、资源管理机制，充分调动人员积极性，为主流媒体的深度融合发展提供了机制借鉴。

① 2019年5月17日，新华社社长何平同志在选题会上对主创团队的指导。

作品五《“数说70年”数据新闻可视化系列短视频》

作品信息

所获奖项：第30届中国新闻奖媒体融合奖项融合创新一等奖

主管单位：经济日报社

主创人员：张小影、陈发宝、张益勇、朱文娟、王琳、吉亚矫、雷雨田、赵田格格

编　　辑：集体（杜秀萍、万政、王子萱）

发布日期：2019年9月23—28日

发布账号（App）：经济日报微信公众号

作品简介

《“数说70年”数据新闻可视化系列短视频》是经济日报新媒体在北京数可视科技有限公司的数据可视化支持下完成的数据新闻作品，从消费、饮食、大国工程、数字经济、生态、外贸六个方面，充分展现人民生活在70年历程中不断改善并持续提升的发展过程，主题重大、内容丰富、形式生动。该系列短视频的数据由单调转向丰富，数据与图像紧密结合并互为补充，不仅有助于提升信息传达的精准度，更消弭了数字在视觉上的单调乏味。数据由静态转向动态，在展现分项数据的同时，更直观地凸显数据对比情况及数据发展趋势，让用户在短时间内接收到大量信息，以“上帝视角”对发展全局一目了然。

这组作品为适应互联网传播量身打造，将单调枯燥的数据制作成网民喜闻乐见的动态短视频，是重大主题宣传中一次很有价值的探索和创新，发布后受到网民的高度认可，不仅在经济日报社各新媒体平台取得了良好的传播效果，还在新浪新闻首页固定位置播放，同时被上观新闻、腾讯新闻、西瓜视频等几十家网站转载，在全网形成了较大传播力、影响力。据统计，该系列作品在经济日报微信平台的阅读量均为10万+，全网传播覆盖面约上亿人次。

《“数说70年”数据新闻可视化系列短视频》

中国消费的“速度与激情”

如何解决14亿人的头等大事？

中国“大动脉”带你玩“穿越”

看完这些数，你心中有“数”了吗？

这是我见过的，最强大“美颜滤镜”

中国外贸“修炼记”

作品分析

在智媒传播环境下，数据新闻促使新闻叙事发生了“数字化”到“数据化”的模式转变，本文将以《“数说70年”数据新闻可视化系列短视频》为例，分析数据叙事生产的模式规律，探寻数据新闻取得良好传播效果的可行路径。

一、从“数字”到“数据”的新闻可视化短视频

数据新闻报道是基于对数据的抓取、挖掘、统计、分析，从而发现问题、报道新闻故事。从简单的统计数字到内含逻辑的数据线索，把原始数据转换为有意义的信息和易于理解记忆的故事，《“数说70年”数据新闻可视化系列短视频》进行了一次成功的尝试。

（一）选题与故事的数学呈现

《“数说70年”数据新闻可视化系列短视频》一共六集，选取了新中国成立70年来六个与人民生活息息相关的领域，从中挖掘有代表性的数据变化。这组作品在宏大的主题范围中寻找到合适的小切口，利用具有意义的数字进行故事讲述，这一优势在每个视频的开头呈现得最为突出。

例如《中国消费的“速度与激情”》的开头：

一分钟，电商平台卖出28万只小龙虾，

一小时，快递公司处理600万个快递，

一天，老百姓花1000亿元用于购物和餐饮，

中国，正以惊人的速度创造消费纪录……

这期内容关注的是国人70年来变化的消费观念和消费能力，以“一分

钟，28万”“一小时，600万”“一天，1000亿”三组对比强烈的时间和数字抓住观众的眼球，这些来源日常的数据既生动形象，又自然地引出“消费”这一观念。

在《这是我见过的，最强大“美颜滤镜”》一期的开端，则选择了支付宝蚂蚁森林绿色能量的两组数据：

公交出行，80g能量收取，

包裹回收，37g能量到账，

5亿人手机上的减碳行动，

三年间，换来1.22亿棵真树被种下。

从日常生活中节能减碳的个人游戏互动行为，到整个国家的绿化行动，作品开头的设计以故事作为切入点，展现出中国生态文明建设汇聚个人力量、聚沙成塔的现实成效，进而过渡到后续更深层次的解读。

米尔科·劳伦兹将数据新闻看作一个不断提炼信息的过程，在此过程中，原始数据被转换成有意义的信息。当把复杂的数据具象化并组织成条理清晰、易于理解和记忆的故事时，公众才能获得更多益处。数字本身并不具有额外的意义，要想形成有吸引力的数据新闻作品，就要在海量的数字中寻找到最合适、最贴近主题的那些。《“数说70年”数据新闻可视化系列短视频》无疑做出了一次很好的示范。

（二）设计与内容的创作平衡

数据新闻中，如何将数字可视化处理是创作者必须审慎选择的问题。在大数据时代，海量的信息和数字都可能成为新闻作品的素材，但新闻报道并非数据的堆砌，还需要对信息内容进行更明晰的呈现、更准确的分析和更深层次的解读。《“数说70年”数据新闻可视化系列短视频》抛开了传统数据图片形式的可视化，选择了当下热门的短视频，也就指向了难度更大的作品创作要求。

本组获奖作品的主创、经济日报社主任编辑王琳认为，一条好的数据新闻，不是花哨的图片堆砌，而是要结合事件、数据和视觉表达来完成叙述。根据故事主题和叙事需要设定主色调和辅助色，并通过色调来体现画面的整体风格。针对需要强调的重点信息，利用辅助色彩进行局部的色彩对比，突出重要信息，营造视觉焦点。

《“数说70年”数据新闻可视化系列短视频》针对短视频的形式进行视听语言的设计，在2分钟左右的时长里容纳了丰富的新闻内容，对每一条作品都“量身定制”了创作脚本。例如《这是我见过的，最强大“美颜滤镜”》讲述生态文明建设，以黄土色为底色，绿色为强调色；《中国“大动脉”带你玩“穿越”》关注大国工程，在视觉设计上大量采用了港口、交通、铁路的设计元素；《看完这些数，你心中有“数”了吗？》主题为数字经济，视觉呈现则选择了具有网络电商特色的元素，配合有节奏感的背景音乐。整体而言，该系列作品在充分考虑短视频传播特点的基础上，达成了视觉设计和翔实内容的有效融合与创作平衡。

（三）技术与新闻的专业融合

数据新闻既是新闻的迭代创新，也是技术发展的产物，二者在发展前进的道路上交汇，融合科技与人文。媒介技术的革新改变了信息生产的方式以及传播的格局，也让新闻受众感受到流畅的理性之美。在技术发展和众多新闻工作者的摸索之下，数据新闻的制作规范逐渐形成，也创造了“众包新闻”这一合作共享式的生产方式，进而改变了专业媒体与用户之间的关系模式。

为了更好地创作《“数说70年”数据新闻可视化系列短视频》，经济日报新媒体创作团队与北京数可视科技有限公司合作，全程主导选题、脚本设计、动效制作等流程，推出既有经济日报特色，又有互联网气质的“爆款”融媒作品。借助与专业数据公司的合作，经济日报新媒体创作团队在《“数说70年”数据新闻可视化系列短视频》中展现出了对复杂数据的程序化呈现。例如《如何解决14亿人的头等大事?》中，从一蔬一饭之变看餐桌上的中国，在呈现农作物耕种收综合机械化率变化的数据时（00:58—01:02），就采用了以机械化收割机行驶带动折线图变化的方式，将复杂的数据进行直观化处理。数据可视化的动态图片作为重要素材参与新闻表达，给人留下深刻的印象。

二、突破传统新闻叙事模式的数据新闻可视化

《“数说70年”数据新闻可视化系列短视频》在简洁明快的节奏中，挖掘隐藏在数据背后的事实，依靠丰富的视觉化叙述手段，创作出精确和深度报道结合的新闻作品。用数据说话，让视觉发声，在突破传统新闻叙事模式的同时，达到信息告知、讲好故事的目的。

（一）解构传统新闻叙事语法

数据新闻报道基于数据挖掘和计算机技术的可视化，在技术逻辑和分析逻辑层面都区别于传统的新闻报道模式，这带来新闻叙事语法的转变。有学者将新媒体语境下的新闻叙事归纳为以下三种：第一，无数碎片堆积形成的蜂巢型叙事模式；第二，利用新媒体的时效性特征，通过简讯、反应/结果、事件、背景、评论、延伸事件、互动与定制等完成对新闻事件追踪报道的菱形叙事模式；第三，利用新媒体优势，通过采纳各种媒体元素对事件进行完整、深刻、多维度报道的钻石型新闻叙事模式。①

当数据进入新闻叙事的核心环节，新闻五要素已经涵盖于数据之中。数据不再是简单作为新闻的论据，而是成为新闻的主体。传统的新闻叙事

① 曾庆香. 新媒体语境下的新闻叙事模式[J].新闻与传播研究, 2014(11):48-59.

依靠文字描述或者画面逻辑，偶尔也会配合图表、插图或者现场同期画面来增强新闻的真实性和可读性。但在数据新闻中，简洁美观的数据可视化成为新闻的主要呈现形式，力求精美、形象的数据可视化效果图成为新闻叙事的主要语言，文字则退后一步，变为对效果图的补充。

也有研究者将数据新闻的叙事语法总结为“一棵结满钻石的树”①——时间线作为树干，用于传达时间的概貌，树干分枝上的钻石是对某一时间节点事件的详细报道。这种集倒金字塔结构和钻石结构于一体的复合结构突破了传统二维叙事结构的局限，形成了立体的叙事法则。《“数说70年”数据新闻可视化系列短视频》就采用了这种模式，顺着时间线梳理人民生活的变化，在重要时间节点深入探讨新闻内涵，让作品拥有逻辑性、趣味性和新闻深度。

（二）超越信息告知的视觉叙事

信息告知是数据新闻的首要功能，但和过去的图表式的简单的数据可视化相比，今天的数据新闻的功能已经不仅仅满足于简单的告知信息，而是追求用数据进行叙事，吸引更多注意力。数据可视化可以让读者在短时间内花较少的精力了解复杂的问题，在数据新闻短视频不长的篇幅中，容纳了更多的信息量、讲出了更精彩的故事。

数据新闻报道的跨学科性特征使其在新闻实务中显得复杂与精致，容易走入技术优先、精英主义的误区，也可能导向繁复的设计，反而不利于吸引受众、传播新闻。当读者的阅读/观看媒介从报纸、大屏幕变成了移动端，显示终端的变化也让数据新闻可视化的风格发生了改变。巴掌大小的手机要作为故事展示的平台，这就要求内容生产者遵循“少即是多”（Less is more）的原则，尽量去除可能存在的干扰，以简洁便捷的方式传

① 张军辉. 从“数字化”到“数据化”：数据新闻叙事模式解构与重构[J].中国出版，2016(08):39-43.

达准确、清晰、灵动的新闻信息。

《“数说70年”数据新闻可视化系列短视频》转变了新闻报道的语态。不同于传统新闻以记者的经历、体验、寻访作为报道线索，本组作品中直接以数字变化的内在逻辑构建新闻内容架构，将观众心理代入创作过程，以和普通人生活密切关联的数据增强代入感和沉浸感。扁平化的设计风格符合移动端受众的偏好，明快的讲述风格贴合新媒体时代的快节奏传播需求，吸引更多受众参与观看、分享作品。

（三）采用多元立体叙事模式

作为新闻实务的核心环节，新闻叙事通过对现实生活中发生的有时间或因果关系的一个或一系列事件的符号再现，影响受众对客观现实意义的构建。

《“数说70年”数据新闻可视化系列短视频》作为经济日报的重大主题宣传作品，在新中国成立70周年之际推出，充分展现人民生活在70年历程中不断改善并持续提升的发展过程。为了达到主题宣传的目的，本组获奖作品采用多样的叙事逻辑、结构和话语，在深度挖掘数据的基础上，聚焦专门信息，通过一整套数据逻辑和结构展现数据间的关系，在数据关联和比较中阐述主题。多元立体的叙事模式，增强了叙事的接受合理性。

新闻叙事话语指的是“怎么说话”“怎么制作新闻”，是对新闻叙事技术的探讨。在新闻实践中，数据、场景、动效等逐渐成为新的叙事话语，多元化的叙事话语丰富了叙事文本的内涵。编程技术、可视化软件使以数据讲故事的效果日益生动多彩。叙事话语可视化的意义不仅是新闻信息的呈现方式发生了转变，更在于最大化地还原了事实，丰富了受众的阅读体验。

70年的新闻事件演进过程不可谓不长，数据新闻短视频远比单纯的文字、图片或实景视频要更适合这一主题。对于数据新闻来说，海量信息的最终目的是服务叙事主题。为了凝练主题，创作团队深入挖掘大量数据，通过纵向、横向不同维度数据的“强对比”，让用户感受到“变化过程”，数据可视化的表达形式让数据与用户产生共振，大大增加了作品的吸引力。

三、智媒时代的媒体融合与传播辐射

面对变化中的媒介形态，《“数说70年”数据新闻可视化系列短视频》在实践中考虑媒介技术、媒介要素和传播要素之间的融合，打造出精彩的系列作品，并形成多终端、多平台的覆盖，为智媒时代的新闻创作提供了珍贵的经验参考。

（一）高新技术应用新闻传播

基于开放数据挖掘、整合与视觉重组而出现的数据新闻报道已经成为新闻媒体机构探索计算机辅助报道和融合新闻报道的主要模式。随着大数据的深度挖掘与可视化设计在新闻传播行业中的运用，云计算和智能技术推动了数据新闻生产的算法转向，全球数据新闻的技术迭代和形式创新不断加速。

在智媒时代，高新技术已经全面应用到新闻传播之中。除了大数据的运用，智能动画的创作、航拍和微距等特技拍摄手法、人工智能AI主播等多元新技术掀起了新闻传播领域内容创作的迭代更新。不同媒介之间的距离逐渐缩小，融合成为新闻发展的大势所趋。技术的成熟发展是基础，更重要的是如何完成由“术”到“道”的升华。

经济日报社在推选《“数说70年”数据新闻可视化系列短视频》参评中国新闻奖时曾有这样的表达：“‘成就数据化，数据可视化’在本项目系列作品中得到了充分展现，其活泼、欢快的表达方式为用户所喜闻乐见，让大众从数据的变化中实实在在地感受到新中国成立70年发展的伟大成绩。”新时代有新技术，新媒体有新成果。经济日报新媒体创作团队在这次创作中既发挥了自身优势，又涉足了前沿领域，提高了媒体融合发展的实操能力。

（二）不同媒介要素相辅相成

早期的新闻依靠文字符号传情表意，后又增加了插图、摄影等视觉元素。在网络媒体时代，音频、视频、动画等元素进一步增强了新闻的易读性。数据新闻利用网络媒介和数字技术的优势，通过统计分析软件、词云软件、互动地图等技术，很容易实现叙事话语的可视化书写，减少编码与解码过程中的信息损耗与失真，以最大限度还原客观事实。

进入智能融媒体时代，单一媒介形式的作品已经逐渐被淘汰。新闻创作者不能故步自封，满足于过往的辉煌，而要紧跟技术发展和时代潮流，尝试更多元的创作模式和思路，面对更高也更具体的要求，针对具体的受众、媒介、新闻主题进行设计和表达。

在《“数说70年”数据新闻可视化系列短视频》的最终呈现中，各种媒介要素相互支撑、相辅相成。海量的数据及其背后的故事为新闻报道作品打好了坚实的基础，精辟生动的文字脚本和解说词搭起坚实的骨架，简洁美观的画面把握视觉风格，曲线图、树图、气泡图等数据图形在数据建模、数图结合等融媒体制作技术的加持下，使静态数字变成了动态视频，抓住受众的眼球，悦耳的背景音乐不仅保障了听觉享受，也牵引着视频表达的节奏……多种媒介要素搭配得当，才造就了一组优秀的融合创新数据新闻短视频作品。

（三）多平台分发提高传播力

新媒体低廉、多元的信息获取渠道使受众从无差别的被动接受者转变为主动选择者。这种“去中心化”的传播特征，使注意力成为稀缺资源。

因此，培养用户黏性，形成传播的“再中心化”成为媒体的核心诉求。

《“数说70年”数据新闻可视化系列短视频》在创作时就牢牢把握住短视频传播的要点。开篇吸引眼光或抛下悬念，符合“互联网八秒定律”①；简明的视觉风格、幽默风趣的解说语言都是互联网用户所喜爱的。在创作之外，主创团队也勇于开拓地走进了更广阔的传播领域。这组作品最初在经济日报社各新媒体平台发布，同时在新浪新闻首页固定位置刊播，被上观新闻、腾讯新闻、西瓜视频等几十家网站转载。在全网多平台分发的传播设计下，传播广度和作品影响力都有显著提升。该系列作品收获了经济日报微信平台每篇10万以上的阅读量，辐射了全网上亿人次。

四、结语

“以精心筑匠心，以匠心守初心，做好每个作品。”《“数说70年”数据新闻可视化系列短视频》以高新的技术方法、精心的设计出品、认真钻研的工匠精神准确传达了新中国成立70年来人民生活和国家、社会的蓬勃发展的新闻主题。正因为有精心、匠心和坚守的初心，主流媒体才能创作出真正走进人民内心的优秀作品，以融合创新的新媒体语言，讲出70年来风雨兼程、缤纷多彩的中国故事。

① 指用户访问一个网站时，如果等待网页打开的时间超过8秒，会有超过70%的用户放弃等待。在短视频传播中，指如果作品8秒内没有抓住用户的吸引力，就会被用户关闭或划走。

作品六《2019对话1949：时代变了 初心未变》

作品信息

所获奖项：第30届中国新闻奖媒体融合奖项融合创新一等奖

主管单位：重庆市委宣传部

主创人员：康延芳、曾静、黄宇、冯珊、易华、宋卫、陈洋、尹建红

编　　辑：张一叶（张勇）、刘颜、张译文

发布日期及时间：2019年10月7日17时30分

发布账号（App）：华龙网—新重庆客户端

作品简介

《2019对话1949：时代变了 初心未变》使用“双屏互动”等新媒体技术，从新中国成立70周年这一特殊时间节点切入，让不同时代的人物上演了一场“平行世界”的“隔空对话”，深刻阐释“时代变了，初心未变”的主题，呼应了共产党人的初心使命。

作品推出后，在PC端、客户端、社交媒体平台等迅速引起立体式传播，并引发众多网友强烈共鸣，很多网友主动转发，为不变的初心点赞；还有不少人被“单双机”互动这一新颖创意所吸引。在网友的一次次互动分享中，作品逐渐实现裂变传播，全网总点击量超过2100万次。

《2019对话1949：时代变了 初心未变》得到业界高度认可，入选中国记协新媒体专委会发布的《庆祝新中国成立70周年融合报道十大创新案例》。

《2019 对话 1949：时代变了 初心未变》

作品分析

习近平总书记曾告诫全党，走得再远、走到再光辉的未来，也不能忘记走过的过去，不能忘记为什么出发。[①]2019年，中共中央政治局召开会议，决定在全党自上而下分两批开展“不忘初心、牢记使命”主题教育。华龙网—新重庆客户端立足这一宏大背景，结合当前的媒体融合趋势，充分运用新兴媒介技术，创作《2019对话1949：时代变了 初心未变》融媒体作品。该作品创意独特，选取“H5+短视频”的表现方式，使用“双屏互动”等阅读形式，让今天的小学生、职场女性、即将就业的青年，分别与革命志士上演隔空对话，进而构建起三个不同的完整故事场景。新颖的形式和角度给受众强烈的冲击感和沉浸感，营造时空交错的“穿越感”，唤起用户共情。同时，单双机模式的选择丰富了作品的社交属性，激发传播渠道的更多可能。

① 习近平. 在庆祝中国共产党成立95周年大会上的讲话[J].求是, 2021(08).

一、作品背景：顺应融媒趋势，做好重大主题报道

2019年是新中国成立70周年，“70”成为主流媒体贯穿全年的重大报道主题。如何在这样一个宏大历史节点找到落脚点，打造一款现象级融媒体作品，让更多人看到、听到、读到，就成了媒体需要深度思考的问题。主流媒体应在理念、内容、形式、方法、手段等方面勇于突破，摆脱“脸谱化”报道方式，融入互联网语境，从创意、技术、传播三个方面进行表达创新。

对此，华龙网采编团队从2019年初就积极着手准备。经过多轮“头脑风暴”，他们给出的回答是：“这个作品一定要小切口、不空洞、有意义，实现重大主题报道与地方特色的‘天地对接’，挖掘出历史背后的现实意义，使其在受众中真正‘落地生根’‘入脑入心’。”

（一）天地对接

所谓“天地对接”指的是既要承载宏大主题，又要能接地气、进民心。采编团队在翻阅历史资料并讨论了近十个方案后，将思路集中到重庆本地渣滓洞、白公馆。华龙网集团副总编辑张勇说：“正是有了革命志士抛头颅洒热血，才有了如今共和国的繁荣昌盛。在新中国成立70年的今天，若我们能用影像的方式向他们致敬，应该也是大家希望看到的。虽然革命志士倒在了黎明前，但他们的精神被传承下来，不断感染和激励着一代又一代人。时代虽变，初心未变——这也正是‘不忘初心、牢记使命’的内涵所在。”

（二）落地生根

所谓“落地生根”，指的是需要针对用户群体和媒介环境，有针对性

地进行创作与传播。华龙网采编团队在思考后认为，要想在互联网上占领“新中国成立70年”这一主题报道的阵地，就要瞄准年轻受众。为此，团队选择隔空对话与单双机互动的新颖形式，让年轻人愿意观看、乐于接受。作品发布时恰逢2019年国庆节期间“阅兵车牌号是1949和2019”成为刷屏热点，《2019对话1949：时代变了 初心未变》从标题就抓住了这一流量入口，让这样一个有着主题宣传内核的融媒体作品，实现了现象级传播。

（三）入脑入心

所谓“入脑入心”则是强调作品内容的质量与分量。媒体在注重形式的同时，不能忘记内容根本。主创团队充分利用重庆党史网、重庆红岩联线官方网站、重庆市图书馆等平台深入查阅史料，敲定三位烈士的英雄事迹作为主线并不断雕琢打磨，力求作品内容合理、表达生动、观感流畅。

二、核心创意：搭建隔空对话，营造沉浸视听体验

做好优质主题报道，内容和形式缺一不可。为实现内容与形式的紧密结合，华龙网主创团队秉承以用户思维为基础，以多媒融合为载体，以互动叙事为主线的创作理念，开创性地选择“隔空对话”的核心概念串联起整部作品的表达，为用户带来“身临其境”的历史体验。

（一）平行世界对话

“2019”与“1949”这两个特殊的时间点承载了历史的厚重感。面对这个切入点，作品改变了以往重大主题报道单一输出的模式，通过与平行世界进行隔空对话的方式构建起三个不同的完整故事场景。华龙网采编团队的灵感源于网上流行的一句话：哪有什么岁月静好，只不过有人替你负

重前行。当下的重庆车水马龙、繁华喧嚣，成为很多人打卡的网红城市；然而在70年前，这里却饱经战火。现实安宁是革命先烈用鲜血和生命换来的。对比今昔，让人不由得产生联想：如果烈士们还活着，能亲眼看看他们守护的山河，该有多好；如果现代人能遇到他们，或许也会有千言万语想要诉说。英雄虽然不能复活，但媒体却可以借助媒介技术，搭建一个想象中的平行时空。

因此，主创团队萌生了平行世界对话的创意："将这盛世繁华用手中的笔告诉他们：作为后辈，我们会继续守护这片山河。时代变了，但是你们曾坚守的初心至今未变。这便成了作品主题。"经过多次讨论，团队最终选择了大家熟知的年龄最小的革命烈士"小萝卜头"宋振中、革命女青年杨汉秀、毅然投身革命的富家子弟王朴，分别与现代的小学生、职场女性、大学毕业生进行交流。

（二）平面和交互设计

为了更生动地讲述革命烈士的故事，作品在平面设计和交互设计两个方面发力：一是作品开篇采用了长轴时间线的竖屏设计，用滑动长图的设计达到按照历史时间线发展的体验；二是运用手绘漫画设计，既能艺术化还原历史场景，又能增加视觉体验。交互上，开篇使用了滑动视觉差的技术，打破常规长图滑动的枯燥，错落的交互动效赋予用户视觉上的新体验。场景对话部分使用了作品最大的亮点——双屏交互技术。双屏操作，营造了跨时空的对话感，呼应主题，也营造了一种艺术氛围。

好的内容创意与技术保障离不开团队的配合。为了保障隔空对话自然流畅，主创团队还原历史细节，反复推敲场景呈现。从团队组建的那一刻开始，每次策划会都是全员参加，确保选题制作每个环节的每一个参与者都清楚细节流程。在制作中，团队仿照新闻报道"一稿两报"甚至"一稿三报"的模式，实时反馈拍摄与调整情况。为了得到最满意的实拍场景并让手绘人员能够更好还原，每次在拍摄前，前方编导和后方制作人员都会视频连线一起商定场景、构图、氛围设定等。同时，拍摄与制作同步进行，一旦发现问题，后方就会及时与前方联系进行补拍重拍。例如，杨汉秀与职场女性对话部分，团队在制作过程中发现着装有瑕疵，决定全部重拍。

正是这种精益求精、千锤百炼的制作精神，主创团队最终呈现出具有强烈沉浸感和代入感的作品。《2019对话1949：时代变了 初心未变》真正做到了从传统叙事“讲故事—听故事”的模式升级为用户参与故事，让受众得以在两个平行世界中穿梭，切身感怀时代之变与初心不变。

三、技术亮点：强化交互属性，借力社交传播优势

为了适应移动互联时代的传播模式与用户习惯，作品的另一个突出亮点是具有游戏思维的分屏交互和“单双机”互动模式。分屏交互的灵感源于媒体后期人员工作时常使用两块屏幕的自身体验。在作品呈现上用两个设备进行分屏，从形式上将空间割裂开来，又通过对话交流连在一起。单机模式中，不同时代的两位主人公同时出现在同一移动终端的左右两屏画面；双机模式中，两位主人公则可以在两个终端屏幕中互相穿越。用户可以在观看时邀请其他人共同使用双机模式，从而在社交领域促进作品的传播。

（一）技术磨合

作品最终带来的精良技术体验并非一蹴而就。主创团队在定下分屏创意之初曾不断思考怎样让两个屏幕的视频真正产生互动感和穿屏效果，并一度纠结于如何控制视频播放时间的配合。主创人员解释说：“设计人员看到平时大家做后期用的两个屏幕，突然灵光乍现：其实就是做一个双屏

尺寸的视频，分别放在两个设备上，调整视频画面水平位置，让它只展示左边或者右边画面。在这个想法的基础上，主创人员再去看如何实现在两台设备上同时播放视频。最终，他们通过socket约定，在移动终端上做了一个监听的进程。当移动终端检测到有其他设备与这个匹配且传递消息时，这两台终端设备会相互建立联系。通过内部数据转化，使两部手机在呈现上能看到实时变化，用户通过同时点击的设置进入视频。基于这种'分屏互动'技术，用户可自主选择单双屏模式，实现多维时空、虚拟现实的交互。”为了保证作品技术的稳定性，主创团队在制作过程中还在其他作品上进行了多种尝试，并结合用户对作品的反馈不断优化调整内容。

（二）体验强化

在时间的“合纵”和空间的“连横”中，作品的历史纵深感更加丰富，也延展了用户视野。媒体通过构建历史和当下的对话场景营造临场感，让用户切身感受时代发展的大主题。严肃主题与新形式、新概念的结合让更多人尤其是年轻人燃起点击的欲望，加入传播队伍，从而强化了用户参与和作品传播的动力。这也体现了移动互联网时代，新闻作品需要具备交互性、移动性、社交性来提升用户体验。打破主流媒体在内容形态和表达方式方面的壁垒，让优质内容出圈，让重大主题报道“飞入寻常百姓家”。

四、贴近用户：拉近人物距离，唤起观众共情

面对严肃主题的新闻报道，许多观众会下意识觉得太过遥远和过于宏大，从而产生抗拒心理。为了切实提升传播效果，让作品落到实处走进人心，媒体还要关注用户心理、贴近用户需求，通过拉近个人境遇与集体记忆的距离，打破观众对宏大报道的刻板印象。

（一）角色设定

在《2019对话1949：时代变了 初心未变》中，作品选择了小学生、职场女性、大学毕业生三种典型身份分别与革命志士“小萝卜头”宋振中、杨汉秀、王朴对应，通过相似的群体身份和人生抉择来唤起观众的共情感与亲近感。主创团队表示：“习近平总书记对小学生、妇女、青年群体十分关心。他曾寄语青少年儿童，人生的扣子从一开始就要扣好；表示巾帼不让须眉的豪情和努力，起到了‘半边天’的重要作用；要求广大青年要勇敢肩负起时代赋予的重任。”

作品中的第一组对话是小学生向中国革命年龄最小的烈士“小萝卜头”宋振中介绍新时代的课堂。小学生口中明亮宽敞的教室与宋振中狱中学习的昏暗逼仄画面相对应，凸显今日生活的来之不易。对话结束后，作品用字幕“扣好人生第一粒扣子，担当起民族复兴大任”点明主题。第二组对话则是职场女性询问杨汉秀，作为一个女性参加革命是否有很多困难。杨汉秀是军阀侄女，因在伯父家目睹了军阀地主对劳苦大众的盘剥蹂躏、压榨欺侮后参加革命，牺牲时年仅36岁。她的人生经历诠释了革命不分男女的韧劲。字幕用“巾帼从不让须眉，珍惜并承续每一份‘她力量’”的总结将这份宝贵的精神财富传递给观众。第三组对话来自两位相隔70年却同样面临人生抉择的青年人。革命青年王朴在大学期间就参加了党领导的进步刊物《中国学生导报》的工作并承担办报的经费，后来又动员母亲变卖田产作为地下党组织的活动经费，牺牲时年仅28岁；与之对话的当代青年则正面临着是否要放弃安逸生活参加扶贫工作的选择。今昔对比、身份对应，革命者的选择对当代人也有着独特的启发和激励，字幕发出“时代责任赋予青年，青年挺起中国脊梁”的号召。

（二）合理想象

三组对话切合实际，紧扣不同人群的热点与痛点。在创作过程中，为了让表达更接地气、更有活力、更贴生活，主创团队不断代入不同角色，揣摩不同人物最合理的表现。主创人员介绍说："作品需要模仿烈士的口吻对话，为了让我们的主角们不出戏，对话自然，在写台词的时候，主创人员每天都对着电脑模拟对话，短短几句对话，删了改改了删。身处不同时代、有着不同人生经历的三组人，在平行世界相遇后，他们会聊些什么？有怎样的语气？说什么内容才能点题？我们在创作脚本时，往往要一人'饰演'多角，揣摩拿捏每个字每句话。最后，整个编导小组在部门主任的办公室里把所有的场景、角色、对话都预演了一次又一次，不断地修改文案。就是在这种反复推敲中，提炼的文字才能引起共鸣。"

五、内容为本：挖掘地方特色，传承历史价值

为庆祝新中国成立70周年，主流媒体纷纷大胆尝试、积极创新，用多样形式承载主题表达。但无论媒体形态如何变化，高品质的内容和精神内核永远是"硬通货"。

（一）凸显本土文化

革命历史留下了丰富而宝贵的精神财富，华龙网主创团队在内容选择上突出地方特色和本土文化，将目光落到重庆独特的红色文化"红岩精神"上。作品紧扣红岩精神、红岩烈士展开，讲述他们的故事，传承他们的精神，引起今人的共鸣，也正是应了那句：民族的才是世界的。同样，在做重大主题的新闻策划时，地方媒体在选材方面也要意识到，地方的才是全国的，这样才能做出自己的特色。

重庆是一块英雄的土地，有着光荣的革命传统、丰富的红色资源。民族危难时刻的风云际会催生了可歌可泣的革命故事与永垂不朽的英雄赞歌。解放战争时期，众多被关押在渣滓洞、白公馆的中国共产党人，经受住种种酷刑折磨，不折不挠、宁死不屈，为中国人民解放事业献出了宝贵生命，凝结成“红岩精神”。红岩精神是中国共产党在国民党统治地区革命实践中形成的革命精神，有着丰富的内涵。对于重庆人而言，铭记惨痛历史、传承红岩精神，才能经得起时代的考验。

（二）开掘历史记忆

如今的重庆仍然留存着革命历史的遗迹。渣滓洞和白公馆作为当年的监狱，浸透了烈士们的鲜血，是提醒人们不忘初心、牢记使命的鲜活印迹。为了推广地方历史，唤起观众共鸣，主创团队落脚于这两个具有历史意义的典型场景。本地的学者与文旅部门也积极配合媒体的工作，为传播革命精神贡献力量。拍摄前后，主创团队中有市委党史研究室和红岩联线文化发展管理中心多年跑口的记者全程与部门和景点进行对接，确保工作顺畅开展。一方面，红岩精神研究专家为作品涉及的史实内容进行核实和解读；另一方面，景点为拍摄提供了便利的场地支持。

制作过程中，主创团队付出了艰辛的努力。为了避免打扰群众参观，避开渣滓洞、白公馆人流高峰，团队选择在闭馆后拍摄，每场拍摄结束都已是深夜。空荡荡的歌乐山空无一人，让人毛骨悚然。山上的蚊子特别毒，每场拍下来，团队成员身上都被咬出一身包。后期环节更是精益求精，细致到手部动作、面部表情的细节，主创团队反复修改重做，最终完成符合历史事实、还原峥嵘岁月的融媒体作品。

六、结语

《2019对话1949：时代变了 初心未变》这一作品实现了新闻作品思想性、观赏性、传播性的融合，成为媒体优化内容、突破创新、合理运用新兴技术生动表达宏大主题的鲜活案例。

当前，舆论生态、媒体格局、传播方式都已经发生了巨大的变化，主流媒体应迎难而上，抓住时代需求，契合融媒趋势，借鉴优秀新闻实践案例，将技术与内容结合起来，运用新理念、新形式，全面提升新闻传播的质量与效率，真正讲好中国故事。

作品七《主播说联播》

作品信息

所获奖项：第30届中国新闻奖媒体融合奖项融合创新二等奖

主管单位：中央广播电视总台

主创人员：集体（杨华、李浙、康辉、李萌、刚强、海霞、郭志坚、李伟、江永韬、王元、张省、吴晓振、杜通、王茜、王瑄、王义）

编　　辑：王兴栋、柴婧

发布日期：2019年7月29日

发布账号（App）：央视新闻客户端

作品简介

2019年7月29日，中央广播电视总台新闻新媒体平台推出《主播说联播》日播短视频栏目，每期视频时长约1分钟，从《新闻联播》播发的新闻切入，结合当天重大事件和热点新闻，由当天一位值班主播用年轻人喜爱的网络语言讲新闻、评热点、观天下，解读大政方针，传递主流声音。

《主播说联播》视频在当天《新闻联播》播放结束之后进行录制，然后迅速进行剪辑制作并配以音乐，以竖屏方式播发。这是一款脱胎于《新闻联播》、为新媒体平台量身打造的短视频作品。《主播说联播》短视频节目推出之后迅速成为一款网红作品，多次登上微博热搜。第一期短视频在微博平台播放量达3326万次。截至2020年5月27日，话题#主播说联播#在微博的阅读量超过53亿次。在央视新闻微信公众号，单篇阅读量多数超过10万次。同时，短视频登录B站、抖音、快手等平台，在快手平台平均播放量500万次，累计播放量超过15亿次；在抖音平台单条点赞多在100万次以上，累计播放量超过10亿次。

《主播说联播》

康辉：看到杜富国向习主席敬军礼，我眼睛湿润了

刚强一口气说了约40个“美”，是什么让他美呆？

康辉：澳门是我们的“傲”门

作品分析

《主播说联播》是中央广播电视总台新闻新媒体中心打造的一档网络短视频节目，于2019年7月29日正式上线。脱胎于《新闻联播》，《主播说联播》采用原班主持人以通俗的语言说热点、讲新闻，呈现出与传统时政新闻类节目截然不同的风格。

以《新闻联播》为代表的主流新闻节目在长时间的实践中形成了较为固定的呈现模式，即严肃官方的新闻稿件、字正腔圆的播音风格、模式化的节目编排。而进入融媒体时代后，媒体格局、舆论生态发生深刻变化，原有的“联播体”亟须改变传播模式以吸引年轻受众。《主播说联播》则通过多个层面的创新，实现了对原有传统新闻时政节目的补充，拉近了

节目与年轻受众之间的距离，也为主流媒体节目转型升级提供了一条新的路径。

一、平台创新，全媒体传播增强互动

《主播说联播》积极打造横跨各个平台的全媒体传播矩阵，并根据各个平台的技术特点与用户特征采取不同的传播策略。

（一）平台度身定做

传播渠道的融合是媒体融合的基础，而《主播说联播》并不是将内容简单直白地复制到各个平台，而是因地制宜、量体裁衣，用不同的方法讲故事，打造了一个具有统一整体效果、众星拱月式的传播矩阵。例如，在抖音、快手等以碎片化、娱乐化著称的短视频App中，原本1—2分钟的节目时长变为十几秒的版本，内容侧重发出评论和表达观点，具有很强的感召力。而在B站的PC网页端，《主播说联播》则特别使用了活泼"玩梗"的标题"中国航天，yyds""带动三亿人参加冰雪运动？安排！""中国航天，奥利给！"等，封面图也用醒目的黄色标题注明视频重点，吸引年轻群体的关注。亨利·詹金斯在《融合文化》中指出，理想的跨媒介叙事应该是"每一种媒介出色地各司其职，各尽其责"。作为《新闻联播》的延伸，《主播说联播》突破了《新闻联播》的特定话语环境的限制，有效扩充了节目本体的媒介版图，既出色地整合了大批年轻受众，又对《新闻联播》节目内容进行有益补充，完善了《新闻联播》总体品牌布局。

（二）对话与交流

《主播说联播》采取竖屏的节目呈现形式，实现了对移动端视频的最大化利用。在节目中，主播的表情动作等非语言符号被放大，由此建立了对话感与在场感，拉近了与受众之间的心理距离，促进了受众对《主播说联播》的二次传播和内容加工。而微信朋友圈、微博动态、QQ空间等社交平台与短视频App之间互联的分享机制，则为《主播说联播》在平台与用户之间多级传播提供了技术支持，使节目内容时常在不同平台上呈现“刷屏”的态势。例如，2019年11月20日的节目《康辉喊话香港高院：摆正位置！别越位》，使#康辉喊话香港高院#登上微博热搜，达到10.6亿次阅读、8.1万次讨论量。而2021年的一期节目聚焦河南灾情，标题为《海霞：我们一定行！河南老乡，加油！》，该期视频在抖音上获得了408万次点赞，11.1万次分享，同时在微博上获得1.6万次评论与3万次转发。可见，《主播说联播》在各个平台上都具有强大感召力与影响力。

除了在节目形式上注重与受众的交流感，受众在评论区的留言有时也成为节目内容的来源。在新媒体时代，PC网页端和手机端等新媒介的用户在信息的选择上都处于主动的地位，传播者和受众的界限越发模糊。相较于传统新闻节目的“传者思维”，《主播说联播》的主创团队则更重视媒体融合环境下，新用户、新观众、新受众的反馈，以新媒体传播思路引领创作思路，以融媒体用户为核心进行节目内容与新闻语态的重塑。2019年8月19日，《联播主播手里的稿子长啥样》的开场，康辉以对话式的轻松口吻说道：“很多朋友很感兴趣，我们节目播出完之后收拾的这个稿子长什么样子呢？”“朋友”一词大大拉近了节目与观众之间的距离，一改《新闻联播》单向输出的讲话模式，也增强了受众再次参与讨论的积极性。《新闻联播》自有的权威性与讨论度为《主播说联播》带来了新媒体平台上最早的一批拥趸，并迅速吸引了大量的Z时代新型观众。通过积极反馈跨媒体传播平台上各层次观众、用户和粉丝的意见与评论，《主播说联播》不断明确自身的传播风格与节目特色，生产优质内容，进一步优化《新闻联播》的品牌形象，从生产到反馈的完整传播链条也形成了一个螺旋式的良性循环，使《主播说联播》收获了大批忠实粉丝。

二、新闻语态创新，主流话语与民生话语的融合

《主播说联播》的内容依托《新闻联播》，多集中在时政与国际新闻领域。

《主播说联播》的出现，有效地多维重构了《新闻联播》的新闻叙事语态，并以内容延伸、再诠释和述评模式，有力地强化了《新闻联播》的舆论引导作用。

（一）述评式观点表达：新闻语态的情感式重构

《主播说联播》运用述评式观点表达，在强化《新闻联播》的新闻观点与立场表达的同时，更通过新闻语态的情感式重构，采用犀利、敏锐、个性化和一针见血的新闻叙事，完成全新的新闻叙事，并引领社会认知。例如在2019年涉及香港问题的新闻中，主播刚强在短短1分钟的视频里"疯狂输出"，尖锐地指责美国某些致力于抹黑中国的无耻政客，极具感染力。根据调查，《主播说联播》节目中最受观众欢迎的内容题材为涉港澳台类、外交类和榜样精神类内容。在这些内容上，《主播说联播》的观点和态度与国家和公众一致，但节目将分散化、碎片化的情感凝练成一种全新的新闻语态与价值观表达，并进行二次、三次和多次传播，有效延展和强化了《新闻联播》的感召力与传播力。

（二）融入民生话语：新闻语态重接地气

《主播说联播》将民生热点融入节目内容，重塑更接地气、网感强的新闻语态，体现了其新闻叙事的个性、温度与人文关怀。《主播说联播》的主创团队认为，虽然主播们仍然在《新闻联播》的新闻场景与节目时空中，但所呈现的是一种民生话语的传播风格。因此在节目编排中，需要

紧跟当下的时事热点，侧重采用平民化的视角，使其民生化的新闻叙事被“说”得更细致、动人。2020年10月4日，时值中秋国庆假期，《主播说联播》关注了一则广为传播的儿子陪伴八旬母亲在家用擀面杖打球的网络视频，最后评述了对家庭、亲情、传统文化价值的呼吁。以个体情感代替宏大叙事，以网感时事反衬时代特征，更使《主播说联播》成为媒体融合环境中的新型新闻文本的范例。

三、媒体形象重塑，打造通俗亲民的全新新闻风格

《主播说联播》与《新闻联播》形成了独特的新闻互文传播场域，其依托《新闻联播》进行新闻话语的重塑性延展，并完成了对《新闻联播》形象的文化重塑，尝试打造通俗亲民、具有时代特征的新闻风格。

（一）联播主播的形象建设——个性与专业并存

从《主播说联播》的节目名称不难看出，主播作为“说联播”的主体，不仅在节目中承担着主持的功能，也是节目本身的一大看点。康辉、海霞、朱广权、李梓萌等主播主持《新闻联播》多年，本身就具备一定的知名度与权威性。但《新闻联播》作为传播党与国家时事政治的重要窗口，《新闻联播》的主持人在观众心中也具有很强的符号性意义，他们的形象本身就代表着官方媒体的权威性与严肃性。而《主播说联播》则让主播们从符号回归“个人”。竖屏的呈现模式将“人”置于中央，而主播们仍然坐在原本的演播室内，就好像一个下了班的老朋友侃侃而谈。主播们在《新闻联播》上正襟危坐的播报状态与《主播说联播》中丰富的面部表情与肢体动作形成了鲜明的反差，也放大了每一个主播的个人特点。

因此，不同的值班主播在《主播说联播》中形成了鲜明的个人风格，例如康辉的“可盐可甜”、海霞的亲切温暖等。主播在节目内容之外也会

拍摄和上传Vlog，展示自身生活化的一面。节目外的内容与节目本身形成一种互文，使主播们不再是一种政治符号，而成为具有个人魅力的生动的普通人，各自圈粉，深入人心。但展示自我不等于刻意迎合受众、投其所好，主播们在节目中的个性化表达是微妙且具有分寸感的。在社会责任、舆论导向、价值引领、文化取向、观点平衡上，主播们把握得当，将业务能力与个人魅力、新闻时效与评述精准、表述创新与人文情怀、精神内涵与价值引领结合统一，成为节目的主体和主人。

（二）文本语态的变革——口语化、流行化表达

2019年7月25日，康辉在主持《新闻联播》国际锐评版块时，一句"荒唐得令人喷饭"瞬间引爆了互联网，众多网友纷纷被《新闻联播》和主播圈粉，而《主播说联播》也在短短4天后顺势而生。因此，节目在设立之初，就转变了原有的官方话语形态，形成了以犀利尖锐与幽默风趣为主的口语化表达风格。《主播说联播》第一期节目中，主播康辉向大众喊话："粉联播，您有眼光。"这首先拉近了与观众的距离，将观众置于对话与交流的位置上。而节目常用的开场白"主播说联播，今天我来说"，将主语从"本台"变成"我"，从播新闻到说新闻，提高了节目的自由度。

传统的时政新闻类节目具有规范严肃的话语风格，而《主播说联播》则形成了特有的亲民、接地气的网络化表达。网络热词、热梗的频繁出现为节目带来了时尚感，并且增强了节目在年轻人中的传播效果，例如"666""奥利给"等网络热词，不仅在节目中出现，也被写进了标题中，与内容重点一同出现，形成了权威性与趣味性相结合的节目风格。

（三）丰富的视觉呈现——重点与情绪突出

在节目编排上，《主播说联播》也针对自身内容特点大胆创新。节目充分运用了各种视听语言符号，既是对新闻内容的补充，又增强了节目的

可看性。在介绍扫雷英雄杜富国时，视频中出现小画面，展示杜富国刷牙、叠被子的日常画面，结合海霞的介绍，新闻内容更加完善。《主播说联播》为节目添加了字幕与背景音乐，在主播讲到新闻重点时，字幕放大需要强调的关键词并且高亮显示，而背景音乐也起到了烘托情绪的作用，使节目增色不少。另外，主播们在节目中也时常运用非语言符号，通过大量的肢体动作，使新闻的重点更加突出，例如，在讲到我国2019年实际使用外资同比增长6.6%的数据时，主播伸出手比出“六”的手势，配合放大的字幕，使节目内容更加生动活泼。

四、结语

在新媒体时代技术赋权的背景下，受众从被动接受信息到享有主动选择信息的权利。人们不再像从前那样关注“硬新闻”，而把是否能够满足自我的情感需求作为新闻选择的标准之一。在这样的背景下，《主播说联播》的成功为传统新闻时政类节目的转型提供了思路。首先，要充分利用新媒体平台，形成全面互补的传播矩阵，扩大节目的传播范围。其次，应坚持以受众为核心的传播理念，转换新闻节目的语态，用亲民、对话的话语模式拉近与受众之间的距离，实现情感共鸣。最后，仍要坚持内容为王，不断提升内容表达，增强内容呈现效果，利用好新技术新平台，传递主流价值观，做好新时代的新闻传播与舆论引导工作。